시험의 시대

Gordon Stobart 저

손준종·김범석·김희정·이성민 역

Testing
Times

감사의 말

이 책은 평가가 한 개인 차원에서 일어남에도 불구하고 본질적
으로 사회적 활동임을 분명히 보여주고 있다. 그것은 이 책을 저술
하는 것도 마찬가지이다. 나는 내 주위의 많은 사람들 그리고 폭넓
은 평가 공동체의 일부 사람들의 격려와 의견들에서 많은 도움을
받았다.

우선 이 책을 쓰는 기간 내내 지지와 격려를 주었고 저널리스
트 경험을 통해 초고에 대한 비평을 아끼지 않았던 나의 아내 매리
아담스(Marie Adams)에게 깊은 감사의 마음을 전한다. 나는 진심으
로 감사하고 있다.

또한 이 책의 각 장들에 구체적인 비평을 해 주었던 많은 사람
들에게도 감사의 마음을 전한다. 이 책이 나오게 된 것은 그들에게
큰 도움을 받았기 때문이다. 사려 깊은 피드백을 해 주었던 리차드
도허티(Richard Daugherty), 캐트린 에클레톤(Kathryn Ecclestone), 스
티브 에드워드(Steve Edwards), 하비 골드스타인(Harvey Goldstein),
엘러노어 하그리브스(Eleanore Hargreaves), 티나 아이작(Tina Isaacs),
매리 제임스(Mary James), 안젤라 리틀(Angela Little), 앤드류 맥캘파인

(Andrew Macalpine), 존 화이트(John White) 그리고 앨리슨 울프(Alison Wolf) 등에게 감사의 마음을 전한다.

이 책의 많은 생각은 동료들 및 친구들과의 폭넓은 토론을 반영한 것이다. 나는 각 장마다 코멘트를 부탁했던 사람들과 함께 작업했던 사람들 모두에게 지적인 빚을 지고 있음을 분명히 알고 있다. 이러한 생각은 지난 10년 동안 나의 생각에 영향을 주었던 평가 개혁 그룹의 구성원들에게도 마찬가지다. 그들은 폴 블랙(Paul Black), 패트리샤 브로드풋(Patricia Broodfoot), 존 가드너(John Gardner), 캐롤라인 깁스(Caroline Gipps), 윈 하렌(Wynne Harlen), 폴 뉴턴(Paul Newton) 그리고 딜런 윌리엄(Dylan William) 등이다.

마지막으로 미셸 코틀(Michelle Cottle)에게 감사의 마음을 전한다. 그녀는 참고문헌과 색인을 작성하는 골치 아픈 일을 기꺼이 해주었다.

차 례

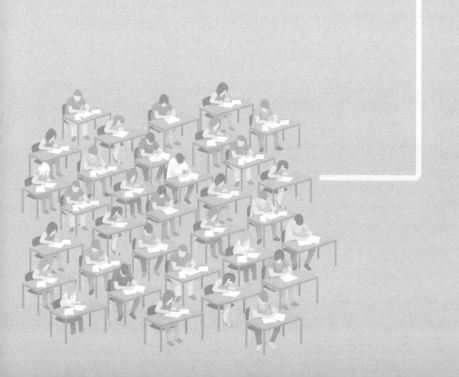

Testing Times

시험이 왜 문제인가?

서 론

시험이 왜 문제인가?

어떤 사물들이 무엇인가 하는 것보다는 그것들이 어떻게 불리고 있
는가 하는 것이 말할 수 없을 만큼 더 중요하다. 새로운 이름과 평
가 그리고 외견상의 진실을 창조하는 것은 새로운 '사물들'을 만들
어 내는데 충분하다.

프리드리히 니체(Friedrich Nietsche, 1887)

현대 사회에서 개인은 시험을 통해 단순히 설명되는 것이 아니라
시험에 의해 구성된다.

앨런 한슨(Allan Hanson, 1994)

평가는 다양한 시험이나 검사와 같은 형식을 통해 여러 사회와 집단 그리고 개인이 스스로를 이해하는 방법을 형성하는 강력한 활동이다. 이와 관련하여 세 가지의 구체적인 주장들이 이 책에서 전개된다.

- 평가는 가치와 관련된 사회적 활동으로, '문화−중립적' 평가는 존재하지 않는다.
- 평가는 이미 존재하고 있는 것이 무엇인지를 객관적으로 측정하는 것이 아니라, 그것을 창조하고 동시에 그 형태를 결정한다. 즉 평가는 '인간을 만들어' 낼 수 있다.
- 평가는 학습 내용과 학습 방법에 직접적인 영향을 미치며, 효율적인 학습을 약화할 수도 있고 반대로 강화할 수도 있다.

위와 같은 특징들로 인해 평가는 중요한 권위를 가진다. 이에 따라 평가는 건설적인 결과를 만들기도 하고 때로는 파괴적인 결과를 초래하기도 하는데 이 책의 제목인 활용과 오용은 평가의 바로 이러한 측면을 가리킨다.

학습자의 창조: 한나(Hannah)와 루스(Ruth)

평가가 우리 자신을 이해하고 또한 학습하는 방법을 결정한다는 주장을 구체적으로 보여 주기 위해 나는 그러한 모습을 여실히 보여 주고 있는 두 학생의 경우를 소개하고자 한다.

'별 볼일 없는 아이': 한나

다이안 레이(Reay)와 딜런 윌리엄(William)은 11살인 잉글랜드 초등학생 한나를 연구했다. 초등학교 졸업반인 한나와 같은 학급 학생들은 국가가 시행하는 성취도 평가(SATs)를 준비하고 있다. 학생들이 입학하게 될 중등학교가 이미 결정되었기 때문에, 이 시험은 학생들의 선발과는 거의 관련이 없다. 하지만 평가 결과가 일반인들에게 공개되기 때문에 학교와 교사에게는 대단히 중요한 의미를 갖는다. 따라서 성취도 평가에 대한 준비를 특별히 강조하게 된다(6장 참조). 이 시험을 근거로 학교와 국가 수준에서의 교육목표가 설정되면서, 가능한 한 많은 학생들이 레벨 4 또는 그 이상의 성적을[1] 얻을 수 있게 지도할 것을 교사들에게 요구한다. 시험과 연습의 결과, 학생들은 그들에게 기대되고 있는 레벨을 잘 알고 있다. 다음의 대화는 이러한 사실을 잘 보여준다.

> 한　나: SAT가 정말로 걱정돼요. 오브라이언 선생님은 교실에 들어와서 철자법을 지적하셨어요. 저는 철자법이 능숙하지 않거든요. 데이비드 선생님은 매일 아침 구구단 시험을 치르는데 저는 가끔 틀려서 제가 SAT를 잘 치를 수 있을지 걱정되고 혹시 하나도 맞추지 못할까봐 두려워요.
>
> 다이안: 이해가 안 되는구나. 네가 하나도 못 맞출 리는 없어.
>
> 한　나: 예. 선생님이 레벨 4나 레벨 5 정도는 받아야 한다고 하셨어요. 제가 철자법과 구구단을 잘하지 못해서 그 레벨을

---

1 가장 낮은 레벨 1에서 레벨 8까지의 국가교육과정 척도에서 레벨 4는 대부분의 11세 학생들이 받을 것으로 기대되는 성취도 수준이다. 정부는 6학년까지 영어와 수학에서 레벨 4에 학생들이 도달해야 한다는 목표를 설정했는데 지금까지 성공한 적은 없다. 대부분의 초등학교는 레벨 4 달성 학생의 백분율에 의해 평가된다(6장 참조).

얻지 못하면 선생님은 저를 별 볼 일 없는 아이라고 생각
하실 거예요.

다이안: 아니야. 그렇지 않을 거야.

한 나: 아니에요. 왜냐하면 오브라이언 선생님도 그렇게 말씀하셨
거든요.

레이와 윌리엄(Reay & William, 1999: 345)

연구자들에 따르면 한나는 '글을 잘 쓰고 재능 있는 춤꾼이자
예술가이며 문제 해결 능력도 뛰어난 학생이었다. 하지만 이러한
사실들은 한나로 하여금 자신을 능력 있는 사람으로 인식하도록 만
들지 못했다. 대신에 한나는 자신을 실패자로 생각했고, 학업에 있
어 존재감이 없는 사람으로 생각했다.'(p. 346). 다른 능력들을 가졌
음에도 불구하고 한나가 스스로를 별 볼 일 없는 아이로 생각하는
것은 연구자들을 더욱 마음 아프게 했다. 이것은 한나에게만 해당
되는 것이 아니다. SAT를 치를 쯤, 학생들은 각자의 레벨을 이야기
했고 이것들은 사회적 관계에까지 영향을 미치기 시작했다. 레벨 6
인 스튜어트(Stuart)는 운동장에서 집단 괴롭힘의 대상이 되었다.
SAT 결과에 대한 대화는 다음과 같다.

샤 론: 제 생각에 저는 2등급을 받을 것 같아요. 스튜어트만 6등
급을 받을 거예요.

다이안: 그래, 스튜어트가 6등급을 받는다는 것은 어떤 의미이지?

샤 론: 그는 좋은 직업을 갖게 될 것이고 아마 잘 살 거예요. 그
리고 스튜어트는 길거리에서 노숙을 하는 것처럼 비참한
삶을 살지는 않을 거예요.

다이안: 그러면 만약에 네가 2등급을 받는다면 그것은 너에게 어

떤 의미일까?

샤　론: 음, 제 인생은 행복하지 않을 것 같아요. 그리고 커서 잘
　　　 못된 삶을 살 것 같아요.

타마라 비비(Tamara Bibby)는 최근에 수행한 초등학교 교실 연
구에서 매우 유사한 결과를 얻었다.

아이들은 자신을 시험의 레벨로 간주하기 시작한다. 그리고 그것은
도덕과 미덕으로 포장되어 있다. 레벨이 높은 아이들은 교실에서
열심히 공부하고 수업을 잘 듣는다. 친구들이 갑자기 본인보다 더
낮은 레벨을 받았다는 사실이 분명해진다면, 그들은 좋은 친구일
까? 그것은 우정에 있어서 실제로 큰 부담이 될 수 있다.[2]

'실용주의자': 루스

아일랜드 언론에서는 루스와 관련된 논쟁이 벌어졌다. 루스는
2005년 9월 20일 아이리시 타임즈(Irish Times)와의 인터뷰에서, 대
학입학자격을 부여하는 국가졸업자격시험(Leaving Certificate)에서 어
떻게 최고 점수를 얻었는지에 대해 솔직하게 밝혔다.[3] 루스는 단호
하고 경쟁심이 강해 보였다 — '나는 어떤 아이가 나보다 공부를
더 잘한다는 것을 참을 수 없어요.'

루스는 법률 사무소 인턴을 하며 법학이 자신에게 맞지 않는다
는 것을 깨달았다. 그리고 경영학으로 전공을 바꿀 마음을 먹었는
데, 이러한 결심을 통해 그녀는 전공 학과와 지원 대학을 바꾸고
몇 년 동안 열심히 공부하였다. 루스는 어떻게 높은 성적을 얻을

---

2 Time Educational Supplement, 2007년 2월 9일, p. 13.
3 이러한 내용을 나에게 알려 준 앤 루니(Ann Looney)에게 감사의 마음을 전한다.

수 있었느냐는 질문에 이렇게 답했다. '경영학이 다른 과목보다 상
대적으로 어렵지 않아서, 경영학을 졸업자격시험에서 선택하는 것
이 총점을 높이는데 더 유리하다고 판단했어요.' — 경영학이 다른
과목보다 더 쉬운 선택지로 생각되었고, 결과적으로 그 선택은 높
은 총점을 획득하는 견인차가 되었다. 루스는 다른 교과목들에서도
아래와 같은 방법으로 좋은 성적을 거두었다.

> 각 시험의 공식을 학습하고, 끊임없이 연습했어요. 저는 문제가 요
> 구하는 것이 무엇인지 정확히 알았기 때문에 영어 시험에서 A1을
> 받을 수 있었어요. 저는 출제자의 예시 답안을 암기했어요. 그리고
> 문제가 무엇을 요구하는지, 시험 문항의 영역과 배점의 구성을 알
> 고 있었어요. 그것이 바로 시험을 잘 치를 수 있는 효과적인 방법
> 이었어요. 시험에 나오지 않을 것들에 대해 아는 것은 중요하지
> 않아요. 저는 시험에 나오지 않지만 알아야 한다고 가르치는 선생
> 님에 대해 늘 불만을 가지고 있었어요. 저는 A1을 원했어요. 시험
> 에 나오지 않는 학습 내용들이 무슨 소용이 있지요?

이러한 루스의 도구적 접근은 상당한 반향을 불러 일으켰다. 학
습을 철저히 무시하고도 높은 성취도를 거둘 수 있게 하는 교육제도
에 대한 비난도 있었고, 높은 점수를 받기 위해 시험을 분석하고 파
악한 그녀의 노력을 지지하는 반응들도 있었다. 루스는 비난의 대상
은 문제가 있는 시험제도이지 자신은 아니라고 분명하게 말했다.

> 저는 시험제도와 갈등하지 않고 함께 그것과 게임을 하고자 했어
> 요. 여러분과 마찬가지로 저도 목표를 이루기 위해 제가 해야 할
> 것을 했어요. 저에게 그것은 일종의 게임이었어요. 저는 이것을 '공

리적'이라기보다는 현실적 태도라고 불러요. 저는 제가 좋아하는 것을 공부하기 위해 대학에 갔어요. 경영학과 경제학에서 '발견의 기쁨'을 느끼고 싶어요(Irish Times, 2005년 9월 27일).

독자 의견에는 '하느님, 감사합니다. 루스는 보험계리사나 되겠지요.', '루스가 의대에 가서 그런 자세로 누군가를 진료한다고 생각하면 너무 싫어요.'와 같은 조롱과 비난이 있었지만, 최후의 승자는 루스였다. 그녀는 아이리시 타임즈(Irish Times)의 비정기 칼럼을 통해 SAT시험 준비를 하는 학생들에게 조언을 하고 있다.

각 장의 주제

이 책은 한나와 루스의 사례처럼 평가에 의해 우리가 어떻게 규정되는지를 살펴본다. 그것은 우리의 학습 능력뿐만 아니라 우리가 어떤 학습자인지와도 밀접한 관련이 있다. 하지만 그것은 단순히 학교에서 치르는 시험과 검사만을 말하는 것이 아니다. 이 책에서는 인간이 다양한 평가에 의해서 규정된다고 주장한다. 평가의 가장 은밀한 점은 우리가 가지고 있는 근본적 능력과 적성을 드러내도록 한다는 점이다. 이와 같은 평가의 최고 형태는 IQ 검사인데, 이 검사는 불변의 타고난 지적 능력들을 보여준다는 가정을 오랫동안 해 왔다(2장). 가드너(Gardner)의 *다중지능*이나 골만(Goleman)의 *감정지능*은 인간의 특성을 잘 드러내고 있는 것으로 보이지만 그것 또한 우리가 누구인지를 정의한다는 점에서는 동일하다. 이것들은 우리를 학습자나 개인의 한 유형으로 과도하게 평가하고 등급을 매

긴다. 3장에서는 이러한 접근 방법에 대한 의문을 제시한다. 4장에
서 검토하는 *학습 유형도* 마찬가지이다.

5장에서 7장까지는 평가가 학습 내용과 학습 방법에 미치는 영
향을 다룬다. 루스의 사례는 고부담 평가가 무엇을 가르쳤는지 그
리고 평가가 단지 더 좋은 성적을 얻기 위한 목적이 된 사례이다.
로날드 도어(Ronald Dore)는 이것을 '*졸업장병*'이라 불렀다. 그에
따르면 개발도상국에서는 직업을 얻기 위해 점점 더 높은 자격이
필요해진다. 5장에서는 계속해서 다양한 시험의 영향을 탐구한다.
그리고 양질의 평가를 통해 학습의 질을 향상시키기 위한 방법을
찾고자 한다. 하나의 사례는 목표 지향 책무성 문화가 교수와 학습
의 내용을 규정하는 사례이다. 6장에서는 시험 결과를 중시하는 정
책들의 편협하고 왜곡된 영향력을 검토한다. 이러한 정책은 단기적
으로 일부 성과를 거둘지는 모르지만 그것들은 이내 곧 '시스템의
작동'을 저하시키고 효율적인 학습의 기반을 약화시키게 된다. 엄
격한 책무성 시험의 악영향을 제한하기 위해, 대안적 관점으로 *지적
책무성*(intelligent accountability)을 제안한다.

7장의 주제는 평가가 어떻게 효율적인 교수−학습을 촉진할 수
있도록 할 것인가를 다룬다. '학습을 위한 평가(assessment for
learning)'는 공부를 마치고 나서 무엇을 배웠는가에 초점을 맞추기
보다는 교수−학습과정을 평가에 포함하는 것이다. 학습을 위한 평
가에서 핵심적인 내용은 교실 상호작용의 질이다. 7장에서는 학습
을 위한 평가의 다양한 특징을 검토한다.

마지막 장에서는 평가가 보다 긍정적인 역할을 하기 위해 필요
한 것이 무엇인지를 살펴본다. 평가의 긍정적 역할은 학습자로서의
우리를 더 잘 이해하도록 하고 나아가 보다 심화된 학습을 가능하

도록 하는 것이다. 또한 평가 결과를 좀 더 신중하게 해석하고 평가 중에 발생하는 사회적 요인 및 상호작용 요인에 대한 철저한 인식이 필요하다. 이러한 인식은 학습자와 인간으로서 자신의 고유한 특성에 근거해 결정을 내리게 만드는 평가에 대한 *자기조절적 (self-regulating)*인 접근을 개발하도록 유도한다. 학습자의 자기조절 능력은 점차적으로 중요성이 증가하게 되는데 왜냐하면 그것은 그러한 능력들이 필수적인 요소가 되는 불확실한 미래를 대비해 주기 때문이다.

이러한 주장은 누구를 위한 것인가? 내가 염두에 두고 있는 독자들은 평가에 대해 개인적 그리고/혹은 전문적 관심을 가지고 있을 수 있다. 그리고 지능이나 시험의 영향을 둘러싼 논쟁처럼 특별한 주제에 관심을 가지고 있을지도 모른다. 또한 감정 지능이나 학습 유형과 같은 시험의 영향을 무비판적으로 받아들이는 것을 주장하는 특정한 사람들에게, 그런 주장들을 어떻게 해석할지에 대한 대안적 관점을 제공한다.

이 책에서 다루는 내용의 많은 것들은 친숙한 것들이지만 당파적 작업이 필요한 것들이기도 하다. 일상심리학, 정책 생산자들과 정답을 알고 있는 권위자들의 주장에 도전하기 위해 대안적 해석을 다시금 강조할 필요가 있다. 이것은 명확한 근거가 제시되지 않고 주장이 단언될 때에 특별히 그러하다. 나는 '우리가 능력에 의해 조직될 필요가 있다.', '시험은 성취수준을 끌어 올린다.', '당신은 운동감각적 학습자다.'와 같은 주장들에 대해 더 심화된 의문을 제기하는 관점이 제공되기를 희망한다.

이 책은 읽기에 쉽지 않다. 나는 엄청난 양의 주석을 생략함으로써 독자들이 친숙하게 읽을 수 있도록 노력했다. 대신에 주석을

필요로 하는 독자를 위해서는 참고문헌에서 출처를 밝혔다. 다소
어렵거나 추가적인 설명이 필요할 경우 그리고 주장의 근거를 제시
하기 위해 각주를 사용하였다. 이름을 제시하지 않아도 누가 그런
주장을 했는지 알 수 있기 때문에 주석을 생략했는데, 이름을 제시
하지 않은 것은 학문적 동료들을 불쾌하게 할 수도 있다.

평가의 힘

　넓은 의미에서 평가는 어떤 판단을 위해 그것의 근거를 수집하
는 것을 의미한다. 이런 점에서 평가는 삶의 기본 구조의 일부분이
다. 선조들은 어디에서 강을 건너고 산을 넘어야 할지 그리고 농작
물을 언제 심어야 할지를 결정해야 했다. 스톤헨지를 세울 장소를
선택하고 바위를 천문학적으로 정렬한 것은 오늘날에도 인상적인
평가 활동으로 남아 있다.

　하지만 여기서 관심을 가지고 있는 것은 개인과 집단에 대한
구체적인 평가를 위한 증거의 의도적인 수집이다. 앨런 한슨은 시
험을 '어떤 행위자가 정보를 수집할 의도로 개인에게 행사하는 *재현
적 테크닉*'으로 정의했다. 이러한 정의는 평가에 대한 다양한 관점
을 이해하는데 도움을 준다. 먼저, 이 정의는 시험의 재현적 성격
을 함의하고 있다는 점에서 중요하다. 시험은 종종 한 인간이 할
수 있는 것을 나타내며 비유적으로 작동한다. 비유의 적절성은 평
가의 타당성 논의에서 핵심이다. — 예를 들어, 성격 검사가 한 사
람의 특성을 얼마나 잘 나타낼 수 있는가? 이 정의는 테스트를 주
관하는 사람들이 응시자들에 대해 권력을 가지고 있다는 평가의 사

회적 차원을 강조한다. 테스트가 직접적 관찰로 발견하기 어려운 객관적 진리를 드러내기 때문에 정보 수집에 유용하다는 입장이 있다. 한슨은 이러한 주장에 대해 다음과 같이 반박한다.

> 이러한 가정은 잘못되었다. 테스트는 그 재현적 특징 때문에 진리를 독립적으로 실재하는 것이 아니라 문화적으로 구성된 것이라 가정하고 측정한다. … 바로 이러한 이유 때문에 테스트는 측정하는 것을 변형하거나 심지어 만들어 낸다(p. 47).

이러한 주장은 앞서 인용한 니체의 말 '*평가는 우리가 누구이고 무엇인가를 구체화한다. 그리고 평가는 사회와 독립된 능력과 기술을 중립적으로 재는 것으로 다루어질 수 없다.*'와 같이 이 책의 주장을 잘 반영하고 있다. 개인에 대한 평가는 역설적이지만 본질적으로 사회적 행위다.

인간을 만들기(Making up people)

과학철학자인 이언 해킹(Ian Hacking)은 과학이 '어떤 의미에서' 이전에는 존재하지 않았던 종류의 사람들을 어떻게 창조하는가에 대한 자신의 주장을 발전시켜 왔다. 이것은 결국 인간을 만들어 내는 것이다(p. 2).[4] 나는 해킹의 주장을 발전시키고자 여기에서 그의 주장을 채택했다. 왜냐하면 그것은 어떤 객관적 실재를 재현하는

---

4 앨리슨 울프(Alison Wolf)는 '어떤 의미에서'라는 말이 여러 의미를 갖는 애매모호한 말이라고 주장한다. 왜냐하면 사람들은 예를 들어 신장과 몸무게 비율과 인지적 능력들을 다르게 받아들이기 때문이다. 문제는 그것에 차별화를 위한 실체적인 근거가 있는지 아닌지에 있다(다중지능은 아마도 '있을' 것이다). 나의 주장은 사회가 사람들을 분류하고 낙인을 찍으며, 다양한 정체성을 형성하게 하는데 그것이 어떤 결정적인 역할을 하게 되는가에 대한 것이다.

방식으로서의 평가가 어떻게 사람들을 분류하는지를 이해할 수 있는 유용한 분석틀을 제공해 주기 때문이다. 물론 사람들은 측정과 독립적으로 존재하며 또한 많은 방식에서 다르다. 그들이 어떻게 평가되고 낙인찍히고 분류되어 정체성을 형성하게 되는가는 일종의 *사회적 선택*이다. 최근에 난독증, 주의력결핍과잉행동장애 그리고 아스퍼거 증후군(자폐증)과 같은 낙인은 보편적이고 일반적인 표현이 되었다. 사람들은 그렇게 낙인찍힌 사람들에 대해 어떤 가정을 하게 된다.

해킹이 들었던 사례는 1970년대 *다중 인격 장애*의 '발견'이다. 이 발견으로 다중 인격을 보이거나 그러한 증상을 보인 사람들이 급속히 늘었다(다중 인격 장애로 분류된 첫 번째 사람은 둘 또는 세 가지의 인격을 가지고 있었으나, 10여 년이 지난 오늘날에는 평균 17가지이다). 일련의 사회적 과정은 그러한 정체성을 가진 사람들을 쉽게 인식할 수 있도록 하는 것이었으며, 그 최종 산물은 인식 가능한 새로운 사람, 즉 다중 인격자였다. 심지어 다중 인격자들을 사회화하는 곳(여러분은 그곳에서 수많은 인격들을 만날 수 있다)이라는 '구분선(split bars)'도 있었다. 해킹은 이러한 현상을 만들어 내는 상호작용하는 다섯 가지 요소로 구성된 분석틀을 제안하였다.

1. **분류(Classification):** 이러한 행동은 특정 '장애'와 재빠르게 연관되었다. 예를 들어, 다중 인격 장애가 있다(지금은 해리성 정체성 장애라고 하는데, 환자들은 확연히 구별되는 인격들을 보여 줄 것으로 더 이상 기대되지 않는다).

2. **사람들(The people):** 이러한 정체성을 드러내는 불행하고/부적절한 개인들이다(또는 '천재'와 같은 운 좋은 개인들).

3. **제도들(The institutions):** 장애 관련 클리닉, 훈련 프로그램,

국제회의, 다중 인격 장애를 가지고 있던 오프라 윈프리(Oprah Winfrey)의 쇼와 같은 미디어가 그 예이다.

4. *지식(Knowledge):* (다중 인격 장애에 관한) 지식은 제도와 대중들로부터 나온다. 예를 들어 사람들은 다중 인격 장애가 어렸을 때의 성적 학대에 원인이 있으며, 전체 인구의 5%가 고통을 받고 있다고 생각한다.

5. *전문가(Experts):* 전문가들은 지식을 생성한다. 그리고 그러한 지식의 타당성을 판단하고 실제로 사용한다. 그들은 자신들의 지위를 보장하는 제도 안에서 활동하며, 다중 인격 장애로 분류된 사람들을 다루는 방법에 관해 조언한다.

해킹은 *루핑 효과*(looping effect)도 소개했는데, 이는 분류된 사람들이 그들의 새로운 정체성에 반응하는 방식을 말한다. 이것은 어떤 점에서는 저항의 형태를 띨 수도 있다. 예를 들어 게이 권리 운동은 동성애자의 지위를 떨어뜨리는 합법적 분류의 통제를 극복하고자 하는 저항의 형식을 취할 수도 있다.

이렇게 사회적으로 만들어진 분류에 의한 메커니즘은 대부분 동일한 패턴을 따르며, 지능검사, 다중지능과 학습 유형(2장~4장)에 대한 나의 논의와 특히 관련이 있다. 해킹은 이러한 과정을 추동하는 발견에 대해 10가지 엔진으로 설명했다. 1. 셈하기(count), 2. 수량화하기(quantify), 3. 규준 만들기(create norms), 4. 서로 연관시키기(correlate), 5. 의료화하기(medicalise), 6. 생물학화하기(biologise), 7. 유전학화하기(deneticise), 8. 정상화하기(normalize), 9. 관료화하기(bureaucratise), 10. 정체성을 복구하기(reclaiming our identity)(p. 10).

이러한 엔진들이 어떻게 작동하는지에 대한 알아보기 위해, 지난 20년 동안 극적으로 증가하고 있는 비만 관련 사례를 이용할 필요가 있다. 비만은 처음에 체질량(BMI) 지수 30 이상으로 정량화되었다(셈하기, 수량화하기). 그 다음에 우리는 정해진 연령에서 저체중, 정상, 과체중, 비만에 대한 규준을 부여 받았다(규준 만들기). 그 다음으로 당뇨와 같은 질병과 서로 연관시켰다(서로 연관시키기). 이것은 체중을 줄이기 위한 의학적, 화학적, 외과적 처지를 수반하였다(의료화하기). 그다음으로 생물학적 원인들을 찾았다. 왜냐하면 특히 그것은 개인의 책임을 경감해 주기 때문이다. 그리하여 비만은 개인적 선택이라기보다는 화학적 불균형의 문제가 되었다. 이것은 불가피하게 비만의 유전적 기반을 위한 탐구로 이어졌다. 동시에, 비만인들을 돕기 위한 노력은 식욕 억제제와 체중 감량 프로그램들을 통해 가능한 한 정상화되었다(정상화하기). 관료화하기 엔진은 종종 적극적인 의도를 가지고 있다. 예를 들어, 비만상태에 있는 어린 아이들을 찾아내기 위해 최근에 학교에 도입된 비만 선별 프로그램들이 있다. 저항은 비만인들이 박해받는 느낌을 갖기 시작했을 때나, 큰 것이 좋은 것이라고 주장될 때 시작된다. 모순적이지만 프랑스의 '비만과 과체중을 생각하는 모임(GROS)'처럼 말이다.

　이러한 장면은 동일한 평가와 사회적 과정에 의해 생성되어 온 몇몇 주요한 교육적 분류로 이해할 수 있다. 예를 들어, IQ 검사의 발달은 정교하게 이러한 경로를 따르는데, 엔진 1에서 4까지 전개시키기 위해 새로운 통계적 기술(척도화와 상관법)을 만든 초기의 IQ 검사자들도 마찬가지였다. IQ에 생리학적 근거가 주어지고 대개 유전된 것으로 다루어짐으로써 생물학화되고 유전학화되었다. 그 다음은 이것은 영국의 11+ 선발처럼 학교교육 관련 규정(schooling provision)(엔진 8과 9)을 만들게 되었다. 저항은 이러한 선발 체제의 불공정성에 대한 사회적 인식과 함께 시작되었다.

평가와 관련된 용어와 그 의미

이 책에서는 평가 관련 핵심 용어들을 유연하게 다룬다. 일반적으로 평가*(assessment)*는 근거를 모으는 포괄적인 접근을 말한다. 이에 비해 시험*(examinations)*은 표준화된 조건 하의 개방형 지필검사를 지칭하며, *테스트(tests)*는 다소 기계적으로 표시하는 다지선다형 검사를 말할 때 사용된다. 이러한 차이에도 불구하고 *평가*(assessment), *시험*(examinations), *테스트*(tests)는 번갈아 사용될 수 있다. 영국에서는 이들 용어들이 일상적으로 일관성 없이 사용된다. 영국에는 시험(examinations)인 국가교육과정테스트와 테스트를 활용한 자격시험이 있다. 경우에 따라 나는 '테스트(tests)'라는 용어를 사용하고자 하는데, 왜냐하면 '평가(assessment)'보다 문체상으로 적절하고 더 정확하기 때문이다. 용어가 혼란스럽게 사용되는 다른 예로 영국에서의 evaluation은 (개인보다는 프로그램이나 학교에 대한 판단의 의미로) 미국에서의 assessment와 종종 같은 것으로 취급된다. 그리고 evaluation은 개인적 assessment로 사용된다. 나는 영국식 사용법을 따르고자 한다. 미국식 용어에 익숙한 독자는 나름대로 번역해야 할 것이다.

능력(ability), *적성(aptitude)*, *지능(intelligence)*의 사용에도 동일한 느슨함이 있다. 이 책에서는 보다 일반적인 능력과 보다 구체적인 적성을 서로 번갈아 사용하였다. 그것의 의미는 '구체적 교과 수업에서 도움을 얻을 수 있는 가능성[5]'을 말한다. 문제는 영국에서 전

---

5 *Times Educational Supplement(TES)*에 나온 교육기술부 관리의 말에서 인용.
 2006년 8월 11일, p. 4.

문학교 입학의 10% 이상과 거의 모든 중등학교의 선발이 적성 시
험을 통해 이루어지는 반면에, 능력 시험은 IQ에 대한 부정적인 유
산 때문에 허용되지 않는다는 것이다. 선발 관련 소송을 다루는 기
관 책임자는 법률적으로는 능력과 적성이 마치 분리된 것으로 다루
지만 실제로는 그렇지 않다는 것이 문제 중 하나라고 말한다. 학교
는 선발과정에서 이전 성적을 포함하기 때문에 적성과 성적을 굳이
구분할 필요까지 없는데도, 사전편찬학자들이 저지르는 잘못처럼
둘을 구분하고 각각에 대한 의견을 남긴다.[6] 이것은 잠재적 능력
테스트가 실제로는 성취도 시험이라는 이 책의 논점을 훌륭하게 피
드백하고 있다. 하지만 나는 능력과 적성이 이해되는 방식과(2장),
그것들의 이용을 새롭게 바뀐 지능검사의 사회적으로 바람직한 방
식으로 해석하는 방법에 대해 비판적이기 때문에, 이 관점에서 어
떠한 종류의 개념상의 구제도 하고 싶지 않다.

　　*지식(knowledge)*과 *기술(skills)* 또한 이와 유사하게 느슨히 다루
어지고 있다. 일반적인 용법은 그것들을 함께 사용하는 것이며, 이
러한 용법은 교육의 모든 결과를 대부분 포괄한다. 나는 무엇인가
를 하기 위한 '방법을 아는' 기술들과 함께 우리의 사고에 있어서
많은 부분에 크게 중첩되는 부분이 존재한다고 생각한다. 기술의
사용은 보다 성취 지향적(performance-Oriented) 행위들에 대해 적
절하다고 여겨지며, 그래서 춤추는 기술은 춤 자체에 대한 지식과
구별될 수 있을 것이다. *성취도*(performance)는 때로는 나 자신을
포함해 성취도를 완전 학습(mastery learning)[7]과 대비하는 사람들에
의해서 문제적인 단어가 되어 왔다. 이것은 그 단어에 부정적인 함

---

6 *Times Educational Supplement(TES)*, 2006년 8월 11일자, p. 4.
7 이러한 차이의 출처는 드웩(Dweck)과 같은 연구자들에 의해 진행된 성취 목표
　에 관한 많이 인용되고 있는 연구이다(7장 참조).

의를 제공한다(그것은 본질적 학습에 반대되는 것으로서 등급, 비교, 능력을 증명하는 것에 관한 것이다). 반면에 그 단어의 정상적인 사용은 우리가 무엇을 하는가로 그 단어를 다루며, 그래서 나의 성취도는 나에 대한 근거의 원천이 된다(예를 들어, 시험의 성취도 혹은 연극의 성취도). 애매모호함에 대비하라.

몇몇 기술적 용어들이 책에서 사용되고 있다. 하지만 그것들은 일반 독자들이 쉽게 따라오게 하기 위해 가능한 한 드물게 사용된다. 타당성이나 신뢰성 같은 용어로 책에 후추를 치기보다는, 평가에서의 목적적합성과 결과라고 하는 동일한 영역을 대부분 포함하는 용어인 목적으로 서술하는 것을 선호했다. 5장과 6장에서 나는 이것들을 *타당성*과 *신뢰성*의 좀 더 기술적인 이해와 연결할 것이다.

학습(learning)이라는 용어도 좀 더 명료하게 정의되어야 한다. 학습은 다양하고 방대한 활동들(걷는 방법과 역사에 대한 학습, 생각하는 방법과 기계적인 암기 학습)을 분명히 포괄하지만, 교육적 성취와 관계된 것으로 고정될 필요도 있다. 이 책에서 학습은 효과적 또는 원칙적 의미로 사용된다. 그러나 두 가지 모두 학습을 의미를 생성하고 기존에 알고 있는 것으로 의미가 포함되는 과정으로 이해한다. 마이클 에라우트(Eraut)는 학습을 '능력과 이해의 의미 있는 변화'로 정의하고, '그러한 변화에 기여하지 않을 때의 추가적 정보 획득'은 정의에서 제외했다(p. 556). 물론 다른 형태의 다양한 학습이 존재할 수 있다. 하지만 이러한 학습관은 새로운 상황으로 전이되고 과거 이해를 수정하는 것이 가능한 학습의 보다 심층적 형식에 초점을 맞추고 있다(5장과 7장 참조).

평가의 맥락과 편견

평가가 중립적일 수 없는 것처럼 글쓰기 또한 중립적일 수 없다는 점을 인식하는 것이 중요하다. 나는 학습이란 무엇이고 어떻게 일어나는지에 대한 특정 관점의 영향을 받았다. 나는 학습을 개인적으로 의미를 구성하는 사회적이고 문화적인 과정으로 이해한다(7장 참조).

이 책에서는 평가와 관련하여 문화와 맥락의 중요성을 다양한 방식으로 다루었다. 1장에서는 평가의 활용에 대해 지금까지 당연하게 받아들였던 것들의 역사적 배경을 살펴본다. 물론 이러한 작업은 처음부터 다시 '시작하자'는 것이 아니라 평가에서 당연시하는 형식이 발전해 온 사회적 맥락을 전체적으로 훑어보고 최초의 가정이 유지되고 있는지 의문을 가져 보자는 것이다. 이러한 접근은 2장에서 더욱 발전되는데, 알다시피 지능검사가 매우 구체적인 사회적 및 정치적 신념을 가진 개인들에 의해 발달되었다는 것을 주장한다. 그리고 이러한 평가 형식을 그 고유의 사회적 목적들에 연결했다. 이러한 이해는 지능에 대한 직접적 반대나 다중 지능과 감정 지능과 같은 대안적 접근을 통한 저항 등이 사회적 맥락의 변화와 관련이 있음을 의미한다. 또한 학력주의의 발흥(5장)이나 책무성 목적을 위해 평가의 활용을 강조했던 경제적 및 정치적 맥락의 변화와도 관련이 있다(6장). 결과 획득을 위해 학습을 축소하는 것과 학습을 위한 평가(7장)는 이것에 저항하기 위한 노력으로 해석될 수 있다.

이러한 경험이 명백하게 영어 사용권의 관점에서 나왔다는 것

과 영국과 북미의 사례가 대부분을 차지하고 있다는 점은 인정한
다. 예를 들어 학력주의, 책무성, 지능과 같은 다양한 문제들이 다
른 문화적 맥락에 두루 나타나고 있는 것이 분명한 사실임에도 불
구하고 영국과 북미의 사례만 다룬 점은 이 책의 한계다.

　푸코(Foucault)나 하버마스(Harbermas)처럼 이러한 문제들을 먼
저 다루었던 사회학자들에 비해 나는 역사적·사회적 내러티브와
관련된 연구를 선택했다. 사회학자들의 연구는 그들이 살았던 세계
의 언어 때문에 유용한 개념들이 종종 다른 분석틀로 쉽게 번역될
수 없었다. 예를 들어, 푸코는 권력의 배치와 진리의 확립을 결합
하고, 그것 안에서 특수한 미시적 테크놀로지로서 평가와 사회적
통제로서 감시라는 개념을 사용했다.[8] 하지만, '권력'이나 '진리' 모
두 일반적으로 보편적인 의미를 갖지 않는다. '권력'은 권력관계를,
'진리'는 (유용하게) 사람들을 정의하고 분류하는 평가의 능력을 나
타낸다. 이 책은 이러한 주장과 긴밀하게 연결되어 있다. 비록 그
들의 언어를 사용하지는 않지만, 그들의 관심사를 잘 이해하고 있
다. 그들과 다른 점은 개인이 변화에 기여할 수 있는 가능성의 정
도에 대한 것인데, 이 점은 그들의 작업에서 잘 다루어지지 않았다.

　또한 이 책의 내용은 내 자신의 교육역사로부터 나온 것들이다.
나는 짐바브웨의 농촌 지역과 런던 도심지 학교에서 학생들을 가르
쳤는데, 이러한 교육경험을 통해 맥락이 중요하다는 것을 절실히
깨달았다. 케임브리지 입학자격을 위해 토마스 하디(Hardy)의 『푸른
나무 그늘 아래서(Under the Greenwood Tree)』에 대한 판에 박힌
자세한 내용을 설명하고자 분투했다면—오히려 맥베스가 훨씬 쉬웠
다—아프리카에서는 우리가 얼마나 많은 것들을 당연하게 받아들이

---

8 푸코(1977), 『감시와 처벌(Discipline and Punishment)』, translated by Alan
　Sheridan, London, Allen Lane.

는지를 배웠다. 런던에서는 학교와 시험이 평가하는 것이 많은 학생들에게 적절치 않다는 것을 거칠게나마 깨달을 수 있었다. 이러한 것들을 이해하기 위해 나는 미국에서 교육심리학자로서 재교육을 받고 활동하게 되었다. 귀국해서 국가평가위원회(the national examination boards)의 조사팀장으로 활동하면서 시험이 어떻게 행해지는지에 대한 안목을 키웠고, 시험의 장점과 신뢰성에 대한 엄청나게 많은 논쟁들을 주목하게 되었다. 그것은 파이 공장에서 일해 온 사람이 파이를 꺼리는 것과 같은 것이었다. 그 다음에 정부의 평가기관으로 옮겼는데 거기서 나는 선의를 가지고, 기준이 되는 성적을 향상시키려고 노력하는 정책 담당자들의 논리를 경험했다. 그러나 그들은 학교, 교사 그리고 학생에게 평가가 어떻게 작동하는지에 대한 실질적인 이해가 부족했었다. 여기서 다시 맥락의 결정적 중요성이 제기된다. 지금은 학자의 입장에서 글을 쓰고 있으며 또 다른 맥락에서는 신비화하고 '문제화하는' 낯선 방식으로도 글을 쓰고 있다. 그것은 이 글에서 자연스럽게 나타나게 될 어떤 것들이다.

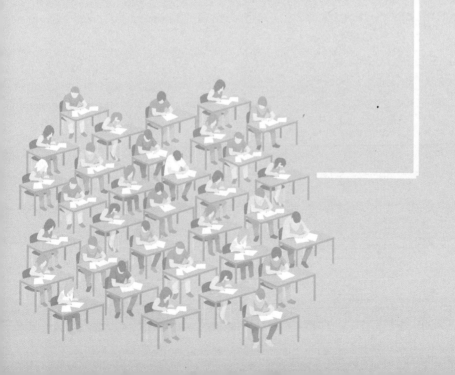

Testing Times

평가를 평가하기

제1장

평가를 평가하기

> 대부분의 올챙이들은 그냥 올챙이로 살다가 죽게 되지만, 총명한 올챙이들은 그들이 처한 부자유를 깨닫게 된다. 올챙이들 중 운이 좋은 놈들은 어느 날 꼬리가 떨어지고, 입과 배가 부풀어 오른다. 그리고 민첩하게 육지로 뛰어 올라, 이전 친구들에게 개구리가 되어 뛰어 오를 수 있게 한 자신의 자질과 능력에 대해 개골개골하며 일장연설을 한다.
>
> 『올챙이 철학』, 리처드 토니(Richard Tawney, 1951)

천 년 전 중국의 과거 시험에서 오늘날 대학입학 선발 시험에 이르기까지 '평가'는 일부 올챙이들이 개구리가 되도록 돕는 중요하고 역사적인 역할을 담당하였다. 해를 거듭하면서, 선발되어 권력을 차지한 사람들은 능력과 장점을 검증하는 평가의 힘에 대해 정말로 크게 '개골개골' 떠들어 왔다.

그러나 형식적 평가는 또 다른 역사적 역할도 담당해 왔다. 전
(前) 과학 시대에 평가는 정통성을 확립하거나, 길드와 전문직의 직
업적 역량을 검증하는 수단이었다. 아울러 전문적 학교교육이나 교
육 지원을 필요로 하는 학습자들을 검증하고, 다양한 기관들의 효
율성을 판단하기 위한 책무성 도구의 역할도 해 왔다.

이번 장에서는 형식적 평가에 역사적으로 배태되어 있는 일부
가정들을 밝혀 보고자 한다. 평가와 관련된 지극히 자명한 이해는
그것이 대개는 영국 문화와 역사의 산물이지만, 상이한 문화들과
접촉한 결과이기도 하다는 점이다. 문제는 '평가의 당초 근거들이
여전히 유효한 것인가?'라는 점과 '그 이후로 우리는 무엇을 배웠는
가?' 하는 점이다. 예를 들어, 시험은 지금까지 *공정성과 능력주의
선발*이라는 매력적인 약속을 해 왔다. 우리가 역사를 통해 알 수
있는 것은 시험이 후원에 의한 임명(the patronage)보다 상대적으로
공정했던 것은 사실이지만, 능력과 재능이 사회적이고 계급적인 전
제의 영향 또한 받았다는 점이다. 이러한 사회적 전제들은 19세기
후반까지 '개방적인' 시험이었지만 여성들을 자동적으로 배제했고,
20세기 중반까지 대부분의 영국 노동계급의 아이들을 시험으로부
터 '보호했다.' — 따라서 그들은 결코 시험을 통해 살고 있던 연못
을 떠나지 못했다. 우리는 2장에서 인종적 우월성을 포함하여, 이
와 유사한 문화적 전제들이 영국과 미국에서의 지능검사 전개 과정
에서 어떤 역할을 했는지 살펴보고자 한다.

평가의 이용과 영향에 대한 검토는 무엇이든지 분명한 목적을
가지고 시작할 필요가 있다. 다시 말해, 이러한 문제에 대한 정확
한 이해 없이 평가가 궁극적으로 성취하고자 했던 목적이 무엇인지
정확하게 판단할 수는 없는 것이다. 따라서 평가가 역사적으로 어떻

게 출현했는지를 고찰하기 전에, 시험의 몇 가지 핵심적 목적들을 분류해 보고 논의를 시작하고자 한다.

목 적

모든 평가는 다음과 같은 세 가지 중요한 질문을 요구 받게 된다.

1. 평가의 주요 목적은 무엇인가?
2. 평가의 형식은 목적에 적합한가?
3. 평가는 그 목적을 달성하고 있는가?

이러한 질문에는 평가의 타당도나 신뢰도 그리고 의도하지 않은 결과와 같은 이론적 문제들이 잘 드러나지 않는다. 따라서 이들 질문에 대한 단순한 인식에 주의해야 한다. 첫 번째 질문은 복합적이고 때때로 대립되는 목적들이 존재할 수 있다는 점을 시사하고 있다. 두 번째 질문은 평가 목적의 적합성은 그것의 형식이 얼마나 적절한가와 관련되어 있다. 우리는 단지 이론 시험만을 통과한 사람에게 운전면허증이 교부되는 것을 원하지는 않는다. 세 번째 질문은 평가의 영향력에 대한 것이다. 이것은 단지 무엇을 요청하는지가 아니라 수험자에게 나타나는 결과가 무엇인가에 대한 것이다. 이것은 평가가 의도한 것을 하는지에 관한 것일 뿐만 아니라, 시험 결과가 시험 응시자와 다른 사람들에게 어떤 의미를 갖는지를 포함한다.

이러한 세 가지의 질문을 통해, 우리는 몇 가지 평가 행위를 면

밀히 검토해 볼 것이다. 이러한 질문들은 역사적 맥락에 근거를 두
고 있는데, 왜냐하면 우리가 당연한 것으로 생각하는 것이 항상 그
랬던 것이 아닐 수도 있기 때문이다. 또한 그것은 문화적 유산에
대한 무비판적 승인의 결과일지도 모르기 때문이다. 예를 들어, 영
국에서 필기시험의 전통은 최상층 대학에서 만들어져 전문직과 중
등학교로 퍼져 나갔다. 이러한 필기시험은 오늘날 평가의 내용과
방법을 어떻게 결정하였는가? 또한 이러한 필기시험이 미국이나 다
른 나라들의 '다지선다' 전통과 어떤 차이점을 갖는가? 이러한 역사
적 접근에 의하면, 예를 들어, 책무성 측정이라는 목표들을 테스트
하기 위해 평가를 사용하는 것과 같은 우리의 현재적 관심이 과거
에도 있었다는 점을 분명히 보여주고 있다. 여기에서 나는 우리가
현재 서 있는 지점과 여기에 도달하게 된 방법을 더욱 잘 이해하기
위해 일정한 맥락을 제공하고자 한다.

주요 목적

평가의 목적에 관한 물음은 기본적으로 '왜?'라는 질문이다. 우
리가 이러한 지식들을 찾고 있는 이유는 무엇인가? 이 물음은 다른
질문보다 다소 영향력이 적지만 해답을 찾기는 그리 어렵지 않다.
'고객 만족도 조사나 직원 만족도 조사'는 그에 대한 적절한 사례가
될 수 있다. 우리는 어떤 것들이 만족의 원인일 것인지에 대해 전
혀 자신이 없지만, 조사지들을 모두 채워 넣도록 요청 받는다. 왜
냐하면, 이전 것들의 결과로 발생한 것은 아무것도 없는 것처럼 보
이기 때문이다. 목적에 대한 활발한 검토는 무엇인가를 개선하기
위한 탐색을 덜하게 하고 고객의 조언에 대한 요청을 상대적으로
더 많이 하도록 결론을 내리게 할 수 있다.

목적이 하나뿐이라면, 질문에 답하기가 상대적으로 쉬울 수 있다. '운전면허 시험의 주요 목적은 무엇인가?'라는 물음에 우리가 심층적이고 사회학적으로 접근할 수는 있더라도 그렇게 머리를 써서 답할 정도는 아니다. 목적이 여러 가지거나 어떤 목적이 가지치기를 할 경우에는 질문이 더 중요하게 된다. 목적이 여러 가지일 때 목적들 사이의 균형은 종종 유동적이다. 여기에서 유용한 것이 전경/배경 이미지이다. 여러 목적이 있지만, 어떤 목적은 전경으로 나타나고, 다른 목적은 배경으로 사라질 것이다. 이것은 모두 사회적 틀 속에서 일어난다.

예를 들어, 대개 시험은 의무교육의 종료 시점에 실시하게 된다. 시험의 원래 목적은 개별 학생들의 자격(certification)과 진급(progression)의 수단이었다. 다른 나라와 마찬가지로 영국에서도 우수한 시험 성적은 다음 교육단계에서 상급학교 진학을 위한 과정으로 갈 것인지 아니면 취업 과정으로 갈 것인지를 결정한다. 나이가 지긋한 영국 독자들은 개인별로 시험 결과를 보도했던 지역 신문들을 기억할 것이다.[1] 그 결과 주변 사람들은 여러분이 시험에서 어떤 결과를 얻었는지 알 수 있었다. 그러나 학교 전체의 성취도에 대한 언급은 거의 없었다. 1990년대에는 학교의 성취도 결과를 표준화된 형식으로 공표하도록 강제하기 위한 법적인 요구가 있었으며, 중등교육자격검정시험(GCSE)[2]에서 A*−C 등급을 5개 받은 학

---

1 [역주] 영국의 11+를 의미한다.
2 중등교육자격검정시험(GCSE)은 의무교육의 종료 시점인 16세에 학생들의 대부분이 치르는 시험이다. 그것은 필기시험과 학습과제로 구성되는 공통 교과에 대한 시험을 포함한다. 일반적으로 학생들은 10개 과목에서 8개를 선택한다. A등급에서 C등급은 '실제로' 통과한 것으로 간주되지만, A등급에서 G등급으로 되어 있으며 U를 받으면 낙제다. 이것은 이에 초점을 두고 있는 정부의 국가 성취도 순위표에 의해 공식적으로 확인된다. A* 등급은 가장 우수한 학생들을 더욱 분명하게 구별하기 위해 도입되었다.

생 비율의 중요성을 강조하기 시작했다. 학부모들에게 정보를 제공하는 차원의 관리적 보도는 이후 책무성 시스템으로 완벽하게 대체되었다. 책무성 시스템은 국가가 정한 목표를 충족하고 있는지를 상시적으로 감독할 뿐만 아니라, 중등교육자격검정시험 5등급 중 A*-C등급을 얻은 학생들의 백분율에 근거하여 학교와 지방교육청들을 서열화한 국가 수준 학업성취도 순위표를 작성했다.

이것은 '관리적 접근의 원리(Principle of Managerial Creep)'로 이어진다. *평가의 목적이 다양화됨에 따라, 목적의 관리적 성격이 강화될수록 그 역할은 더욱 지배적이 된다.* 여기서 '관리적'이란 것은 감시와 책무성에 관련된 목적들을 은폐하는 데 사용된다. 이러한 관심들은 필수적으로 체계화되고, 사회적 통제가 더욱 중대한 문제가 된다. 개인적 자격이 시험 응시자들에게는 여전히 중요한 것으로 인식되기는 하지만, 오늘날 영국에서 전경으로 변화한 것은 중등교육자격검정시험에서 A*-C등급을 5과목 이상 얻은 학생들의 백분율이다. 나중에 알게 되겠지만, 각 학교는 종종 교육적 가치를 시험의 목표를 달성하는 데 종속시키고 있으며, 시험 과목들의 백분율을 최대화하기 위해 갖가지 냉소적 전략들을 동원하고 있다. 병원 대기 리스트―치료가 용이한 환자를 우선적으로 잡기―로부터 열차 운행―운행시간을 길게 편성함으로써 정시성을 개선하는 것―에 이르기까지 목표가 정해지면 분야를 가리지 않고 영향을 미친다. 우리는 6장에서 이러한 책무성 시스템에 대한 논의로 다시 돌아가게 될 것이다.

물론 모든 평가가 관리를 기본 목적으로 하는 것은 아니다. '의사면허'는 사회적으로 규제되지만―예를 들어, 의학교육은 높은 지위를 유지하기 위하여 항상 입학생과 자격 취득자의 수를 제한하고자 한다.— 직업적 능력 평가는 기본적으로 개인을 대상으로 한다. 정부가 모든 사람들이 의무적으로 최소한 20미터 수영을 할 수 있어야 한다고 결정하기 전까지, 내가 가지고 있는 20미터 수영 자격증은 기본적으로 개인적인 것이다.

일부 평가는 주로 전문적 목적을 갖는다. 교실평가는 교사가 개별 학생을 대상으로 학습을 진행하기 위해 설정한 것과 관련이 있다. 이러한 전문적 목적들은 관료적인 감시보다 교수–학습 과정으로 피드백이 될 것이라고 가정된다. 형성평가—'학습을 위한 평가'—는 7장에서 전개할 이러한 평가의 사례다. 이러한 가정에 포함된 비공식적 평가의 유일한 목적은 좀 더 심화된 학습으로 인도하는 것이고, 이러한 평가에 대한 어떠한 관리적 이용도 부적절하다는 것이다. 학습유형들과 다중지능에 대한 평가도 교수–학습과정을 지원하기 위한 전문적 평가 활동으로 이해할 수 있다.

관례적으로 평가는 다음의 세 가지로 이용되어 왔다.

1. 선발과 자격검정
2. 성취수준의 결정과 향상
3. 형성평가– 학습을 위한 평가

평가가 다양한 목적을 위해 사용된다는 점을 고려할 때, 평가는 상당히 중첩되어 활용된다. 예를 들어, 대학에서의 선발이 학교 시험에 기반하고 있다면, 이 시험은 교육과정과 그것을 가르치는 방법을 지배하게 된다. '성취수준 설정'은 가르쳐야 하는 내용과 학생들에게 기대된 성취도의 수준을 포함하게 될 것이다.

형성평가를 분리해서 고려하는 것은 복잡한 문제를 야기한다. 그것이 성취수준을 높이는 목표의 일부가 아닌 이유는 무엇인가? 형성

평가를 따로 떼어내 다루는 정당성은 그것이 시험의 등급보다는 학습에 도움을 준다는 데 있다. 하지만 정책 담당자들에게, '성취수준 향상'은 단지 더 좋은 등급을 의미한다(6장 참조). 평가가 집단에 따라 이용될 수 있는 구체적 목적은 <표 1.1>에 정리되어 있다.

표 1.1 평가의 목적들

범주	하위 범주들	전경 (주된 관심)	장
선발과 자격검정	보다 공정한 입학 선발/진급	개인	1장, 5장
	능력의 검정('의사면허')	개인	1장, 5장
	진단평가(특별한 요구/재능이 있는/학습 유형들)	전문적/관리적	1장~4장
성취수준의 결정과 향상	성취의 국가적/지역적 수준 모니터링 – 평가	관리적	6장
	성취의 국가적/지역적 수준 성취도 향상 – 책무성	관리적/전문적	6장
	교실평가(총괄적) – 발전/동기 부여 모니터링	전문적/개인적	5장~7장
형성평가	교실평가(형식적) – 학습 향상	개인적/전문적	3장, 4장, 7장

기 원

이번 절에서는 선발이나 성취와 관련된 평가의 기능이 어떠한 역사적 계보를 가지고 있는지를 살펴본다. 이를 통해 평가를 의심의 여지없이 교육의 일부로 받아들이는 이유도 확인하게 될 것이다. 평가는 개인의 정체성을 결정할 뿐만 아니라 특정한 직업적 지위와 학교의 순위를 규정하는 데에도 사용되어 왔다. 대부분의 사람들이 평가로부터 배제되었음에도 불구하고, 평가는 당연히 공정하고 잠재능력을 보여 준다는 신념이 지금까지 이어져 왔다. 이러한 생각은 이제는 아주 당연해서 의심할 여지조차 없는 빅토리아 시대의 유산이다.

이러한 생각의 역사적 기원을 검토하기 위해 정설은 아니지만 민간 사회에서 신화나 이야기로 전승되어 왔던 진위 테스트(authenticity test)를 살펴보기로 한다. 이 테스트는 천 년 이상 이어 온 중국의 과거보다도 더 오랜 역사를 가진 시험이다. 영국에서 성취수준을 향상시키기 위해 시험을 처음으로 도입한 것은 바로 대학이었다. 그 후 (성공적으로 졸업했던 학생들에 의해) 전문직 입직 과정에 도입되었으며, 이어 중등학교를 거쳐 초등학교로 '전파'되었다. 이와 같은 대학의 독특한 역할은 19세기 국가주도로 시험이 제도화된 프랑스와 프러시아의 경우와 비교할 때 교육과정과 평가와 관련하여 몇 가지 논쟁거리를 제공한다. 예를 들면, 다른 나라에서는 문제시하지만 영국에서는 당연하게 받아들이는 교육과정이나 학문중심 교육과정과 직업중심 교육과정의 불편한 관계가 그것이다. 오늘날 책무성을 확인하기 위해 평가를 활용하고자 하는 문제를 둘러싼 치열한 논쟁은 사실 19세기에 있었던 논란의 반복이라고 할 수 있다.

정체성과 무죄

시험의 기원에 대한 이러한 주장은 인류학자 앨런 한슨(Allan Hanson)이 제기하였다. 한슨은 전(前) 과학적 공동체에서 결백과 순결함을 증명하기 위해 시험을 사용하였다는 것을 인류학적으로 밝

혀내었다. 거짓말 탐지기, 무작위 약물 검사, 성격 검사와 같은 것
들이 여전히 우리 주변에 존재하지 않았다면, 시험이 결백과 순결
함을 증명하기 위해 사용되었다는 주장은 허무맹랑한 이야기가 되
었을 것이다. 한슨은 그의 저서 『테스트를 테스트하기: 검사받는
삶의 사회적 결과(Testing testing: Social Consequences of the
Examined Life)』의 대부분을 이러한 내용에 할애하고 있지만 여기서
는 참고가 되는 부분만 간단하게 요약하고자 한다.

진위 테스트는 대상의 *정체성*을 확인하고 그 *성격*을 결정한다.
예를 들어, 아서(Arthur)왕이 바위에서 칼을 뽑은 이야기[3]나 공주와
완두콩 이야기 —공주는 왕족의 감수성으로 침대 매트리스 속의 완
두콩을 알아챔으로써 자신이 진짜 공주라는 사실을 분명히 하였
다[4]— 등이 있다. 마녀 시험에서 물에 잠긴 여자는 마녀라는 정체성
이 부여되었다. 개인이 어떻게 생각하든 수수께끼 풀기나 영웅 이
야기가 믿음의 근거가 되었다. 예를 들어, 진짜 어머니를 알아내기
위해 아이를 절반으로 나누라고 말하고 그 반응을 살핀 솔로몬 왕
의 시험이 대표적인 이야기이다.

*정직함, 유·무죄 테스트*는 재판에서도 사용되었다. 결투(trial by
battle)도 그 중의 하나인데, 결투에서 이긴 사람이 누구든 옳다고
가정한다. 신은 정의의 편이라고 생각하였다. 다윗과 골리앗에 관

---

3 [역주] 이 이야기는 6세기경 영국의 아서(Arthur)왕의 왕위 계승과 관련된 전설
  이다. 솔즈베리 지방에 바위에 박힌 칼을 뽑는 자가 영국의 진정한 주인이라는
  예언이 새겨진 바위가 발견되었고, 15살의 아서(Arthur)가 우연히 그 칼을 뽑으
  면서 영국의 왕이 되었다는 이야기이다.
4 [역주] 안데르센의 동화이다. 공주와 결혼하고 싶어 하는 왕자를 위해서 왕비는
  왕자와 결혼하기를 원하는 공주가 진짜 공주인지를 확인하고자 한다. 왕비는 공
  주가 잘 침대에 작은 완두콩을 숨기고 그 위에 10겹의 매트리스를 깐다. 다음날,
  그 침대에서 자고 일어난 공주는 침대가 울퉁불퉁해서 도저히 잘 수 없었다고
  이야기하고, 이에 왕비와 왕자는 진짜 공주를 찾았다고 기뻐한다는 이야기이다.

한 성서 이야기는 약자에게는 매우 아름다운 이야기로 이는 다윗이 신의 도움을 받았다는 명백한 증거를 의미하였다. 만약에 이 이야 기에서 골리앗이 이겼다면, 전혀 다른 설명이 나왔을지도 모른다. 골리앗은 어쨌든 훨씬 크고 좋은 무기로 무장하고 있었다. 또 다른 예는 '경기장을 평평하게 하는 것'으로 —우리로 하여금 끊임없이 평가하도록 하는 열망을 불러일으키는 것과 같다 — 이는 누가 이 길지를 예측할 수 없기 때문에 승리란 곧 신성한 심판을 나타내는 것으로 여겨졌다. 이것에 관한 비현실적이고 극단적 사례는 남자와 여자의 결투를 '공평하게 한' 독일의 법이었다.

> 결투는 … 이런 식으로 조정되었다. 남자는 허리춤까지 땅에 묻힌 채 왼손을 등 뒤로 묶고 철퇴로만 싸울 수 있었다. 반면에 남자의 공정한 적인 여자는 팔을 자유롭게 사용할 수 있었고 단단하게 잘 고정된 묵직한 돌을 사용할 수 있었다.[5]

그러나 결투에서 사회적 계급이 다를 경우 매우 다른 방식으로 결투자들 사이의 '수준 맞추기'가 행해졌다. 이는 뒤에서 다시 다루게 될 주제이다. 예를 들어, 프랑스에서는 귀족의 결투 상대가 평민일 경우, 귀족은 기사들처럼 무장한 채 말을 타고 싸울 권리를 누렸다. 반면에 평민은 방패와 막대기를 사용하여 맨 발로 싸워야 했다. 그들은 자기편이 되어줄 신이 정말로 필요했다.

시죄법(試罪法)에 의한 재판(trial by ordeal)은 많은 사람들에게 시험이나 인터뷰의 선례로 보일 것이다. 역사적으로 볼 때, 선호되었던 평가 도구는 냉수나 뜨거운 물 그리고 달구어진 쇠꼬챙이였다. 가장 널리 알려진 것은 '마녀 재판(swimming the witch)'이었다.

---

5 헨리 리(Henry Lea, 1968[1870]), p. 120.

이 테스트는 영국에서 악명 높은 마녀 사냥꾼 매튜 홉킨스(Matthew Hopkins)가 실행했던 것으로 17세기까지 사용되었다. 마녀 재판은 마녀로 의심받는 여자의 오른손 엄지와 왼쪽 엄지발가락을 묶고 허리를 밧줄로 감은 다음, 물속으로 던지는 것이었다. 이 테스트는 세 번에 걸쳐 반복되었는데 여자가 물 위에 뜰 경우 마녀라는 증거로 여겨졌다. 마녀가 아니면 물속으로 가라앉은 여자를 신이 구할 것이라고 주장했다. 그러나 이러한 일은 논리상 불가능하다. 물이 순수하여 속임수를 쓴 사람을 허용하지 않기 때문에 죄인은 떠오르게 된다는 것이다. 그런데 이러한 해석이 사회적으로 구성된다는 것을 기억할 필요가 있다. 이와 반대로 비슷한 시기 독일 남서부에서는 떠오르면 결백하고 가라앉으면 죄인이었다. 신은 지역에 따라 신비하게 움직인다.

마녀 재판에서 사용된 논리를 옛날 일로 치부하지 말고, 오늘날에도 세속적이고 '부드러운' 등가물들이 있는지를 살피는 것은 중요한 일이다. 한슨은 오늘날 사용되고 있는 거짓말 탐지기가 많은 점을 공유하고 있다고 주장한다. 이전과 다른 점은 사람들이 감추고자 하는 범죄를 밝히는 것이 신이 아니라 과학이라는 것이다. 과학은 이러한 검증을 직접 하지는 않는다. 거짓말 탐지기의 눈금값은 불안을 나타내는 측정 가능한 심리학적 응답으로 변명과 인과 관계가 있다고 가정한다. 거짓말 탐지기는 진실 여부를 판단한다는 점에서 이전의 진위 테스트와 동일한 신뢰를 받는다.

이러한 특성의 허구적 예가 TV 코미디 프로그램인 '위기의 주부들'에서도 일어난다. 브리(Bree)는 남편 렉스(Rex)가 갑작스럽게 죽자 자신을 의심하고 있는 아이들 앞에서 엄마가 무죄라는 것을 확인받기 위해 노력한다. 그녀가 거짓말 탐지기 조사에서 남편의 죽음과 관련된 질문을 받았을 때 눈금의 값은 무죄를 가리켰다. 하지만 조사관이 다른 남자를 사랑했는지를 물었을 때 거짓말 탐지기는 그녀의 항변에도 불구하고 급격하게 올라갔다. 결국 브리는 조지를 사랑했었던 것 같다고 인정했다. 그러나 그녀는 한 번도 그런 감정을 느낀 적이 없었다. 렉스를 살해했던 조지는 거짓말 탐지기 검사를 받았으나 아무 문제없이 통과했다. 우리는 그가 자신의 감정이나 죄책감을 드러내지 않는 사이코패스라고 생각했다.

이 사례는 전(前) 과학적 진위 테스트가 작동했던 것과 동일한 원리를 보여주는 것 이상의 더 많은 해석을 필요로 하지 않는다. 우리는 개인적 주장과 행동을 넘어 기능하는 진실에 이를 수 있다. 속임수는 우리로 하여금 특별한 육체−정신 관계를 가정하는 인과적 사슬에 따르기보다는 반응하도록 한다. 또한 조사관이 사회와 사법제도를 위해 일하고 있다는 식의 명백한 권력관계를 드러낸다.

여러 진위 테스트는 현대적 삶의 일부이지만 더 이상 다루지 않을 것이다.[6] 하지만, 그것은 앞으로 다루게 될 평가와 많은 것들을 공유한다.

- 테스트는 권력 작용을 내포한다. 테스트를 실시하는 사람들은 권력을 가지고 있으며, 이어 자신들이 속한 사회제도를 드러낸다.
- 테스트는 객관적으로 존재하는 것이 아니라 예를 들면, '고상함'처럼 사회적으로 구성된 실재와 관련이 있다.

---

6 푸코(Foucault)의 '감시' 개념이 이와 관련이 되는데 그것은 벤담(Bentham)의 '판옵티콘'의 이미지를 토대로 하고 있다. 판옵티콘은 전면적 감시를 가능하게 하는 건축학적 개념이다. 런던 중심가에 설치되어 작동하면서 하루에 300번 이상 우리를 감시하고 있는 CCTV와 유전자 데이터베이스, 생체 측정 데이터를 가지고 신용카드나 신분증을 통한 추적하기 등 이 모든 것들은 사회적 통제라는 의미에 포함된다(한슨(Hanson, 1994)의 4장과 10장 참조).

- 테스트는 측정하고자 하는 것을 구성하는 역할을 한다. 심지어 '마녀들'의 사례에서와 같이 측정한다고 주장하는 것조차 만들어낼 수 있다. 이는 지능검사와 관련하여 논의하게 될 것이다.

능력에 의한 선발

이것은 전통적이고 역사적인 출발점이다. 공식적인 필기 평가와 실기 평가의 목적은 혈통이 아니라 능력에 따라 개인을 선발하는 것이었다. 이 점은 시험을 지속적으로 정당화하는 이유 중의 하나이다. 중국의 과거시험으로 돌아가 보자.[7] 일찍이 주(周)나라(기원전 1122-256)에서도, 평민 중에서 능력 있는 사람들을 찾기 위한 시험이 있었으나 대부분의 남성들에게 시험 응시 기회가 부여되었던 것은 송(宋)나라(기원후 960-1279) 때였다. 과거시험은 권력과 위세를 얻기 위한 열쇠였다. 물론 여성을 포함하여 노비, 노동자, 광대, 음악가는 시험을 볼 수 없었다. 과거 시험의 응시 제한을 둘러싼 '공정성' 문제는 지속적으로 되풀이되는 주제다. 명(明)나라(1368-1662)는 과거시험을 20세기 초까지 존속했던 완성된 형식으로 만들었다.

과거시험에 대해 고찰을 하면 할수록, 우리는 더욱 의기소침해진다. 엄격한 시험 조건이 있었는데, 응시자들은 유교 경전에 대한 비평을 작성하고, 시를 지으며, 역사와 정치 그리고 시사 문제에 대한 논술문을 작성하기 위해 3일 동안 한 칸짜리 방안에 갇혀야 했다. 그들의 시험지는 익명성을 보존하기 위해 필사되었고 이중으로 채점되었다. 합격률은 1~10% 사이였으며, 통과자는 상급의 시

---

7 한슨(Hanson, 1994)의 7장을 보라. 이 내용에 관한 심화된 설명을 참고할 수 있다.

험을 치를 수 있는 자격을 부여 받았다. 그 중 절반이 다음 단계를 통과하였으며 그런 다음에 지역의 수도에서 3년에 한 번씩 개최되는 시험에 응시할 수 있었다. 그리고 이 시험에 합격한 10% 미만의 합격자들은 3년에 한 번씩 중앙의 수도에서 치러지는 시험에 응시할 수 있었다. 그리고 여기에서 합격한 사람들은 왕이 직접 시행하는 마지막 시험을 치르기 위해 궁궐에 갔다. 이 단계의 합격자들은 지방의 시험에서 합격했던 사람들이 하위직을 얻게 되는 데 비해 중앙의 관직이나 더 심화된 교육을 받을 수 있었다. 합격자들은 3년마다 시험을 다시 치러야 했다.

이러한 과거시험의 맥락은 *고부담 시험*의 의미를 소개하기에 적절하다. 이들 시험에 내재되어 있는 가정은 시험이 일부든 혹은 전부든 응시자들의 실체적 결과를 의미한다는 것이다. 우리가 6장에서 확인하겠지만, 책무성은 최상의 결과를 얻기 위한 책임이 개별 학생들보다는 교사, 학교, 교육 당국에 있다는 것을 의미한다. 또한 고부담 시험은 항상 최상의 결과를 얻기 위해 사람들이 수단과 방법을 가리지 않고 결과를 향상시키려고 하는 위험을 야기한다. 중국의 과거시험도 예외는 아니었다. 응시자들이 건물에 갇히기 전에 실시하는 검색을 포함한 모든 보안 대비책에도 불구하고, 소형화된 커닝 책과 정답이 거래되었고 잘 알려지지 않았지만 벽에 구멍을 뚫기도 했다. 이러한 불법적인 행위들은 창의성을 추구하기보다는 시험이 전수받은 지식이나 도그마의 반복을 강조했기 때문에 조장되었다. 바로 이 때문에 선발과정이 망가지게 되었다. 하지만 그러한 과정은 서서히 진행되었으며, 과거시험은 500년 동안 존속했다.

과거제도의 한계가 무엇이든 간에 무엇보다도 중요한 긍정적인 특징이 있는데 그것은 합격자의 60% 이상이 관료 엘리트 가문 출신이 아닌 것으로 추정된다는 점이다. 이러한 결과를 오늘날 영국의 공무원 선발 시험을 통과하는 사람들의 사회적 구성과 비교하면 매우 흥미롭다. 영국의 공무원 선발 시험 또한 성적에 의한 선발을 목적으로 하고 있다.

영국에서 열정적으로 필기시험을 도입한 것은 바로 빅토리아 시대(1837-1901)였다. 급격한 개혁과 산업 및 제국이 팽창하는 시대에, 후원에 의한 임명과는 다른 기반에서 관리를 선발하기 위해서는 능력에 따른 필기시험이 이상적이었다. 길리언 서덜랜드(Gillian Sutherland)에 따르면, 19세기에 분출되었던 시험에 대한 순수한 열광은 시험이 다음과 같은 세 가지 장점을 가지고 있기 때문이었다.

- 공식적 시험은 부패와 사익의 반대 개념으로 간주되었다. 중립성에 대한 그들의 주장은 절대선으로 여겨졌으며, '엽관'을 남자다운 자립적인 행위로 대체하는 것처럼 보였다(Dale, 1875).
- 시험은 성과나 기술이라기보다는 검사하는 것(testing)으로 보였다. 그들은 시험을 근본적 능력에 근접할 수 있는 도구로 인식했다.
- 능력은 우수함 그리고 가치 있는 재능과 동등한 것으로 여겨졌다 (1992: 3).

이러한 가정들은 평가 내용—일반적으로 라틴어, 그리스어 그리고 수학—과 선발되어 맡게 될 직책—인도 공무원— 사이의 간극을 목적적합성이라는 개념을 통해 이해할 수 있게 해 준다. 목적적합성은 시험을 성격과 능력을 재는 테스트로 간주함으로써 해소되었다. 시험을 잘 본 사람들은 근면성과 능력이 그들이 맡은 관리 역할에도 잘 들어맞는다는 것을 보여 주었다—1883년 미국의 국가공무원법(Civil Service Act)은 시험을 통해 10%의 공무원을 선발하고자 하였으며, 업무와 관련된 기술을 강조하였다. 역사학자인 매콜리(Macaulay)경은 1833년에 하원에서 있었던 인도의 공무원 후보자 선발 시험을 지지하는 연설에서 다음과 같이 주장했다.

> 모든 삶의 궤적들을 보십시오. 그러면 이 세상에서 매우 탁월한 사람들은 대개 그들의 학력에서 차이를 보인 사람들이라는 사실이 진실인지 아닌지를 알게 될 것입니다. 사용하는 언어가 무엇이든, 배우는 학문이 무엇이든 간에 모든 시대와 나라에서 교육과 관련하여, 해당 언어와 학문에서 가장 뛰어난 사람은 대개 젊은이들의 귀감이며 가장 예리하고 가장 근면하며 명예롭게 최고로 탁월하고 야심찬 사람일 것입니다(1898, xi, 571-3).

무엇을 배웠느냐는 중요하지 않다. 매콜리(Macaulay)는 중요한 그리스어보다 시험에 더 도움이 되는 체로키어를 배운 자신을 예로 든다. 시험에서 더 좋은 결과를 얻는다면, 그는 일을 더 잘할 뿐만 아니라 더 나은 사람으로 여겨진다 — 매콜리 자신은 캠브리지의 트리니티 칼리지에서 장학금을 받은 학생이었다. 나는 그가 하는 말이 개구리가 된 올챙이가 개골개골하는 소리라고 생각한다. 언급되지도 인식되지도 않은 채 남아 있는 사실은 이들이 기회와 준비의 측면에서 가장 특권적인 사람일 것이라는 점이다. 이처럼 '성적'은 계급제도를 반영한다. 중간계급의 전문직 확장 요구는 다른 계급을 교육적 사다리로 조심스럽게 끌어들이는 결과를 초래했는데, 이는 시험에서의 성취에 근거하는 장학제도를 확대함으로써 가능했다.
　이러한 생각은 1871년 과학자인 토마스 헉슬리(Thomas Huxley)의 다음 글에 생생하게 나타나 있다.

사회의 가장 밑바닥이든 대학의 가장 상층이든 사다리를 기어오를 힘을 지닌 모든 아이들이 그 힘을 이용하여 자신이 의도한 곳에 다다를 수 있도록 하는 위대한 교육 사다리를 세우지 못했다면, 그러한 교육제도는 국가제도로 불릴 가치가 없거나 교육의 위대한 목표를 달성하지 못한 것이다(Sutherland, 1996: 16).

능력과 자격

역사적으로, 직업적 능력을 증명하기 위한 평가는 교육적 선발을 위한 평가가 실시되기 전부터 다양하게 사용되었다. 대부분의 사회에서 길드는 도제가 장인의 옆에서 일하면서 필수적인 기술을 배우는 도제제도에 기초해 왔다. 평가의 라틴어 어원은 'assare'인데, 그것은 '옆에 앉아 있다.'라는 의미이다. 이 때 평가는 확실히 목적적합적이었다. 왜냐하면 도제들은 그들이 배우고자 했던 기술을 증명해야만 했고 이를 위해 개인적 기술이 필요했다.

하지만 빅토리아 시대에 들어, 많은 직업들에서 이러한 관행은 교육적 자격이 강조되면서 형식적 선발로 대체되었다. 전문직이란 사회학자 랜달 콜린스(Randall Collins)가 말한 '높은 직업적 지위 명예를 이용한 시장의 봉쇄'로 정의되었다(p. 36). 영국에서 의료업은 면허를 발급하는 21개의 경쟁적 직업 조합을 통해 의료 시장을 폐쇄하였다. 의료인들은 전국의료인협회(General Medical Council)를 설립하고 1858년 법률을 제정하여 의사 면허를 하나로 통합하였다. 회계사, 기술자, 건축가와 법률가도 모두 이러한 전례를 따랐고 그들만의 자격시험을 실시하였다. 시간이 지남에 따라 대입자격도 입학시험으로 대체되었다. 1920년대까지 시험은 전문직으로 직업적 지위를 끌어 올리려는 직업들에서 필수적으로 이용되었다.

길리언 서덜랜드는 이러한 과정에 대해 보다 자세히 논의하였는데, 당시 시험에 대한 믿음을 다음과 같이 요약하였다.

시험이라는 장치는 일찍부터 폐쇄와 통제를 위한 수단으로 이용되었다 … 공식적 시험은 재능의 발견을 위한 통치 장치였다. 이것으로부터 능력주의의 복음, 도덕적 성품과 능력을 동일시하게 되었다. 결과적으로 도덕적 성품은 영국 신사의 특징으로 생각되는 자질들과 유사한 것이 되었다 … 전문직 단체와 자격협회는 발달하는 형식교육, 특히 시험을 활용하여 전문직 시장을 봉쇄하고 내부결속을 유지하였다. 아울러 그들의 막강한 권력과 영향력의 담론과 이데올로기를 더욱 공고히 하였다(2001: 62).

이것은 평가가 측정하고자 하는 것을 구성할 수 있다는 문제와 관계가 있다. 전문가란 자격을 부여하는 시험을 통해 정의될 수 있다. 특히 전문가에게 요구되는 자질에 대한 판단이 전문적 비밀로 보호될 때 더욱 그러하다.

패트리샤 브로드풋(Patricia Broadfoot)은 시험이 직업적 지위가 높은 전문직과 연결되어 있기 때문에, 비슷한 지위에 있는 직업들에서 필기와 이론 시험을 부과하는 움직임을 발견했다. '졸업장병'(5장)에서 다루겠지만, 학교교육은 전문직의 훈련을 위한 자격 과정의 일부가 되었다. 그러나 학교와 교사가 하는 일이 어쩔 수 없이 실제적인 것과 다소 거리가 있고 이론적인 것에 가깝기 때문에 학문중심교육과 직업교육을 분리하는 것과 같이 시스템 상에 많은 긴장이 존재한다. 독일에서는 중등교육 단계에 그러한 분리가 반영되었다. 반면에 오스트레일리아에서는 직업교육이 모든 학생을 대상으로 하는 것인 듯하다. 영국에서 계급 구조의 유산은 직업자격들이 종종 학문자격에 '도달하지 못하는' 사람들을 대상으로 하는 것처럼 취급되었다. 그런 까닭에 의사 수련은 실제적이고 직업적임에도 불구하고 의사나 법률가와 같이 지위가 높은 전문직은 그 역사와 관련되어 여전히 직업교육의 대상이기보다는 학문적인 것으로 간주되는 경향이 있다.

이와 함께 영국의 직업교육전통은 19세기의 왕립예술대학(the Royal College of Art)과 도시길드협회(City & Guilds)와 같은 단체들에 의해 발전된 직업자격제도와 관련이 있다. 물론 자격의 중심에 실제적 요소가 남아있기는 하지만 자격과 관련하여 시험의 사용은 지속적으로 증가하였다. '목적적합성'과 능력은 직업 관련 평가에 있어 중요한 문제로 남아 있다. 그리스·라틴 고전학 관련 학위는 여전히 공무원에게 필요한 교육으로 여겨질 수 있고, 물리학 학위는 은행 투자 직종에 필요한 것 —지원자가 계산을 잘 한다는 것을 의미한다 — 으로 간주될 수 있다. 하지만 우리는 비행기 조종사가 이착륙과 관련된 매우 구체적인 기술에서 뛰어난 실제적 능력을 갖추고 있기를 원한다.

진단 평가와 특별한 학교교육

지금까지 설명했던 선발은 가장 능력 있는 사람들을 찾아내기 위한 것이었다. 19세기 이래로 산업 국가들에서의 교육개혁은 갈수록 증가하는 학생들을 위한 교육의 확장과 관련이 있었다. 1880년부터, 영국과 웨일스에서 초등교육은 노동계급 아동들에게 의무가 되었다. 일부 아이들은 정규학교교육을 감당해 낼 수 없는 것으로 밝혀졌으며, 20세기 초반에는 그러한 학생들을 찾아내기 위한 진단 평가가 개발되었다.

알프레드 비네(Alfred Binet)는 그러한 평가를 처음으로 시행한 프랑스의 심리학자였다. 그는 특별한 교육적 지원을 필요로 하는 학생들을 찾기 위한 도구를 만들기 위해 파리의 교육청에서 일했다. 그리고 1905년에서 1908년 사이에 일련의 도구를 만들었다. 지금 우리가 당연하게 받아들이고 있는 그의 해결책은 교실에서 기대되는 인지적 기능을 확인하는 것이었다. 이것은 당시에 전형적으로 행해지던 진단평가로부터의 근본적인 이탈이었다. 당시 진단평가는 두개골의 크기와 같은 신체적 특징 ―'스티그마'― 과 감각적 인식(2장 참조)을 이용하는 것이었다. 비네와 그의 동료인 시어도어 사이먼(Theodore Simon)은 이러한 접근을 신뢰하지 않았다. 그래서 수백 명의 파리 어린이들을 대상으로 시험적으로 사용하였던 다수의 테스트를 개발하였다. 그것들은 연령에 의해 측정되었기에 '정신연령'은 '생활연령'과 함께 다루어질 수 있었다. 테스트들은 공간적, 언어적, 수리적 하위 테스트를 포함하고 있었고 개인적 차원의 이력들을 만들어 내었다. 이러한 모든 과정에서 비네는 분명하게 교육적 목적을 가지고 있었다. 그는 학습을 위해 특별한 교육적 지원이 필요한 아이를 발견하기를 원했다.

이것은 오늘날 대부분의 교육심리학자들에 의해 광범위하게 여전히 사용되고 있는 일대일 진단평가의 토대를 제공하였다. 테스트는 점점 더 정교해졌지만, 평가의 기본 이유는 여전히 동일했다. 오늘날 테스트의 목적은 관리적이며 전문적이다. 왜냐하면 심리학적 평가는 종종 교육적 자원을 제공하고 학교를 변화시키기 위한 의사결정과정의 일부분이기 때문이다.

하지만 우리가 2장에서 보게 될 것처럼, 비네의 연구는 매우 다양하고 종종 해로운 목적들을 갖는 지능검사 운동의 기반을 제공하기도 했다. 그것은 바로 지능검사의 점수에 따라 상대적 등급을 매겨 대집단을 분류하는 집단 테스트의 제작 가능성을 발견했던 미국과 영국의 심리학자들 때문이었다. 이러한 지능검사의 사용은 1차 세계대전에서 병사 모집, 이민 제한, 학교교육을 위한 선발에서 사용되었다. 이것이 바로 영국 등에서 중등학교 선발의 근거가 되었던 IQ 검사를 만들어내게 된 전통이었다. 이들과 비네의 핵심적 차이점은 지능은 교육이 변화시킬 수 없게 고착화되어 있으며 동시에 타고난 정신 능력이라는 가정이었다. 이것은 과학적 연구 결과라기보다는 19세기에 지속되었던 계급과 인종적 우월성에 근거하고 있다. 또한 상층계급인 앵글로색슨 남성의 타고난 우월성에 대한 신념을 사회적으로 합리화하는 것이었다.

성취기준의 설정과 향상

특히 교육 부문에서, 평가의 핵심 목적은 교육의 성취기준을 결정하고 향상시키는 것이었다. 실제로 이것은 오늘날 평가에 대한 보편적인 신념이다. 지구화의 도전에 대응하여 성취수준을 향상시키기 위함이라는 수사를 평가의 필요성으로 사용하지 않는 국가를 찾기란 어렵다. 영국에서 기원은 19세기 캠브리지와 옥스퍼드의 필기시험 도입으로 거슬러 올라간다. 그것은 그들이 공무원 조직, 전문직, 중등학교까지 평가를 확대한 시점으로부터 출발한다. 그리고 그것은 빅토리아적 믿음의 하나가 되었다. 이것은 평가가 과거와 현재에 시행되는 방식에 영향을 미쳤다. 프러시아나 프랑스와 같이 중앙 정부가 평가에 직접적으로 영향을 끼친 나라는 미국에서의 발전과정과 다른 제도를 만들어냈다.

여기에는 평가가 학습되어야 하는 내용과 필요한 이해와 기술의 수준을 알려주는 신호라는 가정이 있다. 공식적 필기시험은 대학에서 시작되었고 그 다음에는 중등학교와 초등학교로 확산되었다. 구술 토론은 중세와 르네상스 대학들에서 대학 평가의 주요한 수단이었지만, 이것은 18세기와 19세기 들어 필기시험에 자리를 내주기 시작했다. 1795년에, 캠브리지의 성 존스(Jone's) 칼리지는 학생들의 성취도에 대해 큰 관심을 가지고 있었고 모든 학생들을 대상으로 연간 두 번의 자체 시험을 실시했다. 반면에 캠브리지에 시험이 도입되기 4년 전부터 예일대학 학생들은 졸업시험 외에 다른 시험을 치르는 것을 거부했다.[8]

우리는 형식적 평가가 다른 것보다 적절한 것인가에 대한 생각을 1778년 옥스퍼드의 마지막 시험에 대한 비세시무스 녹스(Vicessimus Knox)의 분노에 찬 논평을 통해 알 수 있다.

보통 직원뿐만 아니라 어떤 사람도 그 방에 들어오지 않았기 때문에 ─그것은 매우 무례한 것으로 여겨졌다─ 시험관 ─대개 응시자가 선택한 전공의 석사 3인─ 과 응시자들은 시계가 11시를 칠 때까지 시험을 보았으며 종종 지난 술판이나 승마에 대해 대화를 나누고, 신문이나 소설도 읽었다. 시간이 되면 모든 일행들은 내려가고 '증명서'에 학장이 서명을 하게 된다(Broadfoot, 1979, p. 29).

브로드풋은 '실제로 4년의 재학이 학위를 받기 위한 유일한 자격이었는데, 자격이 전적으로 사회적이었기 때문에 교육이 엘리트에게 부적절한 것은 아니다.'라고 보았다. 옥스포드는 5년이 지나면 특별히 심화된 연구가 없어도 일정한 수업료를 내면 졸업생들에게

---

8 이에 대한 근거는 한슨(Hanson, 1994)의 7장과 서덜랜드(Sutherland, 1996)와 브로드풋(Broadfoot, 1979)에서 얻을 수 있다.

도 석사 학위를 수여하였다. 1852년경에 옥스퍼드에 발생한 문제들을 조사하는 왕립위원들은 '시험제도를 더욱 효율적으로 운영하기 위해 능력이 부족한 응시자에게 탈락할 위험을 지우고, 우수하고 성실한 학생들에게 명예로운 차별과 실질적인 보상을 주는 것이 필수적이다.'라고 논평하였다.[9] 이러한 논리는 성취수준과 경쟁을 연결하는 것이었다. 시험은 최소한의 성취수준을 확립함과 동시에 경쟁을 촉진한다. 그것은 성취수준을 끌어올릴 것이다. 시험이 끝나고 복도에서 학생들이 내린 큰 나무 숟가락에는 가장 낮은 점수와 학생들이 있었지만, 이러한 경쟁은 특히 최고의 학생이자 '수석합격자'—심지어 교내 직원들이 내기를 하기도 했다—가 있었던 캠브리지에서 엄청난 중요성을 띠게 되었다.[10]

옥스퍼드와 캠브리지 대학에서 시험을 도입하게 된 배경을 소개하는 것은 다분히 의도적 목적이 있다. 그것은 대학에서의 시험이 공무원과 전문직 시험에서 전개되었던 방식에서 벗어나 있었기 때문이다. 대학의 시험은 출세했던 사람들에 의해 추진되었으며 교육기관 밖으로 확산되었을 뿐만 아니라 중등학교로 퍼져 나갔다. 이는 19세기 초반 예일과 하버드에 시험이 도입된 미국에서도 매우 비슷하였다. 1845년 보스턴의 중등학교에서는 필기시험이 도입되었다. 당시에 관리자들은 모든 학생들이 동시에 시험을 치르는 것이 중요하다는 생각을 하였다. 그래서 관리자들은 먼저 시험을 치렀던 문제에 대한 정보가 퍼지는 것을 차단하려고 사전에 여러 학교를 뛰어 다녔다.

---

9 서덜랜드(Sutherland, 2001), p. 52.
10 좀 더 심화된 설명을 위해서는 스트레이(Stary, 2001) 참조.

중등학교에서의 시험

대학에서의 시험이 중등학교로 확산된 것은 상층, 중간, 하층의 세 개의 중요한 계급 집단이 자신들만의 분리된 교육기관을 요구했던 빅토리아 시대의 사회적 배경과 관련이 있다. 각 계급은 분리된 교육적 요구를 가지고 있었다. 가장 자신감이 없어 보였던 것이 중간계급이었다는 점은 매우 놀라운 사실이다. 하위계급은 초등교육 수준의 낮은 요구를 가지고 있었으며, 그것이 점차 국가와 교회의 지원에 의해 이루어지고 있던 중이었다. 상위계급은 중간계급이나 하위계급과 섞이지 않았기 때문에 그들만의 교육을 요구하였다. 그러나 대개는 질 낮은 사립학교 형태를 취했다. 따라서 어떻게 성취수준을 향상시킬 것인가 하는 문제는 당시 가장 중요한 정치적 논쟁거리였다. 매튜 아놀드(Matthew Arnold)를 비롯한 몇몇 사람들은 프러시아를 본뜬 진단 시스템에 관심을 보였으나 이러한 진단 시스템은 복잡하고 비용이 많이 든다는 이유로 거부되었다.

그래서 시험은 성취수준 향상에 대한 해결책으로 여겨졌다. 그리고 시험을 누구에게 위탁하는 것이 옥스퍼드나 캠브리지 대학보다 더 믿을 만한지에 대해 논의하였다. 1857년에서 1958년에 17세까지의 학생들을 교육하는 학교를 대상으로, 보통 '중간계급 시험'으로 불렸던 시험을 실시하기 위해 지역시험(Local examination) 체제를 만들었다. 존 로치(John Roach)는 시험관들의 보고서에 의존하여 이 과정을 자세하게 설명하고 있다. 그 중 몇 가지가 이 책에서 반복적으로 다루고 있는 주제와 관련되어 있다. 예를 들면 첫째, 시험을 통해 개선된 학교의 업무, 둘째, 학교 간 성취도 차이, 셋째, 성에 따른 성취도 차이 — 수학을 더 잘하는 남학생과 언어와 작문을 잘하는 여학생, 넷째, '지나치게 판에 박힌 교육 그리고 적

절성이나 독립적 사고를 고려하지 않는 주입식 교육의 만연' 등이
었다(p. 155). 시험관은 이것들이 필기시험의 결과와 얼마나 관련이
있는지에 대해 심각하게 고려하지 않은 것처럼 보인다. 특히 그들
이 직접 작성한 보고서의 예측가능성은 더욱 그러하다.

이러한 접근방법은 시험위원회에 기반을 둔 다른 대학들을 위
한 모델이 되었다. 그리고 많은 학생들에게 그것에 대한 접근 기회
가 개방되었다. 이러한 것들은 최근 20세기까지 지속되었고, 많은
독자들은 런던대학교나 대학입학공동위원회 — 북부의 대학들을 표
현하는 — 의 증명서를 가지게 되었다. 정부주도의 합병과 통제는
책무성으로 작동되는 변화의 또 다른 이야기이다.

이처럼 선별적으로 역사적 사례를 다루는 이유는 오늘날 학교
교육을 지배하고 있는 평가가 교수와 교육과정 모두를 통제하기 위
해 시험이라는 수단을 사용함으로써 학교교육을 개선하고자 하는
빅토리아적 시도의 직접적 영향이라는 점을 우리에게 상기시키기
위한 것이다. 존 화이트(John White, 2004)는 지난 100년 동안 교육
과정이 대학의 이해관계에 근거를 두고 있다는 점에서 근본적인 변
화가 거의 없었다고 주장해 왔다. 마찬가지로 오늘날, 말은 달라졌
을지 모르지만 시험의 근본적인 목적은 변하지 않았다.

지금까지 변화된 것은 시험의 규모이다. 중등학교 시험의 확산
에서 눈에 잘 띄지 않는 요소는 전체 학생 중의 압도적 다수가 시
험으로부터 배제된다는 것이다. 이 책의 주장 중 하나는 우리 자신
을 바라보는 방법을 결정하는 시험에 대한 것이라면, 이것은 좋은
일로 생각될 수도 있다는 것이다. 하지만, 11＋시험이나 중등학교
선발 시험에서 떨어지는 것처럼, 시험으로부터 배제되는 것은 중립
적이지 않다. 이것이 주는 메시지는 그러한 학생들이 심지어 시험

에 응시할 자격도 없다는 것이다. 이것은 사회적 계층화를 영속하는 매우 이상적인 방법이다. 이에 대한 효과적인 사례는 1947년 영국에서 의무교육을 마치는 연령을 15세까지 연장했던 것이다. 이것은 현대학교의 일부 학생들만이 중등교육수료시험(School Certificate)에 응시하는 것이 가능했다는 것을 의미한다.[11] 현대학교는 기술학교나 엘리트를 선발하는 문법학교에 입학하지 못하고 14세 이전에 학교를 떠난 학생을 대상으로 설립되었다. 이러한 기회는 정부의 규정 103(Circular 103)에 의해 신속하게 봉쇄되었다. 이것이 사회적으로 불이익을 받는 사람들보다 이미 특권층인 사람들의 이익을 유지하기 위한 것이라고 의심하기 위해 굳이 철저한 '문화자본' 사회학자가 될 필요는 없다. 대부분의 올챙이는 연못을 떠날 수 없을 것이다.

책무성: 결과에 따른 보상

책무성은 현재 외부의 테스트와 시험을 사용하는 기본 목적일지도 모른다. 이것은 누군가가 일하고 있다면, 일의 향상을 지표로 측정하는 것이 가능할 것이라는 논리이다. 평가 결과는 하나의 분명한 측정치이다. 결과가 향상된다면, 성취수준이 향상했다는 의미이다. 이러한 논리는 6장에서 검토될 것이다. 이번 절에서는 이러한 접근이 새로운 것이 아님을 간단하게 살펴보고자 한다.

한 가지 고전적 사례는 1862년 개정법에서 로버트 로우(Robert Lowe)에 의해 이슈화된 *결과에 따른 보상 계획*이다. 당시에는 초등학교 교육에 대한 수요로 인해 정부 지출이 증가하였다. 교사들이

---

11 [역주] 현대학교(modern school)는 문법학교(grammar school), 기술학교(technical school)와 더불어 영국 중등학교의 한 형태이다.

잘하는 학생들에게 집중하기 위해 못 하는 학생들을 무시하는 문제
가 있었는데, 이와 관련하여 돈에 합당한 가치를 어떻게 보증할 것
인가라는 문제가 제기되었다. 로우의 해결책은 대부분의 돈(예산)을
읽기, 쓰기, 셈하기 시험의 성취도에 근거해 할당하는 초등학교 교
부금 제도를 도입하는 것이었다. 연령에 따라 시험의 '성취수준'이
정해졌고, 같은 성취수준으로 다시 시험을 치를 수 없었다. 당시에
시험은 정부의 장학관에 의해 실시되었는데, 그들은 이 제도가 오
용될 것이라는 주장에 반대했다.

이러한 접근에 대한 로우의 옹호는 30년 동안 존속되었고 처음
부터 정부 지출의 삭감이 이루어졌다는 점에서 현대적인 느낌을 주
고 있다.

> 장학의 목표는 무엇인가? 어떤 것들을 유쾌하게 만드는 것인가?
> 그들의 효율성과 관계없이 국고에서 받을 수 있는 만큼을 그저
> 학교에 주는 것인가? 당신은 교부금이 지원금과 보조금일 뿐만 아
> 니라 좋은 결과를 얻을 것이라는 뜻으로 말하고 있는 것인가? …
> 당신은 효율성을 중시하는가, 보조금을 중시하는가? 학교는 그것
> 이 열악하고 빈곤하기 때문에 구제되는 것인가? 혹은 그것이 좋은
> 학교이고 효율적이며 좋은 환경에 있기 때문에 구제되는 것인가?
> (Hansard's Parliamentary Debates, 1862.2.13.: 205)

이 제도는 진정으로 '결과에 따른 보상'이었다. 왜냐하면 교사
급여의 일부분이 정부가 재정 지원을 하여 치른 학교 연례 시험의
성과에 근거하였기 때문이다. 과거 상원 조사 책임자였던 에드워드
홈스(Edward Holmes)는 1911년 조사를 회상했다. 그는 교육의 질에
대한 이 제도의 영향에 대해 혹평하였다.

아이들은 … 그것들을 다 암기할 때까지 책에 있는 내용을 반복적으로 연습하였다. 셈하기(산수)에서 몇 날이고 몇 달이고 공식들을 따라 추상적인 계산을 했다. 그리고 그들은 셈하기 카드에 대한 다양한 문제들에 답을 하게 하는 정확한 규칙이 무엇인지를 아이들이 알게 되기를 희망하는 많은 문제 풀이 방법과 기술을 익히게 하였다 … 일부의 소수 학교를 제외하고는 실제 학생들의 훈련 과정에서 깊은 사고의 기회가 이루어지지 않았고, 학생의 정신과 그 밖의 성장을 위한 촉진 또한 주어지지 않았다. 수단과 방법을 가리지 않고 연례 시험에 학생을 합격시키는 것이 교사들의 유일한 관심이 되었다. … 아이들이 어떤 것을 스스로의 힘으로 이해하고 직접 해결하지 못하는 것을 정신이 온전치 못하다고까지 말할 수는 없지만 무능력의 증거로 일부 교사들에게 간주되었다. 그리고 학생들을 '백분율'의 관점에 근거하여 보는 것은 아마도 재앙이 될 것이었다(pp. 107-108).

이러한 내용은 미국의 '아동낙오방지법(No Child Left Behind)' 시험 프로그램과 영국의 국가교육과정 평가에 대해 고찰하는 6장에서 다시 논의하게 될 것들이다. 이러한 19세기의 결과에 의한 보상 체제는 우리에게 오늘날의 책무성 논쟁의 선례가 존재했다는 것을 상기시켜 준다.

결 론

평가는 우연히 발생하지 않는다. 그것은 분명한 목적을 갖는 사회적 행위이다. 우리가 사용하고 있는 평가의 형식도 사회적으로 결정되고 사회적 구조를 반영한다. 한층 공정한 선발과 함께 대학과 학교에서 교수·학습은 성취수준의 향상이라는 목적을 가지고 있었기 때문에, 평가 제도의 발전은 변함없이 순수한 의도를 가지고 있었다. 실제로, 시험과 같은 공식적 평가는 그것이 대체했던 후원에 의한 임명 체제보다 더욱 공정한 선발을 유도했다. 우리는 이러한 발전이 바람직한 것과는 얼마나 거리가 멀었었는지를(2장) 확인하게 될 것이다. 그럼에도 불구하고, 정식 학교교육에서 혜택을 받을 수 없을지 모르는 학생들을 확인하기 위한 테스트의 발전은 긍정적인 점이 있었다.

역사적으로, 특히 그것들이 어떻게 확실히 그 시대의 계급 분리를 반영하고 지원했는지 그리고 수많은 사람들이 어떻게 배제되었는지를 충분히 인식하지 못하고 있는 것은 시험의 한계이다. 영국에서의 역사적 전개는 구체적인 사례를 제공한다. 즉, 엘리트 대학들은 전문직과 그 다음에 '중등학교'까지 확산된 시험의 형식을 발전시켰다. 그밖에 다른 곳에서 평가 제도는 다양하게 전개되었고 상이한 사회적 배치에 영향을 미쳐 왔다.[12]

교육내용과 학생성취에 대한 시험의 영향은 종종 긍정적이었다. 하지만 부정적 결과들은 충분히 인식되지 못하였다. 시험이 가르치는 일을 점수 높이는 일에만 맞추거나 시간이 갈수록 학생들을 멍청하게 만드는 것들이 그것이다. 19세기 영국에서 시행된 결과에 따른 보상 정책은 고부담 책무성 목적을 위해 평가가 사용될 경우 야기될 수 있는 왜곡의 사례다.

평가에 대한 빅토리아적 열광 이후 얼마나 많은 것들이 변화해 왔는가? 우리는 18세까지 영국에서 학교교육에 머무르고 있는 보통

---

12 엑스타인과 노아(Eckstein & Noah, 1993)의 『고전중등학교시험(*classic Secondary School Examinations*)』 참조.

의 학생들이 백 번 정도의 외부 평가를 치르게 될 것이라고 추정하
면서, 평가의 규모와 규칙성의 측면에 훨씬 더 중요성을 부여해 왔
다.[13] 공정성 문제 특히 문화적, 계급적 가정들이(5장) 여전히 남아
있었음에도 불구하고 이러한 평가들은 대부분의 학생들을 포함하
며 더욱 포괄적이었다. 많은 나라에서 발생해 왔던 것은 *책무성* 목
적이 전경으로 떠오르고 이것이 학교교육에 종종 부정적인 영향을
끼쳤다는 것이다(6장). 역사적 기원들과 우리가 당연시하는 목적을
고찰함으로써, 현재의 관행에 대해 더욱 효과적인 물음을 제기할
수 있을 것이다.

---

13 이것의 대부분은 16세가 되었을 때 GCSE에서 치렀던 10개 정도의 교과목들로
부터 시작되는데 각각 2개나 그 이상의 시험들로 되어 있다. 또한 17세에서 18
세에 치르는 교과목의 단위를 나눈 A 레벨은 학생들이 보통 3개에 응시하는데
각 교과당 6개의 교과목 단위로 되어 있다. 교과목 단위들은 등급을 올리기 위
해 다시 응시할 수 있어서 대부분의 학생들 그 중 몇 개에 재응시하게 된다.
7세에서 14세를 대상으로 2007년 정부가 1년에 두 번씩의 추가적인 모의 국가
교육과정 시험('향상도 진단 시험')을 치른다고 발표했지만, 시험교과목 단위
의 수는 시험 축소의 원인이 된다. 그리고 그것은 극적으로 시험의 부담을 증가
시키게 될 것이다.

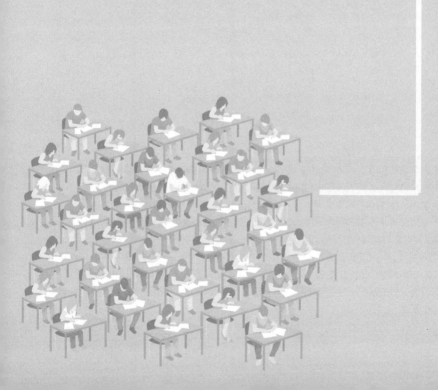

Testing Times

지능검사

:괴물을 만드는 방법

제2장

지능검사: 괴물을 만드는 방법

사람들은 일상적으로 사용되는 어떤 이름이 독립적으로 실재하는 고유한 실체일 것이라고 굳게 믿는 경향이 있다. 만약 그 이름에 상응하는 진짜 실체를 발견할 수 없다면, 사람들은 그것이 실재하지 않는다고 생각하지 않고, 특별히 심오하고 신비한 것일 거라고 상상한다.

존 스튜어트 밀(John Stuart Mill, 1806-73)

이번 장에서는 평가를 단순한 의미의 측정 수단이 아니라 무엇인가를 만들어 낼 수 있는 능력을 가진 것으로 본다. 여기서는 지능검사를 다루게 되는데, 그 이유는 그것이 측정할 수 있는 것은 무엇이든 만들 수 있다는 것을 분명하게 보여주기 때문이다. 평가는 생각이나 의견을 받아들이고 마치 그것을 사실인 것으로 믿게 하는데, 이는 실제로 존재하는 것처럼 측정하고 그것을 호명하고 분류함으로써 가능하다. 이런 식으로 지능에 대한 우리의 생각을 물화하고, 지능을 독립적 실재로 *간주한다.*

우리가 가지고 있는 *지능*에 대한 이해도 이러한 과정의 산물이다. 물론 지능과 같은 것이 존재하지 않는 것이라고 말하는 것은 아니다. 영어권 사회에서 지능에 대한 지배적 신념은 이런 방식으로 구체화되었다. 이러한 신념들은 지능을 태생적이며 동시에 변하지 않는 행동의 *원인*이 되는 생물학적 실체의 하나로 변형시킨다. 마이클 호우(Michael Howe)는 이러한 생물학적 관점을 거부하고 지능도 성공이나 행복처럼 단지 하나의 결과라고 생각했다. 성공 자체가 어떤 사람의 실제 성공에 대한 원인이 되지 않는 것처럼, '지능 또한 지적인 상태를 나타내는 추상명사이기는 하지만 그것에 대한 설명이 될 수는 없다는 것이다.'(p. ix).

하나의 설명적인 결과를 생물학적 원인으로 바꾸는 과정은, 서론에서 언급했던 해킹의 *발견 엔진(engines of discovery)*이라는 개념으로 정확히 포착할 수 있다. 처음 네 가지(셈하기, 수량화하기, 규준 만들기, 서로 연관시키기)는 일반적으로 통계적 기술을 말하는데, 그중 어떤 것은 지능검사의 초기 개발자들이 주장하였다.[1] 이후에 이것들은 *생물학화하기, 유전학화하기, 정상화하기*로 발전한다. 영국과 미국의 IQ(지능지수) 주창자들은 프랑스의 지능검사 개발자인

---

1 골턴(Galton, 1822－1911)과 스피어만(Spearman, 1863－1945)은 오늘날 우리가 사용하는 통계 발전에 기여했다. 골턴은 한 가지 차원에 따라 점수를 등급화하는 방식을 발전시키는 데 관심이 있었다. 잘 알려진 '벨 모양의 곡선'과 표준편차의 개념을 사용하는 키의 분포가 그 예이다. 스피어만은 요인분석을 개발했다. 이는 직접 측정될 수 없지만 상관관계 기술로는 식별되는 잠재적 특성을 알아보는 데 있어서 혁명적 진전이었다. 골드스타인(Goldstein)에 따르면 이 계산을 주로 손으로 했고 그 한계 때문에 오늘날 컴퓨터가 할 수 있는 다중요인과는 대조적으로 제한된 수의 요인만 계산할 수 있었다. 이 점을 고려하더라도 이들의 기여는 인상적이라고 말했다.

알프레드 비네가 원하지 않았던 그 이상의 것을 하였다. 비네에게 있어서 지능은 수정될 수 있는 하나의 결과로 남아 있었던 것이다.

비록 지능검사 지지자들이 IQ를 공정한 과학적 측정이라고 주장하지만, 지능검사의 역사는 평가가 사회적 실천이라는 점을 확신하게 한다. IQ 점수는 유전적, 인종주의적, 그리고 계급적 가정에 기초한 이데올로기적 신념에 영향을 받는다. 이에 대한 역사적 흔적은 오늘날 우리의 태도와 어휘에서도 발견할 수 있다. 이러한 유산에 도전하고 앞으로 보다 구성적 방식을 찾는 일은 IQ 검사에 대한 비판으로부터 시작될 수 있다.

능력 테스트: 새로운 지능주의[2]

IQ 검사는 이미 과거의 것이고 새로운 것들이 그 자리를 대신한다고 생각할 수도 있다. 그러나 이러한 생각은 부분적으로만 맞다. 오늘날 교육평가는 성취도 검사에 더욱 초점을 맞추고 있으며, IQ 검사는 11세에 이루어지는 학교 선발에서 더 이상 중심이 아니다.[3] 그러나 IQ 검사와 관련된 과거의 전통은 *능력* 테스트나 *적성* 검사의 형태로 남아 있으며 여전히 확산되고 있다. 예를 들어, 영국에서는 11살 아동의 3분의 2 이상이 중등학교 진학과 관련하여 상업적 '인지 능력 시험(Cognitive Abilities Test, CAT)'을 치르는데 이 시험은 언어, 비언어, 수리 영역이 포함된 새롭게 각색된 지능검사에 불과하다. 이 시험을 치르지 않는 아동은 능력 테스트와 그다지

---

2 길본과 유델(Gillborn & Youdell, 2001)이 능력에 대해 논의한 챕터 제목.
3 단계적으로 폐지되고 있지만, 잉글랜드와 북아일랜드의 많은 교육청은 계속해서 11＋에서 IQ검사를 활용하고 있다. 이 장의 [각주 12]를 참조.

구별되지 않는 적성검사에 따라 실업계 학교에 진학하게 된다(서론 참조).

IQ 검사의 이용을 꺼리는 교사들이 학생들의 성취도를 예측하기 위해 능력 테스트를 기꺼이 활용한다는 것은 모순이다. 문제는 능력이 그저 '성취'나 '성과'의 한 가지 대안임에도 불구하고, 실제로는 지능검사의 가정을 공유한다는 점이다. 능력은 *성취의 한 형태로 간주되기보다는 성취의 원인으로 여겨진다.* 뒤에서 살펴보겠지만, 능력을 학생들이 가지고 있는 고정된 타고난 자질(endowment)로 다루기도 한다. 능력 테스트 점수는 학습자의 정체성 —예를 들어, '낮은 능력'— 과 교사 기대를 결정하는 데 있어서 IQ 점수와 동일하게 강력한 힘을 갖는다.

여기에서는 IQ 검사의 발달 과정에 주로 초점을 맞추지만, 이것이 능력 테스트와 적성검사에 대한 현재 우리의 생각에도 스며들어 있음을 강조하고자 한다. 데이비드 길본과 데보라 유델(David Gillborn & Deborah Youdell, 2011)의 중등학교에 대한 연구는 적절한 사례를 제공해 준다. 그들은 능력이 정책담당자나 실천가들이 '공통적으로 사용하는 "지능"의 대용물로 간주하고 있다.'라고 주장한다(p. 65). 어떤 교사는 '당신은 누군가에게 능력을 부여할 수는 없다.'(p. 78)라고 말했다. 그들에게 '능력'이라는 단어가 가장 위험하게 사용되는 예는 다음과 같다.

> 능력은 '지능'이나 'IQ'에 대한 일종의 *비공인* 버전 역할을 한다. 만약 우리가 '능력' 대신에 'IQ'를 사용한다면, 조용히 있던 사람들이 깜짝 놀랄 것이다. 왜냐하면 '능력'은 앞서 지능과 같은 용어를 뒤덮고 있던 모든 신념을 재구성하는 오염되지 않은 강력한 것으로 여겨졌기 때문이다(p. 81).

이는 수잔 하트(Susan Hart)와 그의 동료들이 '*한계 없는 학습*' (*Learning Without Limits*) 연구 프로젝트에서 발견한 주제이다. 그들의 관심은 능력 — 낙인(ability — labelling)이 '학교와 교실 과정에서 성취도 차이를 설명하지만 동시에 그 차이를 만드는 적극적이고 강력한 힘을 발휘한다는 것이었다.'(p. 21). 그들은 능력을 고정된 것이 아니라 '변형가능한 것(transformability)'으로 가정하는 학습상황을 설정함으로써 이 문제에 대응하였다.

여기서는 전통적인 IQ 검사에 초점을 두지만, 학교와 정책에서 지배적 담론의 하나이자 IQ에 대한 신념을 이어가고 있는 능력과 관련된 가정에도 의문을 제기할 것이다.

지능의 창조

지능검사는 특수교육의 대상이 되는 학생을 알아내기 위한 실용적 진단 평가로 출발했다. 평가의 기술적 발전을 통해, 특별한 교육적 도움이 필요한 학생을 찾아내는 것을 포함하여 지능검사는 매우 광범위한 사회적 역할을 하게 되었다. 하지만 이 과정에서 인간이 유전적 차원에서 지능의 총량을 가지고 태어났고 그 결과 개인과 집단 간에 유의미한 차이가 있다는 신념이 더욱 강화되었다. 이런 생각이 사회적 계층화에 대한 지배적 신념을 뒷받침했으며, '과학적' 이론가들의 사회관과 일치했기 때문에, 영어권 문화의 일상 심리학에 확고히 뿌리내렸다. 이번 장에서는 '존재에의 의지(willing into being)' 과정이 지능검사에서(Howard Gardner) 어떻게 나타났는지를 보여주고자 한다.

최초로 지능검사를 개발했던 알프레드 비네(Alfred Binet)는 오늘날 하워드 가드너(Howard Gardner)의 *다중지능*이 그러한 것 ―3장― 처럼 서스톤(Thurstone)과 길포드(Guilford)로부터 내려온 지능을 일원화된 것으로 주장하는 전통을 비판하고 다른 접근을 취했다. 당시에는 '고정되고 일원화된' 지능관이 지배했는데, 그것은 권력을 지닌 이들에게 유리한 사회적 조건과 정책을 손쉽게 정당화했기 때문이었다. 당시의 시대정신은 효율적인 동시에 엄정한 선발을 위한 과학적 실증주의와 가장 뛰어난 사람의 선발이라는 능력주의를 표방하고 있었다.

지능에 관한 모든 것들이 과학적 연구의 성과라는 주장에도 불구하고 현실은 매우 달랐다. 많은 것들이 지능에 관한 연구에서 나온 것이 아니라 오히려 유전과 인종 우월성에 대한 강한 신념이 지능 연구를 지배한 결과였다.

비네의 관점

이 책의 부제는 '평가의 활용과 오용'이다. 평가의 그릇된 사용을 다루는 장에서, 프랑스인 비네(Binet, 1857-1911)는 후대 학자들에게 그 판단의 근거가 되는 규준을 제시한다. 비네의 이야기는 평가 목적이 어떻게 변화될 수 있는지, 그리고 어떻게 선한 것과 악의적인 것으로 바뀔 수 있는지에 대한 생생한 설명도 함께 제공한다.

비네의 공헌은 최초로 지능검사를 개발했다는 것이었다. 실험심리학자이자 이론심리학자였던 그는 정규 학교교육을 받을 수 없는 아이들을 알아내기 위해 파리 교육청과 공동으로 연구를 진행했다.

비네의 접근은 실용적이었는데, 그는 학교 기반 학습에서 필요한 것이 무엇인가에 관심이 있었다. 최초의 검사는 대부분의 아동이 학교에 들어오기 전에 학습했던 활동이나 지식에 근거하여 만들어졌다. 1905년 취학 전 검사는 30개 문항으로 구성되었다. 간단한 사용법을 포함하여, 길이와 무게를 비교하고, 물건들 사이의 유사점과 차이점을 구별하며, 서로 운율이 맞는 단어를 규정하고, 다양한 상황에 대한 질문들로 구성되었다. *이 검사는 특정한 정신능력을 측정하기 위한 것이 아니라, 아동들의 기능에 관한 일반적 견해를 제공하는 데에 관심이 있었다.* 비네는 '십중팔구 사람들은 "문항이 많으면 검사가 별 것 아니다."라고 말할 것이다.'(1911: 329)라고 생각했다. 검사에 대한 반응으로, '정신 연령'이 정해졌으며 생활 연령과 비교되었다. 둘 사이의 차이에 따라 특수교육의 필요 여부가 결정되었다. 1911년 비네가 이른 나이에 세상을 뜨기 전에, 이미 검사의 목적이 수정되었고 나이가 더 많은 아동으로 확대되었다.

비네의 돌파구: 두개골의 외부에서 내부로[4]

지금 보면 비네의 접근은 뻔한 것처럼 보이지만, 당시에는 급진적인 발전이었다. 아동들의 인지적 기술을 평가하는 것은 당시에 실시되던 평가와는 확연히 구별되었다. 당시의 전형적인 과학은 '비정상성'을 결정하기 위해 다양한 외적·물리적 측정 방법을 활용했다. 일반적인 과학적 지능 평가의 하나는 두개골의 크기를 측정하는 두개골 계측(craniometry)이었다. 이 방법은 비네의 동료이자 같은 프랑스인 폴 브로카(Paul Broca)에 의해 주장되었다. 브로카는

---

4 이 부분은 주로 스티븐 제이 굴드(Stephen Jay Gould)의 『인간에 대한 오해 (*The Mismeasure of Man*)』(1996)의 2-4장에 기초해서 서술했다.

다음과 같이 결론 내렸다.

> 일반적으로 노인보다는 성숙한 성인이, 여성보다는 남성이, 평범한
> 재능을 가진 사람보다는 탁월한 사람이, 열등한 인종보다는 우수
> 한 인종이 뇌가 더 크다(1861: 304).

비네도 선입견이 측정에 영향을 준다는 것을 인지하기 전까지,
직접 이 방법을 활용해서 몇 편의 논문을 발표하기도 했다. 테오도
르 사이먼(Theodore Simon)은 '백치(idiots)와 치우(imbeciles)'[5]인 사
람들의 동일한 두개골에 대해 상이한 측정치를 제시하였는데 이를
정당화할 확고한 입장을 가지고 있지는 않았다. 이 일이 있고 난 후,
비네는 비생산적인 '의학적' 접근에서 심리학적 접근으로 전환하였다.
한편, 영국의 프란시스 골턴(Francis Galton)과 미국의 제임스 카
텔(James Cattell)은 상대적인 지능을 결정하기 위해서 반응 횟수와
같은 다양한 물리적 측정을 활용하고 있었다. 무엇이든지 측정했던
골턴은 서로 다른 변인들 중에서, 힘, 시력의 예리함, 반응의 속도,
색을 구별하는 능력을 검토했다. 1890년, 카텔은 10가지 측정치를
제시했는데, 여기에는 가장 강한 악력, 가장 빠른 손과 팔 동작, 통
증을 느끼기 시작하는 압력의 총량, 10초를 추정하는 정확성이 포
함되었다.[6] 카텔은 '어떤 방법으로도 신체적 에너지와 정신적 에너
지를 구분하는 것은 불가능하다.'(p. 374)는 식으로 자신의 주장을
정당화하였다. 이는 1장에서 논의했던 능력에 대한 빅토리아 시대[7]

---

5 [역주] 과거에는 지적장애의 분류를 IQ에 따라 백치(idiot) 20~25, 치우
  (imbecile) 25-50, 노둔(moron) 50~70으로 분류하였다. 그러나 2007년 10월
  장애인복지법 개정에 따라 현재는 IQ 50~70을 경증(3급), IQ 35-49를 중등
  도(2급), IQ 20~34를 심도(1급) 지적장애로 분류하고 있다.
6 한슨(Hanson, 1994: 206).

의 일들을 되돌아보게 한다.(이러한 주장에 곧바로 이의를 제기할 수 있지만 그들은 스티븐 호킹(Steven Hawking)을 어떻게 생각할까?)[8] 우리가 사용하는 '눈이 맑다'거나 '활달한 정신'과 같은 표현은 우리 또한 그것들 사이에 모종의 관련이 있다는 생각을 하고 있음을 의미한다.

비네는 고정된 특성이나 상대적 크기에 따라 집단을 분류하는 방식과는 매우 다른 입장을 택했다. 그는 자신이 구성한 정신 연령 개념조차도, 마치 실체를 나타내는 것처럼 오용되거나 간주될 수 있다는 것을 염려했다. 또한 의도하지 않은 결과도 예상했는데, 그 것은 교사들이 다루기 힘들거나 무기력한 아이들을 처리하기 위해 검사 점수를 사용할 것이라는 점이었다. 그는 아동들 앞에서 '이 아이는 어디에도 도달하지 못할 아이다. … 저 아이는 재능을 타고나지 못했다. … 이 아이는 전혀 지적이지 않다.'(1909: 100)와 같은 말을 하는 교사들을 비판했다. 비네는 자신이 추구하는 것이 아동들이 학습할 수 있는 환경을 제공하기 위한 것임을 분명히 했다. 이를 위해 아동의 지능을 발달시키는 것이 중요했다. 그는 *지능을 수업을 이해하고 학습할 수 있는 능력으로 정의했다*(p. 104).

비네는 인도주의적 관점을 제안한 것으로 평가되어야 한다. 그러나 이러한 평가는 전혀 다른 사회적 가치를 지지했던 사람들과 후대 학자들에 의해 순식간에 퇴색했다. 이 점은 다음에서 살펴볼 것이다.

고정화 과정 ─ 생물학화, 유전학화

우리는 어떤 것이든 측정하고 점수를 부여하며 순위를 매길 수

---

7 [역주] 1837-1901.
8 [역주] 스티븐 호킹(Steven Hawking, 1942~)은 영국의 이론물리학자로, 루게릭병에도 불구하고 블랙홀 연구 등에서 뛰어난 업적을 남겼다.

있다. 신장, 행복, 생산성, 운전 기술 등이 바로 그러한 사례들이다. 중요한 것은 이러한 것들로부터 무엇을 추론하느냐는 것이다. 사람들의 신장에 대해서 합의하기는 어렵지 않음에도 불구하고, 사실 '키 큰 사람'으로 분류할지 말지는 어디에 사는지에 달려 있다.

즉, 홍콩에서는 키 큰 사람이지만 네덜란드에서는 그렇지 않다.[9] 또한 행복을 측정하는 방식을 합의하기는 더욱 어렵다. 만약 합의가 가능하더라도, 행복을 여러 가지가 얽힌 복잡한 과정의 산물이라는 것 이상의 해석을 원하지 않을 것이다. 예컨대, 어떤 사람이 단지 행복을 소유하고 있기 때문에 행복하다는 식으로 설명할 수는 없다. 생산성도 마찬가지이다. 생산성 순위는 결과를 설명하기보다는 기술한다. 우리는 다른 모든 과정과 독립된 것으로 생산 현장의 생산성 요소를 보지 않는다. 지능도 매우 비슷하다. 문제는 역사적으로 그 이상의 추론이 이루어졌다는 것이다. 지능은 단순히 현상을 기술할 뿐만 아니라 그 이유를 설명한다. 즉, 당신이 지적으로 행동하는 것은 당신이 지적이기 때문이라는 식이다. 마이클 호우는 운전 기술에 이 논리를 적용하면, 누가 운전 능력을 가지고 태어났는지 아닌지를 운전 기술 검사를 통해 추론하는 것을 의미한다고 지적한다. '첫 번째 운전 검사에서 실패했던 사람들은 평생 대중교통만 이용하도록 결정된다.'(p. 15).

이는 '존재에의 의지'를 지능이나 능력에 관한 생물학적 원인으로 취급한 것이다. 검사는 개인에 따라 서로 다른 독자적 지능을 점수화하도록 구성되었다. 개인들이 서로 다른 사회계급과 인종 출신이기 때문에, 집단 간 평균 점수의 비교가 용이하고 (이것이 타당한 비교가 아니더라도—아래 참고) 각 집단에 대해 상대적 판단을 내

---

9 [역주] 네덜란드는 평균 키가 가장 큰 국가이다.

릴 수 있을 것이다. 검사 결과가 지도자들은 높은 IQ를 가지고 있고 노동자들은 낮은 IQ를 가지고 있다는 사회적 통념과 그럴듯하게 맞아떨어지기 때문에, 그것은 하나의 진리가 된다. 측정은 과학으로 묘사되고, 계량심리학자는 정교한 통계학적 근거를 제공한다. 이는 특수한 요구를 가진 아동을 위한 진단 테스트를 모든 아동에게 그리고 성인에게까지도 확대한다. 왜냐하면 우리 모두 IQ를 가지고 있기 때문이다.

지능을 신장과 같이 하나의 실체로 간주하면, 우리는 지능을 줄 지어야 하는데 그것은 신체적 근거를 요구한다. 합리적인 다음 단계는 지능을 생리적으로 다루어 '생물학화'하는 것이다. 예를 들면 에너지 원천이나 처리 능력처럼 만든다. 다음 단계는 '유전학화'하는 것이다. 우리가 유전 형질을 가지고 태어난다면, 그것은 부모로부터 물려받았을 것이다. 대체로 이러한 확실치 않은 인과적 모험이 그 과정을 교묘하게 마무리하게 되는데, 즉 지능은 실체이고, 유전되며, 정확하게 측정될 수 있으며, 개인과 집단의 성취도 차이를 만든다는 것이다.

역사적으로, 지능검사는 처음의 것을 어설프게 모방하는 수준에 그치지 않았다. 다음 절에서는 비네의 작업을 채택했던 사람들이 이전의 신체와 두개골 측정이 그랬던 것처럼, IQ 검사가 더 확대될 것이라는 강한 사회적 신념을 가지고 있었음을 밝히고자 한다. 그들은 과학적 측정 분야에서 지도자였지만, 지능에 대한 그들의 관점을 이끈 것은 증거보다는 신념이었다. 평가는 이러한 신념을 뒷받침하기 위해 활용되었다. 평가는 본질적으로 사회적 활동이기 때문에, 사회적 가정에 기반하고 사회적 결과를 수반한다. 이러한 것들은 불가사의한 역사적인 일이 아니다. 그 유산은 오늘날 우리의 생각에도 여전히 남아있다.

유전론자의 신념과 미국의 대규모 검사

　영어권에서 지능검사는 두 개의 방향으로 전개되었다. 두 방향 모두 유전과 지능에 있어서 개인 및 인종적 차이에 대한 공통된 가정을 공유했다. 비네의 지능검사를 수정하여 보다 일반적 검사로 변화시킨 것은 미국인들이었다. 특수교육적 맥락에서 검사를 처음 시작한 사람은 헨리 고다드(Henry Goddard)였지만, 더 큰 시장을 위해 그것을 활용했던 사람은 스탠포드의 심리학자 루이스 터먼(Lewis Terman)이었다. 이것이 오늘날까지 주된 지능검사로 남아있는 스탠포드-비네(Stanford-Binet) 지능검사이다. 미국에서 터먼과 로버트 여키스(Robert Yerkes) 등은 다지선다형을 개발하여 평가를 상품화했다. 이로 인해 검사가 대단위로 실시될 수 있었다. 그들은 일대일로 실시된 스탠포드-비네 검사와 상관관계가 있는 항목을 활용하여, 육군 알파(Army Alpha) 검사와 베타(Army Beta) 검사—베타 검사는 읽을 줄 모르는 이들을 위한 것이었다—를 개발했는데, 신병 175만 명이 이것으로 검사를 받았다.

　이런 역사적 전개 과정에서 간과하지 말아야 할 것이 있다. 즉, 전쟁에 영향을 미치기 위해 이러한 검사가 출현하였지만, 더 중요한 결과는 그러한 검사가 과학적 측정에 기반을 둔 능력주의 선발을 사회적으로 받아들이도록 했다는 것이다. 1922년에 에드워드 손다이크(Edward Thorndike)는 교육과 관련해서 다음과 같이 썼다.

만약 충분한 정교함과 실험으로 우리가 사전에 그들의 자질을 측
정하는 검사를 보장할 수 있다면, 교육에 도움이 될 자질을 무시
하고 학생들을 가르치는 것은 분명히 어리석은 일이다(p. 7).

　육군에서 실시한 첫 검사 결과는 검사 대상 군인들이 결여된
정신 능력을 가지고 있다는 사실을 보여 주었다. 백인 미국인들은
분류 체계에서 정신박약 수준을 겨우 넘는 13세 아동의 평균 수준
이었다. 그러나 러시아인, 이탈리아인, 폴란드 이민자들은 더 낮았
으며—두 검사를 결합할 때 생긴 일부 통계적 오류 때문은 아니다
—흑인 미국인들이 가장 낮았다. 각 집단에 대한 유전론자의 강력
한 신념이 해석에 영향을 미쳤다. 인종 간 차이는 서로 다른 환경
이나 기회보다는 열등한 유전적 혈통 때문으로 보였다. 터먼은 '성
공적이고 교양 있는 부모의 아이들은, 무지하고 무학인 가정의 아
이들보다 검사에서 더 높은 점수를 냈다. 이는 그들의 유전자가 더
좋기 때문이다.'(p. 115)라고 생각했다. 이미 1912년에, 고다드는 엘
리스 섬[10]의 단골 방문객이었다. 그곳은 미국에 이민 온 대부분의
유럽인들이 배에서 처음으로 내리는 곳이었다. 그와 여자 조교는
이민자들의 지능을 번역된 검사지로 측정하고 대부분 이민자들의
지능이 표준 이하의 '정신박약'으로 판별되는 것을 '발견'했다.
　고다드가 보기에 국가적으로 국민의 지능수준을 향상시킬 방법
은 열등한 집단의 이민을 제한하는 것이었으며, 그는 열성적으로
캠페인을 벌였다. 그는 노둔(moron)에 해당하는 사람들을 특정한
장소에 격리시키고 그들의 생식을 금지하는 것에 대해서도 논의했
다. 터먼 역시 선택적 교배를 적극적으로 주장한 사회 운동가였다.

---

10 [역주] 뉴욕시 인근의 작은 섬으로 이곳에서 1892~1943년 기간에 이민자들이
　입국 수속을 받았다.

그는 '열등하고 악랄한' 유전자의 생식은 억제되어야 하고, '재능 있고 선한' 유전자는 번식되기를 원했다.

모든 정신박약은 적어도 잠재적 범죄자이다. 모든 정신박약 여성들이 잠재적 매춘부라는 것은 거의 반론의 여지가 없다. 사업적 판단, 사회적 판단, 또는 다른 종류의 고등 사고 과정처럼 도덕적 판단도 지능의 기능이다(1916: 11).

따라서 지능검사에서의 높은 점수는 지적 능력뿐만 아니라 도덕적 및 사회적 가치까지도 의미하였다. 이는 1장에서 살펴보았던 빅토리아 시대의 시험에 대한 사고방식의 흔적이다. 이러한 생각은 얼마나 확대될 것인가.

영국 유전론자의 기여: 통계학과 우생학

미국과 필적할 영국 사람은 프란시스 골턴(Francis Galton, 1822-1911), 찰스 스피어만(Charles Spearman, 1863-1945), 시릴 버트(Cyril Burt, 1883-1971)와 같은 저명한 통계학자와 심리학자들이었다. 그들은 지능에 대한 강력한 유전론적 관점을 가지고 있었으며 심리측정 기법을 활용했다.

골턴과 지능 분포

골턴은 단일한 차원에 따라 심리적 측정을 도식화, 척도화하는 일에 관심이 있었다. 단일한 차원이란 대부분 점수가 평균 주위에

몰려있는 낯익은 종 모양의 정규분포곡선을 말한다. 이러한 척도화
는 지능검사 점수가 표준화될 수 있음을 의미한다. 예를 들어 평균
이 100이고 표준편차가 15인 방식이다. 이것은 정확히 우리의 3분
의 2 이상인 68퍼센트로 IQ가 85와 115 사이일 것이라는 것을 의
미한다. 그리고 약 2퍼센트만이 평균 오른쪽으로 2표준편차 이상인
IQ 130 이상이고, 약 2퍼센트는 70 이하라는 것을 말한다. 이것은
단일한 등급으로 사람들을 서열화하는 완벽한 통계적 수단이다. 당
시의 관심은 우월한 지능을 가지고 있는 사람들―1969년에 출간된
골턴의 주저는 '타고난 천재(Hereditary Genius)'였다―과 특히 낮은
지능을 가지고 있는 사람들이었다. 후자가 전자보다 자녀를 더 많
이 낳으며, 그 자녀들은 부모의 지능을 물려받는다는 것이 그의 관
심사였다. 골턴은 이런 일이 일어나고 있다고 확신했고 1883년에
우생학(eugenics)이라는 신조어를 만들어 부모의 선천적 능력을 고
려하여 결혼과 가족의 규모를 규제하자고 주장했다. 그는 또 인종
우월성에 대한 확고한 관점을 가지고 있었으며, 집단을 서열화하는
일에 관심이 많았다. 나아가 인종에 따라 천재성을 가진 개인들을
배출하는 비율을 측정하였다. 그는 고대 아테네인은 6명 중 한 명,
앵글로색슨은 4명 중 한 명 이상, 흑인은 전체 4,300명 중에서 한 명
이 천재성을 가지고 태어난다는 말도 안 되는 결과를 '계산해냈다'.

스피어만의 'g'

지능검사 개발에 대한 스피어만의 수학적 기여는 지능을 숫자
로 나타낼 수 있는 단일 척도로 이해할 수 있게 하는 이론적 토대
를 제공했다는 것이다. 그것은 '일반 지능(g)'[11]에 대한 주장을 정

---

11 골드스타인(Goldstein, 2003)은 스피어만의 초기 작업을 여러모로 혁명적으로

당화한 요인분석 방법의 개발이었다. 그는 1904년에 요인분석 방법에 관한 논문을 발표하였다. 요인분석 방법은 일반 요인을 구성하는 공통 요소들 중에서 g에 더 많은 영향을 미치는 점수를 구체화하기 위해 검사 점수들 사이의 상관관계를 활용했다. 그들은 더 직접적으로 일반 지능을 측정했다. 이것은 라틴어 문법과 식민지 통치가 모두 g와 관련될 것이라는 빅토리아 시대 시험의 목적적합성 가정과도 연결된다. 따라서 g는 다른 것들을 예측할 수 있는 훌륭한 예측변수가 될 수 있다. 굴드(Gould)는 이 점을 강력히 주장했다.

> 사실상 모든 절차는 특정 지능 이론을 정당화하기 위한 것이었다. 요인분석은 순수한 연역적 수학으로서의 지위에도 불구하고 사회적 맥락에서 발명되었고, 분명한 이유를 가지고 사용되었다. 그 수학적 기반은 공격할 수 없지만, 지적 능력의 물리적 구조를 알기 위한 장치로 지속적으로 사용된 것은 처음부터 심각한 개념적 오류를 가지고 있는 것이었다(p. 268).

이러한 오류는 '지능처럼 모호하고 사회적으로 정의된 개념은 뇌에 자리한 "어떤 것"이나 확실한 유전가능성으로 규정된다'(p. 269) 신념을 근거로 한다. 스피어만은 유전론자로서의 확고한 신념을 유지하면서 자신의 주장을 개진했다. 그는 비네의 느슨한 분류와 대조적으로, 지능에서 유전되는 총량을 고려하여 개인과 인종의 확실한 서열을 제시했다. 이러한 결론은 개인들의 가정과 학교교육이 지능을 향상시킬 수 있도록 다양한 기술을 제공하기 때문에 그

본다. '우리는 본질적이고 잠재된 구성물로서 지능 지수를 적절한 특정 모델로 측정하여 관찰할 수 있게 되었다. 논란거리는 이 모델을 작동하게 하거나 방해하는 것과 관련된 가정이 무엇인가 하는 점이다'(사적인 대화).

들이 일련의 과업을 잘 수행한다는 식으로 순수하게 환경과 관련된 방식으로도 해석될 수 있었다. 하지만 스피어만은 이러한 해석을 선택하지 않았다. 그는 우생학파의 일원으로서, 국가의 지능 수준을 보호하기 위해 생식(과 투표권)을 제한할 필요가 있다고 보았다.

버트의 경직된 유전적 관점

런던대학에서 스피어만을 계승한 사람은 영국의 교육제도에 엄청난 영향을 미친 수리심리학자 시릴 버트였다. 그는 스피어만의 일반 지능 이론을 받아들이고 나아가 유전론적 기반을 더욱 강화했다.

> 이러한 일반적 지능 요인들은 중요하며 도처에 퍼져 있는 추가적 특징을 보인다. 이는 검사와 통계를 통해 알 수 있다. 그것은 유전되거나 적어도 타고나는 것이다. 지식, 실천, 흥미, 노력으로는 그것을 증가시킬 수 없다(1937: 10–11).

버트는 런던 카운티 위원회(London County Council)에 소속된 공식 심리학자였으므로 파리의 비네와 뚜렷하게 대비되었다. 그는 특수교육과 직접 관련된 일을 하였으며, 발달지체(backwardness)를 '본질적으로 정신 요인에 기인하는 것으로 대개의 경우 타고나며, 치유할 수 있다는 모든 희망을 넘어서는 것이다.'(Burt, 1937, p. 10) 라고 생각했다. 그럼에도 버트의 관점은 특수(s) 요인이 개선될 수 있다는 점을 강조했기 때문에 교육적 개입을 지지할 여지가 있었다.

이것은 저명한 심리학자와 통계학자의 악의 없는 기이한 행동이 아니다. 또한 다른 시대의 부적절한 이야기로 무시될 것도 아니다. 그러한 주장은 영어권 문화에 깊이 자리를 잡고 있었다. IQ 점수에 따라 교육적 선발을 행하고, 계급과 인종에 따라 지능이 다르 다는 점을 전파하였으며, 지능을 선천적이고 고정된 것으로 받아들 이도록 하였다. 그들의 활동은 사회통제, 훈련, 사회적 자본의 유지 를 위해 평가를 활용하도록 하는 가장 야만적인 사회적 주장을 지 지했다.

문제는 이와 같은 일반적 가정들이 우리가 인식해야만 하는 문 화적 잔재로 남겨졌다는 것이다. 그 결과 우리는 일상생활에서 '지 능'이라는 말을 아무 생각 없이 그리고 판단하기 위해 사용하게 되 었다. 심지어 *노둔, 천치, 백치, 치우*와 같은 모욕적인 말은 모두 IQ 수준에 따른 전문적 분류이다. 가족과 친구들이 준 1978년의 오 래된 레코드판, 펑크 밴드 버림받은 존(Jilted John)의 '고든은 노둔 (Gordon is Moron)'을 몇 장 가지고 있다. 공식적으로 노둔은 '백치' 와 '치우'보다 높지만 '우둔(dull)'보다는 낮다. 인종 간 IQ 차이는 미국에서 민감한 사안으로, 헤른스타인과 머레이(Richard Herrnstein and Murray)의 저서 『벨 커브*(The Bell Curve)*』(1994)는 논란을 가열 시켰다. 이들의 주장에 따라 보상프로그램 예산을 삭감하자는 논의 가 있었다. 만약 능력이 고정된 것이고 가난한 사람들의 지능이 낮 다면 보상프로그램의 정책적 가치는 제한적이라는 것이었다.

지능의 위치 정하기

1923년, 심리학자 에드윈 보링(Edwin Boring)은 지능에 대한 새 로운 조작적 정의를 제안했는데 그에 따르면 지능은 검사로 확인된 결과이다. 그동안 이 문구는 진부한 것으로 치부되었으나, 오늘날에는 그것을 '*우리가 어떻게 지능을 이해하느냐는 대체로 어떻게 검사되었는가를 의미한다.*'라는 식으로 보다 심오하게 정의된다. 앨런 한슨(Allan Hanson)은 검사에 따라 지능의 개념이 형성되는 세 가지 방식을 정리하였다.

1. 지능이 단일한 것이라는 생각은 지능검사가 흔히 IQ와 같이 단일한 등급으로 표현된다는 사실에 기인한다. 심지어 지능검사가 몇 개의 개별적 부분으로 구성될 때조차도 그렇다. 일반적으로 단일한 점수가 단일한 실재를 표현하는 것으로 추정된다.
2. 지능이 양적이고 어떤 사람들은 다른 이들보다 더 풍부하다는 두 번째 속성은 지능검사 점수가 숫자로 등급을 기록한 데에서 유래한다. 오직 정량적 현상들만 숫자로 표현될 것이다. 그리고 사람마다 그 숫자가 다를 때, 그 숫자들이 나타내는 것은 지능의 총량일 것이다.
3. 각 개인이 가지고 있는 지능의 총량이 생애 동안 고정된다는 개념은 지능검사가 이미 알고 있는 것이 아니라 학습할 수 있는 능력을 측정한다는 신념에 기인한다. … 한 인간에게 이것은 바꾸기 힘든 것이다. 게다가 각 개인들의 지능은 유전으로 인해 고정된 것으로 여겨진다(pp. 255-6).

여기에 나는 세 가지를 덧붙일 것이다.

1. 다지선다형 지능검사의 개발은 대규모 사회적 측정과 분류를 가능하게 함으로써, 효율적인 대규모 검사를 가능하게 했다.
2. 다른 집단에 동일한 검사를 사용한 것은 그들을 지능에 따라 서열화하도록 했다.

3. 표준화된 점수의 사용은 점수의 차이가 정확하게 질적인 차이
   를 나타낸다는 신념을 강화했다.[12]

증거는 무엇인가?[13]

영어권 일상심리학에서 영국의 스피어만과 버트, 그리고 미국의
고다드와 젠센(Jensen)이 하고자 했던 일은 지능이 유전적이고, 고
정되며, 계급과 인종에 따라 분포가 다르다는 사회적 신념을 만들
어 내는 것이었다. 이러한 신념은 이따금씩 '과학적으로 재생된다.'
1980년 젠센의 『정신 테스트와 편견(Bias in Mental Testing, 스피어만
의 'g'를 복원시킴)』, 그리고 1994년 헤른스타인과 머레이의 800쪽에
달하는 베스트셀러 『벨 커브: 미국인의 삶에서 지능과 계급구조
(The Bell Curve: Intelligence and Class structure in American Life)』에
서 그런 일들이 두드러졌다.

여기에서는 그들의 주장을 비판한다. 이것은 세 가지 주된 증거
를 바탕으로 이루어질 것이다. 첫 번째는 IQ가 고정되지 않고 가변
적이며, 시간이 흐르면서 급격하게 변한다는 것이다 ―소위 플린
효과(Flynn effect)로 불린다. 두 번째는 지능이 타고난다는 주장이

---

12 이것은 사실이 아니다. 영국에서 문법학교 선발을 위한 커트라인 점수는 일반
   적으로 합격한 학생들의 질보다는, 입학정원에 영향을 받았다. 특수 학교교육
   선발에서도 동일하다. 약 70점이라는 커트라인은 원래 실용적인 것이었다. 표
   준화된 척도로, 이것은 학생 수의 약 2퍼센트를 의미한다. 존 가드너와 파멜라
   코완(Gardner & Cowan, 2005)은 북아일랜드에서 실시되고 있는 11＋ 선발
   검사가 얼마나 믿을 수 없는지 입증했다. 합격점 근처에 응시자가 몰려있기 때
   문에, 부당하게 분류된 응시자가 무려 30퍼센트라고 주장했다.
13 이 논의는 지능 점수가 시간에 따라 변화했다는 증거를 검토한 『상승하는 곡선
   (The Rising Curve)』(Ulrich Neissler 편, 1996)에 주로 기초한다.

지나치게 단순한 유전론적 관점에 근거한다는 점을 비판한다. 이 관점은 지능을 소수의 유전자가 작용하는 직접적인 유전적 전이의 결과로 본다. 세 번째는 타고난 인종적 차이에 대한 주장을 살펴보고 IQ검사가 문화—중립적이라는 관점을 비판한다 — 최근에는 '문화적 영향이 약화된'이라는 다소 신중한 표현을 사용한다. 더불어 개인차를 측정하는 것이 목적인 검사로 집단을 비교하는 것이 타당한지를 검토한다.

플린 효과

지능 검사와 관련하여 다음과 같은 사실은 잘 알려져 있지 않다. 그 하나는 IQ의 평균을 100으로 유지하기 위해 IQ를 주기적으로 반복해서 측정해야 한다는 점이고, 다른 하나는 여자 아이들이 남자 아이들보다 평균 점수가 더 높기 때문에 조정한다는 것이다. 뉴질랜드 온타고 대학의 정치학자 제임스 플린(Flynn)은 IQ 검사 점수가 20세기 내내 계속 증가했다는 점에 주목했다. 재표준화 시점에 IQ 평균 점수가 늘 100 이상이었기 때문에 어려운 문항을 추가하여 평균 점수를 떨어뜨려야만 했다. 그는 이 현상에 대한 국제적 증거를 검토한 결과를 다음과 같이 요약했다.

현재 자료를 구할 수 있는 20개 국가의 경우, 시간에 따라 IQ가 큰 폭으로 상승하지 않은 나라는 하나도 없다(1998: 26).

그는 표준 IQ 검사인 스탠포드—비네 검사와 웩슬러(Wechsler) 검사의 점수가 10년마다 3점씩 향상된다고 추정하였다. 이것이 그렇게 커 보이지는 않는다. 하지만 이는 1990년 검사 분포도에서 중

간 지점(IQ 100)에 있었던 누군가는 1932년 검사에서는 상위 18퍼
센트(IQ 115)에 해당되었다는 것을 의미한다.

시사점

재표준화 과정에서, 시간에 따라 IQ 점수가 증가하는 것은 지능
을 '선천적이고 고정된' 것으로 바라보는 사람들에게는 난감한 문제
이다. 그런 급격한 증가는 유전적 변화의 결과일 수 없기 때문이다.
따라서 그들은 이 문제를 해결하는 방법을 찾아야만 했다. 벨 커브
(The Bell Curve)는 시간이 흐르면서 흑인들의 IQ가 더 큰 증가를
보였다는 것 —하지만 여전히 뒤떨어져 있다— 을 마지못해 인정한
것을 제외하고 대부분을 무시한다. 하지만 —골턴에 기초한— 지능
에 대한 유전론/우생학의 당대 지지자인 북아일랜드의 리처드 린
(Richard Lynn)은 이러한 현상을 설명하고자 했으며, 그 이유를 영
양과 IQ 검사의 교육적 구성요소에서 찾았다. 지능을 '선천적이고
고정된' 것이라고 보는 관점에 빚이 없는 사람들에게 이것은 유망
한 탐구 주제로 보인다. 린은 교육적 요소를 왜곡하였다. 다음에서
우리는 플린 효과가 유전론자들에게 제기한 문제를 밝히는 동시에
린의 논의를 간략하게 살펴볼 것이다.

영 양

영양 요인은 선천적으로뿐만 아니라 환경적으로도 접근할 수
있을 것으로 보인다. 영양 상태가 개선됨에 따라 더욱 건강하게 성
장하고, 나아가 정신 능력도 개선될 수 있다. 가장 흔한 비유가 바
로 신장이다. 영양이 좋아짐에 따라 평균 키 —그리고 IQ 점수도—
는 꾸준히 커진다. 린에게 지능점수가 영양과 연관된다는 것은 당

연한 것이었다. 영양과 지능점수는 유전적 잠재성이 실현되는 동일한 과정으로 간주되었다. 그는 19세기 두개골 계측을 반복하여 '머리의 크기와 뇌의 크기도 지난 반세기 동안 증가했다. … 이러한 사실은 뇌의 크기가 지능의 결정요인이라는 점에서 중요하다.'(1998: 211)라고 주장했다. 영양이 좋을수록 인지적 기능이 좋다는 아이디어는 그럴듯했지만, 그것을 뒷받침할 확실한 증거는 어디에도 없었다. 많은 산업화된 국가에서 1970년대까지 키는 서서히 증가했지만 IQ는 그렇지 않았다.[14] 그러나 관련된 증거가 매우 복잡하고 영양의 중요성도 부풀려진 까닭에, 인지를 향상시키기 위해 '비타민'과 '생선 오일'이 좋다는 주장이 확산되었다.[15] 매리언 시그만과 샤논 웨일리(Sigman and Whaley)는 영양이 지능 발달에 미치는 영향에 관한 증거를 새롭게 검토한 결과, 영양이 유일한 요인이 아니라는 점을 지적했다.

> 영양은 단독으로는 지적 기술 형성에 거의 영향을 미치지 않는다. 문화적 요구에 부응해서 발달할 수 있는 경험에 접근할 수 있을 때에만 영양 상태가 좋은 사람이 더 잘 배우고, 더 잘 일할 수 있다. 더구나 영양 개선은 특정 국가에서 특정 시점에 ─ 다른 경우는 그렇지 않다 ─ IQ가 증가하는 원인이기도 하다. 이는 이용 가능한 영양소, 추상적 사고에 대한 요구, 지능검사에서 요구하는 기술의 노출에 대한 역사적 변화의 영향을 받는다(1998: 175─6).

이것은 영양과 학습이 분리되기 시작하는 복잡한 상호작용에

---

14 마르토렐(Martorell, 1998) 참조.
15 예를 들어, 가디언지의 배드 사이언스(Bad science) 칼럼 2006년 9월 16일자, 생선 오일 보고서(The Fish Oil Files) 참조.

관한 것이었다. 린은 시간에 따라 IQ가 증가하는 것은 아동이 2살 무렵까지이고, '분명히 4~6살 이전'까지라고 주장했다. 이러한 주장은 더 좋은 학교교육, TV, 퍼즐 책이 '2살 때는 작동하지 않고, 4~6살 때는 최소한의 영양만 준다.'라는 사실을 배제한다. — 아마도 아일랜드의 벨파스트에서는 아이들을 다르게 키워야만 할 것이다.[16] 그 결과는 '영양 이론만 남게 된다.'(1998: 212)라는 것이다. 이러한 논리는 좋은 영양 상태가 지능을 결정하는 요인으로 작용할 수 있는 더 좋은 환경, 육아, 양육, 건강과 같은 '더 좋은 것들'의 일부일 가능성을 간과하였다. 허기 때문에 주의가 산만하지 않은 것을 포함하여 좋은 환경은 학습에 보다 좋은 상황을 제공한다. IQ를 학습과 독립된 것으로 바라보지 않는다면, 양호한 학습 조건은 지능점수의 개선에 반영될 수 있을 것이다. 레이븐 매트릭스 검사(Raven's Matrices)는 이 점과 관련하여 흥미로운 사례를 제시한다.

레이븐 매트릭스 검사의 특이 사례

다음 그림(<그림 2.1>)을 보아도 '레이븐 매트릭스 검사'가 무엇인지 잘 이해가 가지 않을 수 있다. 우리가 늘 해왔던 것처럼 머리를 아프게 하는 정신훈련의 하나로 생각될 수도 있다. 다음은 실제 문항은 아니지만 —나는 연습 효과를 조장하지 않는다 — 동일한

---

16 2007년 1월, 중간계급이 주로 구독하는 선데이 타임즈(The Sunday Times)는 독자들에게 '똑똑한 아기(Brainy Baby)' DVD를 무료로 배포했다. 이는 6개월에서 36개월까지의 유아를 대상으로 하는 것이었다: 아이들이 장난감을 가지고 노는 것이다. 벽돌을 가지고 노는 2살 제르미는 '미래의 건축가'로, 9개월 파이퍼는 '미래의 회계사'였다. 창의적인 사고를 시사하는 오른쪽 뇌의 활동과 논리적 사고를 시사하는 왼쪽 뇌의 활동이었다. 모든 것은 교육용 완구로 놀도록 하는 것과 모형, 문자, 숫자의 조기 연습에 지나지 않았다. 선데이 타임즈는 북아일랜드에서 통용된다.

기능을 한다. 과제는 맨 오른쪽 아래 칸에 해당되는 것을 정하기 위해, 첫 번째와 두 번째 행과 열에서 그 논리를 찾아야 한다.[17]

그림 2.1 레이븐 검사 유형의 문항 실례

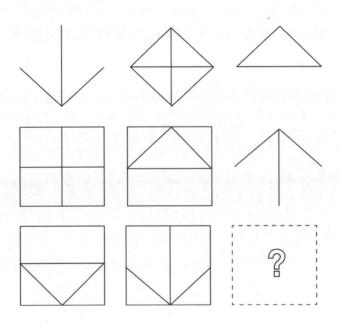

레이븐 매트릭스 검사(Raven's Progressive Matrics)가 대중화된 것은 그것이 문화중립적이고 학교교육과 무관한 것으로 여겨졌기 때

---

17 답은 +(세로선 한 개와 가로선 한 개의 교차)이다(한 개의 세로선, 한 개의 가로선). 규칙은 모든 선(가로선, 세로선, '짧은' 대각선)이 각 행과 각 열에 있는 세 개의 칸 중 두 곳에 있어야 하는데, 오직 두 개만 있어야 한다는 것이다. 이것이 '두 개의 분포 규칙(the distribution of two value rule)'이다 (Carpenter 등, 1990, p. 409).

문이었다. 이 검사에는 읽기와 수학이 포함되지 않았고, 순전히 공
간적·연역적 추론만 포함되어 있었다. 이런 까닭에 이 검사는 가
장 좋은 또는 다른 것에 비해 상대적으로 더 나은 종합 지능검사로
간주되었다. 영국에서 중등교육이 시작되는 시기에 폭넓게 활용되
는 영국교육연구재단(National Foundation for Education Research,
NFER)의 인지 능력 테스트(Cognitive Ability Test, CAT)에도 이 검사
가 포함되었다. 젠센은 레이븐 검사가 '명확히 g를 측정하는 것 외
에는 아무 것도 측정하지 않으며'(1980, p. 646), '불우한 환경 출신
이지만 지적으로 우수한 영재를 발견하기 위해 우리가 가지고 있는
가장 확실한 도구일 것'(p. 688)이라고 단언했다. 그는 1980년에 저
서 '지능 검사에서의 편견(Bias in Mental Testing)'에서 스피어만의
'g'를 부활시켰다.

　이 검사는 지능을 '고정되고 선천적인' 것으로 보는 문제가 있
다. 레이븐 검사에서 점수는 IQ 검사보다도 더 빨리 증가하였다.
하지만 그들은 환경에 많은 영향을 받는 '결정성 지능(crystallized
intelligence)'보다 오히려 '유동성 지능(fluid intelligence)'을 측정한
다.[18] 군대 모병 프로그램의 일환으로 18세 남성을 대상으로 이 검
사를 실시했던 네덜란드에서는 1952년과 1982년 사이에 점수가 점
점 증가했다. 30년 동안 IQ 21점과 맞먹는 점수가 증가했다. 그러
나 같은 시기에 신장은 증가하지 않았다. 다른 나라에서도 이같은
플린 효과가 발견되었다.[19]

　그렇다면 린은 이와 같은 지능의 부인하기 어려운 가변성(malle

---

18 [역주] 결정성 지능은 교육이나 경험을 통해 습득되고 축적되는 다양한 정보나
　　지식, 인지적 기술이나 능력 및 문제 해결력 등을 지칭한다. 유동성 지능은 새
　　로운 장면에 대한 과제해결과 관계가 깊다. 이것은 선천적인 생리학적 뇌기능
　　과 그 성숙에 의해 작용이 규정된다.
19 플린(Flynn, J., 1987).

ability)에 어떻게 대응했을까? 그는 레이븐 검사를 '학교교육효과로 가장 잘 설명할 수 있다'(p. 212)고 주장함으로써 점수 증가를 허구적인 것으로 만들었다.

> 레이븐 검사는 더하기, 빼기, 수열, 분포와 같은 수학적 원리를 응용하는 것이 필요하다. … 점수가 증가해 왔던 30년 동안, 학교에서 15세부터 18세까지 학생의 비율이 계속해서 증가했는데, 그들은 학교에서 매트릭스 문제해결에 적용될 수 있는 수학을 배웠다 (pp. 212–13).

린의 논의를 받아들이는 것은 꽤 즐겁다—물론 플린은 아래처럼 약간 다른 생각이지만. 린의 논의를 통해 성취도를 개선할 수 있는 방법은 마지막 칸에 해당되는 것을 알아낼 수 있는 다섯 가지 규칙을 숙달하는 것임을 알 수 있다.[20] 패트리샤 그린필드(Patricia Greenfield)는 '하나의 전통적인 문화적 장르 … 매트릭스는 문화적으로 보편적인 시각적 표상의 형태이다. 매트릭스 문제를 풀기 위해서는 문제의 복잡한 표상 체계를 이해해야 한다.'(p. 106)라고 주장한다. 아마도 스프레드시트, 그래픽, 시각 디스플레이는 문제를 분석하는 데 도움을 주었을 것이다.

점수를 향상시킨 원인이 무엇이든, 그것은 기본적으로 환경적이다. 만약 g측정의 가장 순수한 형태가 학교교육과 환경에 의존하는 것으로 밝혀지면, 환경의 영향을 보다 직접적으로 훨씬 많이 받는 —결정화된— 어휘, 추론, 수리 검사를 사용하는 것이 중요한가? 확실한 해결책은 IQ 검사를 *일반적인 사회적·교육적 성취를 측정하는 것*으로 재설정하는 것이다. 이것은 지능이 물화되고 학습과 분

---

20 카펜터 외(Carpenter et al., 1990) 참조.

리되기 이전인 비네로 돌아가는 것이다. 이 경우 IQ 점수와 교육적 성취도 사이의 상관관계를 다르게 이해할 수 있다. 즉, *둘의 상관관계가 그렇게 높은 것은 하나(IQ)가 다른 것(성취도)을 결정하기 때문이 아니라, 서로 중복되는 지식과 기술을 함께 측정하기 때문이라는 식*으로 해석할 수 있다.

문제는 지능이 고정된 것이 아니라고 생각하는 사람들은 이 주장을 받아들일 가능성이 있지만 지능을 고정되고 타고난 실체로 보거나 (어딘가에) 생리적으로 위치한다고 생각하는 이론가들은 그렇지 않다는 점이다. 아이러니하게도, 이것은 자신의 '효과'를 설명하고자 애썼던 플린에게도 문제였다.

플린의 역설

플린은 IQ 점수의 증가를 전적으로 유전적 요인으로 설명하는 헤른스타인과 머레이 그리고 린의 주장이 잘못되었고, 오히려 유전적으로 문제를 더욱 악화시킨다는 것을 밝혔다(아래 참조). '지식이든 실천이든, 흥미든 산업이든 그것을 증가시킬 수 없을 것이다.'(1937: 10-11)라는 버트의 주장을 고려할 때, 지능을 '고정되고 선천적인' 것으로 보는 사람들에게 IQ의 증가는 문제였다. 플린도 자신의 '효과'를 설명하는 데 어려움을 가지고 있었다.

나는 더 빨리 배우고 창의성을 발전시키는 자질인 영재성이나 야구를 이해하는 지능과 같이 사회적 행동의 일상적 규칙을 받아들이는 자질, 그 어느 것도 유의미하게 증가하지 않았다고 확신한다. 검사에서 향상된 문제 해결 능력이 실생활에서 동일한 능력의 향상을 알리는 것이라고 믿기는 하지만, … 나는 검사 기술을 더 잘 이해하는 것이 실생활에 연관된 기술을 발견하는 것뿐만 아니라 예상되는 원인을 알아내는 데 더 효과적이라는 것을 직감으로 안다(1998: 59-61).

이러한 초기 해결책은 여전히 어느 정도 분석이 필요하다. 플린이 발견한 것은 검사 기술이 실제로 요구하는 것—검사 기술이 요구한다고 주장하는 것과 다를 수도 있다—과 검사 기술이 요구하는 것에 부합하는 일상적 기술 사이의 사라진 연결 고리였다. 이것은 존재에의 의지에 관한 고전적 사례로 보일 수 있다. 지능은 일부가 검사자에게 발견되지 않은 실체였다. 그래서 점수의 증가는 대부분 인위적이고 허위이다. 비록 우리가 그것이 무엇인지 확신하지 못할지라도, '진짜' 지능은 변화하지 않았다.

플린은 (지능 점수의 증가를-역주) 개선된 검사 준비로 설명하는 것을 거부했다. 지능 점수의 증가가 검사가 널리 쓰이기 전에 이미 일어났기 때문에, 검사가 인기가 없었던 동안에도 증가가 지속되었다. 마찬가지로 영양이 일상생활에서 인지적으로 더 좋은 기능을 할 것이라 기대하는 것—인식하지 못한다—처럼 지능 점수의 상승을 직접적으로 설명할 수 없었다. 증가가 매우 복잡하기 때문이다. 플린은 도시화와 사회경제적 지위의 변동 같은 여타 환경적 설명도 거부한다. 심지어 유력한 요인인 교육도 단지 사소한 요인으로 간주했는데, 이는 IQ 점수가 수리, 정보, 어휘와 같은 성취도 검사에서 가장 증가가 적었기 때문이었다. 학교가 탈맥락화된 문제해결 기술을 더 잘 가르칠 가능성 또한 그 기술이 밝혀지고 IQ 검사의 기술과 연관될 때까지 '의미 없는 가설'로 무시되었다. 플린은 계속해서 이 문제에 몰두했다. 그리고 일부 연결고리를 발견했다.

이제 우리는 제자리로 되돌아 왔다. 지능이란 지능검사가 측정한 것이다. 그러나 그 결과가 불안정하기 때문에, 우리는 검사 그 이상의 지능 개념을 구성해야 한다.

무엇이 변화를 일으켰는가?

대안적 접근법은 지능검사를 지속적으로 복잡한 환경에 적합하도록 문화적으로 획득된 척도로 취급하는 것이다. 패트리샤 그린필드(Patricia Greenfield)는 그것을 위한 다음과 같은 배경을 제공한다.

1. 문화는 지능을 특정한 생태문화적 환경(ecocultural niche)에 적응적인 것으로 규정한다.
2. 지능의 정의는 과학적 진술인 것 못지않게 문화적 관념이기도 하다(1998: 83).

그린필드는 서구에서는 지능을 사회적 세계보다는 물리적 세계에 관한 것, 순응보다는 스스로 생각할 수 있는 존재에 관한 것, 반응 속도에 가치를 두는 것으로 추정한다고 생각했다. 그녀는 이것을 지능에 대한 아프리카 전통적인 관점과 대조했다. 아프리카에서는 지능을 사회적 기술, 사회 방식에 대한 존중, 숙고에 관한 것으로 생각했는데, 이는 정적이고 친족 중심의 문화에 잘 맞는 구성물이었다.

유사한 논의가 유교의 지능 관점에 대해서도 적용될 수 있다.[21] 미국인과 중국인들의 학습에 관한 문화적 신념을 연구한 진 리(Li)

---

21 이와 관련하여 카오(Cao)의 도움에 감사한다.

는 미국 학생들은 '재능'과 '능력'을 학습을 가능하게 하는 '개인'의 타고난 특성으로 인식하는 반면에, 중국 학생들은 '지능을 개인의 타고난 특성이 아니라 학습을 통해서 증진할 수 있는 것으로 여긴 다는 것'을 발견했다(p. 265).

매우 중요하게도, 플린(1991)은 중국계 미국인들의 평균 IQ 점 수가 100 바로 아래에 있지만, 그들의 학교성취와 이후의 직업적 성공은 평균 IQ가 120인 유럽계 미국인들과 동등한 것으로 추산된 다는 의미 있는 결과를 발견했다. 여기에는 자기-향상 과정에 대한 도덕적 헌신이나 학생성취에 대한 집단적 강조를 포함하여 많은 문 화적 이유들이 있을 것이다. 비교문화 관점에 따라 데이비드 왓킨 스(Watkins)는 '중국의 교육자들은 창의성과 이해력을 상대적으로 빠르고 통찰력 있는 과정보다는 더 많은 노력, 반복, 주의가 필요 한 차분한 과정으로 보는 경향이 있다.'(p. 161)라는 중요한 결론을 내렸다. IQ 검사에서 결정적인 요소인 반응속도는 중국인들의 지능 해석에서 우선성을 부여하지 못할 것이다.

사회변화는 IQ를 증가시킨다

지능이 특별한 환경-문화적 조건을 반영한 것이라면, IQ 점수의 향상은 특정 국면에서 더 강력하게 작동하는 상호작용하는 요인들 의 문화적 '패키지'로 이해할 수 있다. 이것이 플린이 가장 최근에 도달했을 것으로 짐작되는 지점이다. 그는 이것으로 자신의 '비어 있는 가설'을 채웠다. 그는 *사회변화가 적었던 특정 시점*에 IQ 점수 는 정적 상태로 나타나며, 이 때문에 지능이 단일한 것처럼 여겨진 다고 보았다. 그러나 시간에 따른 IQ의 증가는 '역동적 상황을 묘 사한다. 이때는 사회적 우선사항이 복잡하게 변화하고 … 실생활의 인지 기술은 기능적 자율성을 주장하며, g는 자유롭게 유영하고…
지능은 다중적으로 나타난다. 만약 g를 알고 싶다면, 필름을 중단
하라.'(2006: 6). 여기에는 추가 설명이 필요하며 그것에 기울이는
노력은 가치가 있다. 플린이 추가 분석을 통해 밝힌 것은 시간에
따른 지능 점수의 증가가 특정 IQ 하위 검사에서 두드러지게 나타
났다는 점이었다. 예를 들어 유사성 검사와 레이븐 검사에서는 증
가가 확실히 나타났지만, 어휘, 정보, 수리에서는 거의 변화가 없었
다. 즉, 읽기와 산술에 대한 사회적 중요성에 있어서는 문화적으로
큰 변화가 없었다. 우리의 조부모들도 같은 것을 배웠을 것이다.

플린은 이 기간에 'g가 유동적이었던' 것은 과학적 개념과 추상
적 분류에 사회가 몰두했기 때문이라고 보았다. 서구에서는 '선수
학습 없는 즉석에서의 문제 해결'(p. 8)에 문화적으로 가치를 부여
한다는 것이다. 그는 이러한 상호작용을 '사회적 승수(social multi-
plier)'(p. 15)라 불렀다. 왜냐하면 사회변화가 이해 능력의 급속한
변화를 초래했기 때문이다. 예를 들어, 만약 국제적으로 숫자 맞추
기 퍼즐이 대유행이라면 이것은 순식간에 비슷한 종류의 논리적 추
론 기술에 영향을 미칠 것이다 ― 이것은 레이븐 검사에서는 요구
되지 않은 것이다. 그는 '개와 토끼는 어떤 공통점을 가질까?'(p.
9)와 같은 유사성 검사 항목을 예로 든다. 우리의 조부모들은 '토끼
를 사냥하기 위해 개를 이용한다.'와 같은 기능적 의미로 답을 했을
것이고, 반면에 '포유류이다'와 같이 요구된 정답은 무의미했을 것
이다 ― 그것을 누가 알겠는가? 많은 10살 아동들은 '다리가 네 개
예요.'와 같이 보다 구체적인 대답을 했을 것이다. 그들 대부분은
추상적이고 과학적인 분류에 관한 지식이 보급되었기 때문에 '포유
류'라는 것을 알아차릴 것이다.

오늘날 실시되는 IQ 검사를 동일하고 단일한 개념에 점수를 부여하는 것으로 보면, 시간에 따라 개별 요소에서 일어난 것들을 놓치게 된다. 같은 문항이라고 할지라도 예전에는 매우 인위적인 추론 방식으로 간주하고 추상적 분류에 점수를 주던 것이 이제는 요소들 사이의 연관성을 찾는 즉각적 사고를 정상적 사고로 간주하고 점수를 주는 것으로 바뀌었다.

이러한 논의는 일반화될 수 있다. 예를 들어 영양의 개선이 영양이 부실한 곳에서는 점수의 향상으로 나타났지만, 적절한 다이어트를 하는 곳에서는 차이가 거의 나타나지 않았다. 교육의 개선과 확대는 차이를 만들어낼 것이다. 왜냐하면 IQ 검사는 본질적으로 학업지능과 선발에 관한 것을 구성하는 데 초점을 맞추기 때문이다.[22] 정규 학교교육 이전에 지능이 증가한다는 린의 주장은 자녀양육과 가족 규모의 변화도 이 과정과 관련되어 있음을 암시한다.

이는 IQ 점수가 계속해서 증가하고 있다는 반박할 수 없는 결과를 그럴듯하게 설명할 수 있는 환경적 요인 패키지를 제공한다. 우리가 할 일은 지능 점수 증가와 관련된 원인들의 기여를 나누어 구분하는 것이 아니라 *IQ 점수를 문화적으로 결정되는 것으로 간주하고 문화적 변화에 따라 달라지는 것으로 논의를 바꾸는 것*이다. 만약 사회가 웹기반 디스플레이에서 발견되는 다중선형적(multilinear) 정보처리를 중시하는 쪽으로 변화하는데, '선형적' 학업지능을 논외로 다룬다면 미래에 IQ 점수는 떨어질 것이다.

지능을 타고났으며 문화중립적인 것으로 바라보는 생각을 바꾸

22 예를 들어, 카한과 코헨(Cahan & Cohen, 1989)은 이스라엘의 4학년에서 6학년 학생 11,000명의 성취도를 조사했다. 그들은 학교의 입학과 관련된 생일 기준 때문에 겨우 몇 주로 나이가 달라지고, 학년이 달라진 학생들에 주목했다. 그들은 나이는 달랐지만 학년은 같았던 학생들을 비교했다. 대부분의 검사에서, 학교교육의 효과는 나이보다 강하게 나타났다.

기 위해 나는 세시(Ceci)와 동료들의 논증에 기초한 대안적 접근을
제시한다.

'지능'과 '성취'를 어떻게 개념화하느냐와 관계없이, 경험적 실재는
어떤 것에서의 추이를 다른 것에서 모방한다는 것이다. … 이론적
으로 지능과 성취를 구별하는 것은 경험적 실재에서는 그렇게 중
요하지 않은데, 왜냐하면 경험적 실재는 하나를 잘 측정하면 다른
것과 거의 항상 높은 상관관계를 보이기 때문이다(1998: 290).

이 접근은 *IQ 검사를 일반화된 성취도 검사*로 다룬다. 성취도
검사는 학교교육, 부모, 유전과 같은 동일한 변인들이 다른 형태의
성취에 미치는 영향을 분석하는 것이다. 이것은 비네가 어린 아이
들의 지능을 인식한 방식이었다. 즉, 그는 지능검사를 어릴 때 숙
달될 것으로 예상되는 것을 측정한다고 생각했다. 이는 지능이 사
회적으로 가치를 부여받은 즉시적 사고, 추상적 상징과 논리를 반
영할 때, 레이븐 검사 점수가 증가한 의미를 이해하게 한다. 앤 아
나스타시(Anne Anastasi)의 다음 요약은 유익하다.

오늘날 [심리학자들은] 모든 인지 검사를 개인이 학습한 역사를
반영한 발달된 능력을 측정하는 것으로 인식한다. 전통적으로 적
성 검사로 이름 붙여진 측정도구는 폭넓게 활용될 수 있으며, 상
대적으로 통제받지 않고, 막연하게 정의된 학습을 평가한다. 그런
학습은 학교 안팎에서 일어난다(1985: xxiv).

이것은 우리의 사고와 논리를 뒤바꾸는 것이다. 높거나 낮은 IQ
점수는 학업성취도의 *결정요인*이 아니라, *그것의 일부이다.* 이처럼

실력 테스트인 CAT/SAT 등이 미래의 성취도를 예측한다고 할 때, 이것은 본질적 능력이라기보다 미래 시험성적을 잘 예측하는 일반화된 교육적 성취도라고 할 수 있다.[23]

이 접근은 지능을 가변적인 경험의 산물로 간주한다. 시간이 흐를수록 환경이 IQ 점수를 향상시키는 것처럼, 개인도 경험에 따라서 변화될 것이다. 이러한 논리의 방향이 중요하다. 즉, 열악한 환경은 IQ 점수를 낮게 할 것이고, 보다 풍요로운 환경은 높은 IQ 점수를 얻는 데 유리할 것이다. 이것은 어떤 사람이 나쁜 환경에서 사는 것은 그가 지능이 낮기 때문이라는 전통적 논리를 뒤집는 것이다. 버트는 '개인소득의 광범위한 불평등은 비록 전적으로는 아니지만, 타고난 지능의 광범위한 불평등의 간접적 효과이다.'(1943, p. 141)라는 생각을 체화하고 있었다.

의심스러운 유전자들

초기의 영국과 미국의 계량심리학자들의 비네의 지능에 대한 관점의 왜곡은 능력이 유전된다는 문화적 신념에 근거하고 있었다. 또한 그들의 이러한 견해는 당시의 사회 계층화와 잘 어울리는 입장이었다. 그 때문에 지능의 계승에 관한 유전적 메커니즘과 심리

---

23 이것은 다른 해석을 제공한다. 예를 들어 스트랜드(Strand)의 2006년 결론에 따르면, 중등학교 입학 시에 보는 CAT는 이후의 시험 성취에서 11세에 보는 국가 교육과정 테스트보다 조금 더 예측이 정확한 검사였다. 그리고 가장 잘 예측한 것은 두 검사의 조합이었다. 나는 그것들 모두가 보다 일반화된 기술을 평가하는 —CAT를 포함하는— 성취 테스트라고 본다. 그래서 그것들은 16세에 GCSE에서 요구하는 성취도와 기술을 합당하게 예측한다.

학적 근거를 찾는 것이 필요했다. 그들은 지능의 유전적 근거를 부모로부터의 단일한 유전자 때문이라는 식으로 단순하게 이해했다. 이러한 접근은 우성과 열성 유전자의 조합에 관한 멘델(Mendel)의 완두콩 실험에서 직접 도출되었다. 고다드는 지적 장애를 단일한 열성 유전자 때문에 발생한다고 보았다. '만약 부모가 정신박약이라면 자녀들도 모두 정신박약일 것이다. 그 결혼은 허용되어서는 안 된다는 것이 분명하다.'(1914, p. 561)라고 생각했다. 그들은 지능이 낮은 가난한 사람들이 부유한 사람들보다 자녀를 더 많은 낳는다는 사실과 그것 때문에 지능이 낮아지는 것에 신경질적으로 반응하였다. 그들의 생각은 헤른스타인과 머레이의 '미국의 인지적 자본(cognitive capital)에 우려할만한 일이 벌어지고 있다.'(1994, p. 341)라는 주장처럼 최근에도 반복되고 있다.

　　이러한 유전적 대물림을 고려할 때 지능은 어디에 위치하는가? 이러한 의문은 이론 생리학(speculative physiology)의 모든 검사 도구에도 해당된다. 골턴과 카텔은 지능을 활용하여 반응시간이나 악력(握力) 등과 같은 일반적 에너지 수준에 관한 물리를 측정할 수 있다고 생각했다. 젠센은 최근(1993)에 포도당 주입과 같은 자극에 대한 전기적 반응과 생리적 반응속도를 찾기 위해 이 접근법을 활용하였다. 뿐만 아니라 동물에게도 적용하고 있다. 스피어만은 g를 전체 대뇌피질 그 이상에 기여하는 정신적 에너지 또는 힘의 수준으로 정의했다. 이 일정한 에너지 — 굴드가 스피어만의 '물리학에 대한 선망(physics envy)'이라 부른 것의 일부 — 는 s 요인의 '엔진'을 활성화시키고, 게다가 g의 수준도 결정한다. 버트는 g가 대뇌피질 세포조직의 총량과 복잡성에 관한 것이며 대뇌피질의 특정 영역에 위치한다고 보았다.

　　지금껏 우리가 배운 것은 유전적 전달이 그렇게 단순하지 않다는 것이다. 특히 '지능'이 내포하고 있는 복잡한 기능과 관련해서 그렇다. 행복, 건강, 공격성에 관한 유전자가 한 가지만 있지 않는 것처럼, 지능도 '하나의 유전자'만 있지 않다. 하지만 논리적으로 항상 분명한 것은 아니다 — 폭력적 범죄와 '게이' 유전자에 대한 XX 염색체를 기억하라.[24] 지능으로 간주되는 유전적 요소가 없다는 것을 말하고자 하는 것이 아니다. 우리가 지능이란 '학습하고 이해하는 자질'이라는 비네의 기본 정의를 받아들여도, '자질'은 성향에서 나온다. 개인차는 환경의 영향을 받는 유전적 요인들이 조합된 결과라 할 수 있다. 이때 중요한 점은 물려받은 지능이 단순한 하나의 실체 — 하나의 고정된 정신 에너지의 총량 — 가 아니라, 환경에 따라 그 표현 방식이 달라지는 복잡한 성향이라는 것이다. 그래서 우리는 다수의 유전적 근원과, 그들의 엄청나게 복잡한 상호작용의 *간접적 효과*에 주목하였다.

　　이점에 관한 유익한 의학적 예는 마이클 러터(Rutter) 등이 2006년에 발표한 '*유전자와 환경의 상호작용과 정신병리학(Gene-Environmental Interplay and Psychopathology)*'이다. 그들은 정신장애와 관련된 유전자는 흔하며 — 장애가 훨씬 드물게 나타나지만, 인구의 1/3이 그러한 유전자를 가지고 있다 — 장애는 낮은 확률을 갖는다고 주장했다.

24　더 옵저버(The Observer, 2005년 8월 7일)는 수학 유전자의 위치를 밝힌 캠브리지 대학의 연구결과를 보도했다. 런던 정신의학협회(Institute of Psychiatry in London) 율리아 코바스(Yulia Kovas)의 보다 진전된 연구결과도 함께 보도했다. 그에 따르면, '각각은 작은 효과를 가지고 있는 DNA 50번과 100번 사이의 유전자 풀(pool)이… 셈을 잘 하거나 못하게 만드는 특정 유전자보다 오히려 더 효과가 있다.'(p. 17).

따라서 어떤 유전자를 특정 정신장애의 '원인'으로 기술하는 것은
맞지 않다. 이들 유전자들은 정신장애를 초래하는 인과적 과정과
관련되어 있으며, 다른 유전자나 환경의 영향을 받는다. 요약하면,
정신장애는 유전자의 직접적 효과가 아니라 다요인적(multifactorial)
원인들로 구성된다(p. 230).

어떤 독자는 내가 유전적 대물림 ─선천적인 것─ 을 믿는다는
것에 실망했을 것이다. 이는 지능을 인위적 구성물로 간주하는 입
장을 약화시키는 것처럼 보인다. 나는 지적 행위의 생물학적 근거
가 있다고 생각한다. 인위적 요소는 그것이 고정되고 위치를 지정
할 수 있는 것으로 취급된다. 서로 떨어져서 자란 일란성 쌍둥이
연구 결과 ─버트는 결과를 왜곡했지만 다른 연구자들은 훨씬 신중
했다─ 는 동일한 유전자를 공유한 아이들은 유사성이 있지만, 태
어나면서부터 학습 차이 또한 있었다 ─부모에게 물어보라.[25] 이것
은 태아의 경험과 같은 환경 요인으로 설명될 수 있다고 주장할 수
있다. 하지만 이는 증거에 기반하기보다는 신념을 정당화하는 것처
럼 느껴진다.

이것은 추측하여 유전/환경의 영향을 배분(40/60 등)해야 한다는
것을 의미하지 않는다. 생물학자 굴드(Gould)는 다음과 같이 말했다.

인과적 요인들이 … 복잡하게 상호작용할 때, 우리는 복합적인 성
인을 만들어 내는 성장 과정에서 인간의 행동에 대한 독립적인 원
인을 양적 백분율로 분석할 수 없다. … 핵심적인 쟁점은 백분율
로 잘못 분석하는 것이 아니라 가변성과 유연성을 고려하는 것이

---

25 나이서(Neisser, U., 1996) 'Intelligence: Knowns and Unknown', American
   Psychologist, 51(2), 77-101.

다. 어떤 특성은 90퍼센트 물려받을 수 있지만, 전적으로 가변적일 수 있다. 20달러짜리 안경으로 100퍼센트 유전된 시력의 문제를 완벽하게 교정할 것이다(p. 34).

따라서 핵심은 유전이 아니라, *유전된 것이 얼마나 가변적이고 유연할 수 있는가이다.* 이것은 생물학적인 것과 환경적인 것의 *상호 작용*에 관한 것이다. 상호작용은 단순히 40퍼센트에 60퍼센트를 더 하는 것이 아니다. 계량심리학자들은 종종 상호작용을 방정식에서 제외하고자 했다. 비만을 예로 들어보자. 어떤 사람이 높은 수준의 영양을 섭취할 때, 그는 유전적으로 평균보다 더 살찌는 경향이 있을 것이다. 그러나 영양 수준이 낮을 때는, 같은 유전적 기질이라고 할지라도 평균보다 더 마를 수 있다. '백분율을 분석하는 것'은 이런 경우에 맞지 않다. 환경이 극단적이 되면 될수록, 유전의 영향도 더욱 작아진다. 변하지 않는 것은 없다. 버트와 일부 연구자들은 유전을 백분율로 설명하는 데 집착하였는데, 이는 지능을 고정된 실체로 보았기 때문이었다. 버트 등이 수행한 일련의 쌍둥이 연구에서는 상관관계가 변화하지 않았는데, 이는 나중에 사기로 밝혀졌다.[26] 이들은 지능을 불변하고 한계가 있는 것으로 보았기 때문에 발달 가능성은 제한되었다. 그들이 믿는 것처럼 유전적 가능성이 크다면, 그것을 개선하기 위해 할 수 있는 것이 거의 없을 것이다. '유전적'이라는 것은 '필연적'이라는 것을 의미한다.

---

26 굴드(1996: 264 - 269)를 보라. 그는 1943년과 1966년 사이에 연이어 학술지에 논문을 발표하였는데, 그 논문은 다른 가정에서 자랐던 일란성 쌍생아의 지능을 수정한 것이었다. 그 자료는 대단히 의심스러웠을 뿐만 아니라 ―그리고 결코 찾을 수 없었다― 공동 연구자들 하워드(Howard)와 콘웨이(Conway)도 존재하지 않았다. 사기의 전모에 대해서는 다음 책을 보라. L.S.Hearnshaw (1979)의 *Cyril Burt, Psychologist*, London: Hodder and Stoughton.

만약 우리가 지능의 생물학적 근거를 훨씬 더 복잡하고 유연한 것으로 간주한다면, 지능이 설계에 따라 반응하지 않기 때문에 지능의 가변성은 자연적 결과이다. 비네의 질문은 '*어떻게 지능을 증가시킬 수 있는가?*'였다. 서로 다른 광경이 서로 다른 사람들에게 요구될 것이다. 그리고 삶의 서로 다른 지점에서 강점이 다양해질 것이다. 지능을 '선천적이고 고정된' 것으로 보는 앵글로색슨의 일상심리학에만 얽매이면, 그러한 질문은 특이하거나 모순적인 것으로 보일 것이다.

IQ에서의 인종적 차이

미국과 영국의 지능검사 창시자들은 모두, 어떤 집단이 다른 집단보다 유전적으로 지능이 더 높다는 것을 확신했다. 여기에는 인종 집단뿐만 아니라 사회계급도 포함시켰다. 고다드의 엘리스 섬 방문은 이러한 관심을 적절히 보여준다. 그와 그의 조수들은 엘리스 섬에서 '정신박약'으로 보이는 상륙한 이민자들을 찾아다녔고 — 갑판 아래에서 한 달을 보낸 이들이 얼마나 똑똑하겠는가?— 그 다음 그들을 검사했을 것이다. 그들은 지능이 열등한 것으로 검사된 남유럽과 동유럽의 비영어권에서 이민 온 노동계급이었다. 이들 때문에 이민을 제한하는 캠페인이 시작되었다. 제1차 세계 대전 당시 군대 지능검사도 인종을 기반으로 분석되었으며, 미국의 흑인들이 가장 최악이었다.

미국에서 흑인과 백인의 IQ 차이는 21세기 내내 그리고 오늘날까지도 뜨거운 쟁점이다. 이는 주기적으로 논쟁에 불을 붙였기 때문인데, 예를 들면, 1980년대의 젠센과 1994년에 벨 커브를 출판한 헤른스타인과 머레이가 그랬다. 그들이 주장하는 사회적 가치가 이전의 학자들과 비슷했음에도 불구하고, 그들의 연구는 편파적이지 않은 과학적 설명으로서 제시되었다. 그들은 가난한 소수를 위한 교정 프로그램에 재정을 지원할 가치가 있는지에 관한 논쟁에 영향을 미쳤다. 그들은 지적 능력이란 제한되어 있고 고정된 것이라고 주장했다. 이런 종류의 과학은 레이건 시대에 예산을 절감하고자 하는 정치인들에게 일반적으로 나타났다.

이러한 전통에는 일상적 신념의 일부가 된 인종 차이에 관한 두 가지 주요 가정이 있었다.

1. 개인적 차이를 위한 검사 점수를 활용해서, 집단 간 차이를 추론하는 것은 타당하다.
2. IQ 검사는 문화 – 중립적이므로, 모든 차이는 타고난 능력의 결과이다.

이들 두 가지 가정 모두에 이의를 제기할 필요가 있다. 점수가 다르지 않다는 것이 아니라 점수 차이에 관한 추론이 잘못되었다는 것을 논의하고자 한다. 논의를 시작할 때, 유전가능성이 의미하는 것에 대해 보다 명료화할 필요가 있다. 유전가능성 계수 — 예를 들면, IQ=0.8 — 는 차이에 기인하는데, 이는 IQ 총점의 80퍼센트가 아니라 차이의 80퍼센트가 유전 때문이라는 것을 의미한다. 세시(Ceci)는 가지고 태어나는 다양한 귀를 예로 들었다. '귀의 속성' 형질은 유전적 활동에 기인하지만, 인간 공동체에는 편차가 거의 없기 때문에, 타고난 유전적 가능성은 거의 영이다. *이런 유전적 가능성의 차이는 환경적 편차의 총량에 따라 바로 달라질 것이다.*

만약 공동체에서 빈곤이 가파르게 증가하고 그 결과 많은 아이들
이 교육적으로 적절한 경험을 하지 못했다면, 그 공동체에서 추정
된 유전가능성의 크기는 감소될 것이다. 이것은 유전이 전혀 다른
환경에서 자란 아이들 간에 차이를 만드는 것보다, 동일한 환경의
아이에게서 차이를 만드는 데 보다 중요한 영향을 미치기 때문이
다(1996: 131).

따라서 특정 집단 내부의 구성원을 서열화하고자 설계된 검사
가 다른 집단을 대상으로 사용되어 각 집단의 평균 점수가 비교될
때, 그것은 두 집단 사이의 *타고난* 차이를 말해줄 수 없다. *각 집단
내부*에는 유전적 결과가 존재하겠지만 ―어떤 사람은 다른 사람보
다 점수가 더 높음― 이것이 *집단 간* 유전적 차이를 추정하는 것은
아니다. 다음의 또 다른 두 사례도 우리 추론을 명확히 하는 데 도
움을 줄 것이다.

르원튼(Lewonton, 1970)은 두 밭에 동일한 품종이지만 유전적으
로 다양한 작물을 심었는데, 한 밭에만 물과 비료를 충분히 주는
상황을 상상하라고 한다. 밭에 따른 소출의 차이는 전적으로 환경
때문일 것이고, 같은 밭 안에서의 차이는 오로지 유전적 차이 때문
일 것이다.

굴드(1996)는 IQ보다 더 높은 유전 가능성을 가지고 있는 것으
로 여겨지는 신장을 예로 든다.

서로 다른 두 남성 집단을 고려해보라. 첫 번째 집단은 평균 키가
5피트 10인치이고, 이들은 미국의 부유한 도시에 살고 있다. 두 번
째 집단은 평균 신장이 5피트 6인치이고, 이들은 3세계 마을에서
굶주리고 있다. 각 장소에서 유전 가능성은 95퍼센트 정도이다. 이

는 아버지의 신장이 상대적으로 클 경우 아들의 신장도 클 가능성
이 있고, 아버지의 신장이 상대적으로 작을 경우 아들의 신장도 작
을 것이라는 것을 의미할 뿐이다. 집단 내 높은 유전 가능성은,
다음 세대에서 영양이 좋을 경우, 3세계 마을 주민의 평균 키가
부유한 미국인 이상으로 클 가능성에 긍정도 부정도 하지 않는다.
마찬가지로 IQ도 집단 내에서는 유전적 가능성이 높을 수 있다.
그러나 미국에서 백인과 흑인의 평균 IQ 차이는 여전히 흑인들이
불리한 환경에 있다는 기록에 불과할 수 있다(pp. 186–187).

이것에 대한 반응은 아마도 '그래 … 그러나 우리 모두 같은 밭
에 있다면 어떻게 될까?'일 것이다. 이것은 우리가 같은 밭에 있는
지 아닌지를 검토하게 한다.

문화-중립적인 IQ 검사

두 번째 가정은 검사가 사회계급이나 학습과 독립적이라 주장
하면서, '환경' 논의를 무효화하는 데 이용된다. 우리는 실제로 같은
밭에 있다는 것이다. 우리는 이러한 가정이 계속 유지되지 않는다
는 것을 이미 보았다. 심지어 레이븐 검사와 같은 순수한 IQ 검사
조차 이제 '문화적 영향이 줄어든' 것으로 분류된다. 결정지능검사
—어휘, 수리— 는 학교교육과 경험에 영향을 받는 것으로 인식된
다. 검사가 문화-중립적이라는 주장은 그/그녀 자신의 집단을 제
외한 모든 사람이 악센트를 가지고 있다고 주장하는 것과 다소 비
슷하다. 이제 많은 초기 검사 문항의 문화적 전제를 인지하기 쉽다.
최근의 유럽 이민자들은 다음과 같은 다지선다형 질문에 대답해야
만 했다.

크리스코(Crisco)는?[27]: 특허 의약품, 소독약, 치약, 식료품
크리스티 매튜슨(Mathewson)은 무엇으로 유명한가?[28]: 작가,
예술가, 야구선수, 코미디언

(당신은 어떻게 풀었는가?[29]), 그리고 다음과 같은 구두 지시에 반응해야만 한다.

내가 '시작'이라고 하면, 삼각형이나 사각형 안이 아니라 원 안에 숫자 1을 쓰시오. 그리고 사각형 안이 아니라 삼각형과 원 안에 2를 쓰시오. 시작(Gould, 1996: 230).

문제는 보다 미묘한 문화적 편견이 오늘날 우리가 실시하는 능력 테스트에 배태되어 있다는 것이다. 만약 우리가 문화-중립적 검사란 존재하지 않으며, 수학 공식 같은 '탈맥락화된' 항목조차 특수한 문화적 표현이라는 식에 필적하는 가정을 설정하면, 그때 우리는 환경적 차이에 주목하게 될 것이다. *만약 IQ와 능력 테스트가 일반화된 성취도 검사로 취급된다면, 학교교육과 경험이 결정적이다.* 무엇이 유전되었는지가 아니라, 다른 집단에게 어떻게 '먹이를 주고 물을 주는지가' 핵심적인 설명 변인이 된다. 선천적으로 부족

---

27 [역주] 크리스코는 미국의 스머커(Smucker)사가 만든 쇼트닝 브랜드이다.
28 [역주] 크리스티 매튜슨(Christy Mathewson, 1880~1925)은 미국의 야구선수 이자 야구감독, '신의 야구'라 불린 메이저리그 투수이다.
29 2007년 1월에 선데이타임즈(Sunday Times)는 다른 DVD, '지력: 당신의 정신을 단련하라(Brainpower: Exercise Your Mind)'를 배포했다. 이것은 영국 멘사―IQ 점수가 상위 2퍼센트인 사람들의 단체―가 만든 200개의 퍼즐 문제를 포함했다. '일반 상식' 문제도 있었는데, 멘사가 결성되었던 때와 FA 컵 ―[역주] 잉글랜드와 웨일스에서 프로와 아마가 겨루는 축구 경기―에서 풀햄 (Fulham)―[역주] 영국 프리미어 리그 프로축구팀―이 몇 번이나 승리했는지 와 같은 문제가 포함되었다. 그리고 문항이 거의 변하지 않았다.

한 사람을 위해 할 수 있는 것이 거의 없기 때문에 노력하지 않는
것과 달리 정치적으로 차이를 두는 것은 가난하고 박탈당한 사람들
을 위한 훌륭한 보상 중의 하나가 된다.

비네로 돌아가자: 지능의 재공식화

이 장에서는 전문가가 물화되고 고정된 독립적 실재인 구성물
을 창조하기 위해 지능검사와 같은 평가를 활용하는 고전적이고 파
괴적인 사례를 제시하였다. 이 과정은 다양한 성취도의 측정으로부
터 시작한다. 성취도 점수는 단일한 기준에 따라 사람을 서열화하
는 것으로 통합된다. 점수가 매겨질 수 있기 때문에, 존재하는 것
으로 가정된다. 그것은 하나의 실체가 될 뿐만 아니라 강력한 사회
적 장치가 된다. 이러한 장치는 강력한 사회적 의제를 가진 계량심
리학자들에 의해 선택된다. 그들은 유전적 관점에 입각하여 지능을
선천적이고 고정된 것으로 다룬다. 사회적 위치는 타고난 지능의
결과로 다루어졌으며, 사회의 지도자들은 천부적 재능을 물려받았
고, 가난한 사람들은 부족한 지능 때문에 가난하게 되었다는 것이
다. 스스로를 진화의 정점에 있다고 생각한 앵글로색슨족 남성들에
게 이것은 진실이었다. 빈민들은 가족 수가 더 많기에 부족한 지능
이 더 빈번하게 유전된다는 차등적 생식(differential breeding)은 적
극적 관심사였다. 계량심리학자들은 국가의 지능이 떨어지는 것을 방
지하기 위한 시도로, 가난한 사람이나 이민자들의 생식을 제한했다.

비록 이제는 이 중 많은 것이 믿어지지 않지만 —고다드, 터먼,
스피어만은 모두 말년에 다양한 방식으로 입장을 철회했으나, 버트

는 입장을 더욱 심화시켰다—그 피해는 여전하다. 여전히 지능은 고정되어 있으며 일정한 비율로 태어난다는 가정은 광범위하게 퍼져있다. 으쓱한 부모에게 할 수 있는 최고의 아첨은 '아이가 매우 똑똑해요.'—똑똑하게 태어났고, 일생동안 그럴 거예요—이다. 우리는 이제 지능검사를 거의 하지 않는다. 그러나 학교와 직업 선발에서 지능검사 이미지를 쇄신한 것에 불과한 능력 테스트와 적성검사가 아직도 만연해 있다. 우리는 이것을 근거로 교육적 성취를 예측한다. 왜냐하면 이들 검사가 현재의 성취보다는 저변에 있는 능력으로 이용될 수 있다고 생각하기 때문이다.

비네의 대안

나는 비네로 돌아가는 것을 계속한다. 왜냐하면 지능검사를 처음 시작할 때, 그가 목적과 결과에 대해 매우 다양한 관점을 가지고 있었기 때문이다. 비네에게 지능은 학습하는 자질과 가르침으로부터 얻는 혜택에 관한 것이었다. 지능은 학습할 수 있는 근원적인 능력이기보다는, 학령기 이전과 학령기 동안 학습한 것이었다. 어떤 아이들에게는 이 학습이 정규 학교교육을 받기에 충분하지 않았고, 그래서 추가적 도움이 필요했다는 것이 그의 관심사였다. 그 목적은 지능을 향상시키는 것이었다.

우리가 지능을 이해할 수 있는 유일한 경우는 아동들의 지능이 증가했다고 말하는 실제적 의미에서다. 학생의 지능, 배우고 완전히 이해하는 자질을 구성하는 것들이 향상되었다(Binet, 1909: 104).

비네는 '개인의 지능은 증가될 수 없는 고정된 양을 가지고 있다고 단언하는 개탄스러운 주장에 도덕적 지지를 보냈던 당시 사상가들'을 혹평했다. '우리는 이 야만적 비관주의에 대항해 저항하고 반대해야 한다. 아무런 근거도 없다는 것을 입증하기 위해 노력해야 한다.'(pp. 100-1).

우리는 이런 식으로 지능을 바라보아야 한다. 교육적 기대에는 특권적 사람들에게 잘 봉사했던 '야만적 비관주의'가 끈덕지게 붙어 있었다. '지능이 최근에 향상되었다'라는 여전히 부적절한 진술처럼 느껴진다. 아마도 '성취도'나 '시험 점수'로 바꾸기를 원할 것이다. 그러나 인지심리학에서의 발달과 '학습하는 법 학습'에 대한 교육적 관심은 모두 지적 자질을 변화시킬 수 있는 개인에게 주목한다 (7장 참조). 지능을 고정되고 유전된 양으로 만들었던 야만적인 비관주의자들로부터 지능을 복구하기를 원하는 것은 단지 희망 사항에 불과한 것이 아니다.

굴드는 비네의 입장과 기여를 다음과 같이 정리하였다.

1. 점수는 실제적 장치이며, 어떠한 지능이론도 지지하지 않는다. 이 점수는 선천적이거나 영구적인 그 어떤 것도 규정하지 않는다. 우리는 이 점수로 '지능'이나 그 밖의 물화된 실체를 측정하는 것을 기대하지 않는다.

2. 이 척도는 특별한 도움이 필요한 아동을 … 식별하기 위한 거칠고 경험적인 지침이다. 정상적인 아동을 서열화하기 위한 장치가 아니다.

3. 도움이 필요한 것으로 확인된 아동들이 가지고 있는 어려움이 무엇이든, 특별한 훈련을 통해 개선될 수 있다는 점에 강조점을 두어야 한다. 낮은 점수가 선천적으로 무능한 아동으로 표

시하는 데 사용되어서는 안 된다(1996: 185).

우리가 처음에 제기했던 물음들, 예를 들어 평가의 목적, 목적 적합성, 결과에 관한 물음으로 돌아간다면, 우리가 능력 테스트와 적성 검사를 점점 더 많이 사용하고 있는 이유에 대해 설명해야 할 것이다. 나는 학업성취와 분리된 근원적 능력에 대한 신념이 아직 도 존재한다고 믿는다. 요즘음 영국에서는 재능은 있지만 환경이 나쁜 학교에서 좋은 교육을 받지 못하는 학생들을 찾기 위해 능력 테스트를 활용하고 있다. 연구 결과는 '능력' 테스트 점수와 시험성 적 간에 상당한 상관관계가 있다는 것을 계속해서 증명하고 있다. 두 점수 모두 동일한 학습 환경에서 나온 것이라면 놀랄 것도 없 다.[30] 아이러니하게도, ETS[31]가 더 이상 '적성 검사'를 사용하지 않 자 미국 SAT[32]식 입학시험을 요청하였다. 이전에는 학업 적성 테 스트(Scholastic Aptitude Test)였던 것이 지금은 바로 무의미한 세 글 자로 이루어진 SAT이다. 왜일까? 그 이유는 점수를 향상시킬 수 있 는 코칭 서비스가 있다는 능력 테스트의 마케팅으로는 설득이 어려

---

30 여기서 중심인물은 자선가 피터 램플(Lampl)이다. 그의 서튼 트러스트(Sutton
   Trust) ―[역주] 램플이 만든 자선단체― 는 영국에서 교육기회와 대학입학이
   여전히 특권계급에게 치우쳐 있음을 밝히는 중요한 연구를 수행했다. 연구비
   는 정부로부터 일부 지원을 받았으며, 명문 대학이 적극적으로 참여했다. 수정
   된 미국 SAT를 사용했던 처음 연구에서는 GCE시험 결과 캠브리지 대학에 입
   학할 수 있는 수준인 A등급 세 개 ―'학교에서 배운(schooled)' 성취로 해석된
   다― 를 받지 못한 학생들이 1,200명 중에서 단 29명으로 확인되었다. 그러나
   그들의 SAT 점수는 하버드에 입학할 수 있는 수준이었다 ―평가 경비에 대한
   한계 수익. 유니크 프로젝트(Uni Que Project)에 대한 더 많은 정보는 다음
   사이트를 참고하라. http://www.nfer.ac.uk
31 [역주] Educational Testing Service(ETS)는 1947년 미국교육위원회(ACE), 카
   네기 재단, 대학입시위원회(CEEB)에 의해 공동으로 설립된 교육용 검사개발
   및 측정연구기관으로 SAT를 주관하고 있다.
32 [역주] Scholastic Aptitude Test(SAT)는 미국의 대학수학능력시험이다.

워졌기 때문이다. 게다가 'SAT는 여러분이 문제를 얼마나 잘 분석하고 해결하는지를 평가한다. 이는 여러분이 학교에서 배웠던 기술이고 대학에서 필요할 것이다.'라고 주장한다(CollegeBoard: p. 1).[33]

나의 재공식화는 비네의 입장을 택하고, 그것을 현재의 시험 문화에 맞게 조정할 것이다. 그 중심은 우리가 지능과 능력 테스트를 일반화된 성취도 검사로 다룬다는 생각이다. 그들의 예측력은 독립된 근원적 능력을 측정하는 것보다 현재 성취를 측정한 것으로 보일 수 있다. '능력'은 성취의 원인이 아니고 성취의 한 형태이다. 만약 지능과 실력이 우리가 학습하고 경험한 것의 결과라면, 그것들도 변할 수 있다. '지능은 향상되었는가?'라는 물음은 합리적이다.

비네는 지능검사가 특수한 교육적 요구를 가진 학생들을 식별하는 것으로 제한되기를 원했다. 이 점을 되돌리기에는 너무 늦었다. 평가 테크놀로지는 소 잃고 외양간 고치는 것을 의미한다. 그렇지만 교육심리학자들처럼 전통을 고수하는 학자들이 비네의 생각과 얼마나 가까운가를 살피는 것은 의미 있는 일이다. 특수교육 대상 여부를 판단하는 기준 IQ 70점에 대한 압력에도 불구하고 그렇다. 스탠포드-비네 검사의 대안인 영국의 능력 척도(British Ability Scales)는 점수를 종합하는 것보다는, 각 기술의 특징을 찾고 정리하는 것에 더 주안점을 둔다. 루벤 포이어슈타인(Reuven Feuerstein)과 관련된 '역동적 평가(dynamic assessment)' 전통이 특히 두드러진다.[34] 이 평가에서 진단 절차는 성인의 도움으로 얼마나 많은 진전이 이루어질 수 있는지를 보기 위한 것이다. 이것은 '수업을 학습하고 완전히 이해할 수 있는 자질'을 말한다.

이것은 평가가 만들어낸 괴물, 즉 선천적이고 고정적인 IQ로부

---

33 [역주] 미국의 대학입시위원회.
34 참고문헌에 관해서는 다음 주소 참조. http://dynamicassessment.com

터 벗어나기 위해 내가 찾은 방법이다. 다른 이들은 다른 방법을 택했는데, 단일한 일반지능 g가 존재하지 않고 다중지능이 존재한다는 것에 역점을 두었다. 또한 감정지능의 중요성을 강조함으로써 IQ를 주변화했다. 우리는, 비록 오랜 전통의 일부이기는 하지만 다중지능을 가드너의 작업과 관련시킨다. 감정지능은 다니엘 골먼(Goleman)에 의해 강조되었다. 다음 장에서는 이들의 접근법과 그 한계를 다룬다.

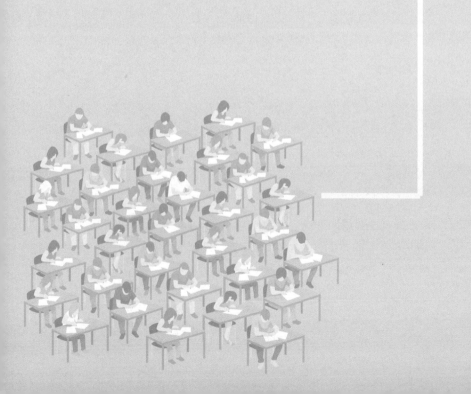

Testing Times

저항의 움직임

:다중지능과 감성지능

제3장

저항의 움직임: 다중지능과 감성지능

일반 능력(ability)의 차이를 고려하지 않고 다양한 역량에 따라 아이들을 분류하는 것은 '이상한 나라의 엘리스'에 나오는 코커스 경주와 같은 것이다. 알다시피 이 경주에서는 모두가 승자이며 상을 받는다. 문제는 이것이 현실에서는 실현 불가능하다는 점이다.

시릴 버트(Cyril Burt, 1955)

　　2장에서 살펴본 것처럼 영국과 미국의 IQ 측정자들에게 지능이라는 것은 승자와 패자의 문제였다. 우수한 사람들이 앞에 서고 열등한 이들이 뒤처지도록 하는 요인은 유전적 대물림이었다. 버트에 의하면, '하프 마라톤이나 권투 시합 또는 라이벌 학교와의 축구 시합에서 패배를 배우는 것과 같이 11＋시험이나 여타 시험에서의 패배를 받아들이는 법을 가르치는 것은 아이들 교육의 필수적인 부분이 되어야 한다'(1959, p. 123). 이 모든 것은 아버지가 '매일 요람에서 조곤조곤' 라틴어 어형 변화(Latin declension)를 가르친 것처럼, 어렸을 때부터 훈련을 받은 사람에게서 나오는 것이다.[1]

그러나 단순하게 아이들의 순위를 매기는 중심적이고 단일한 지능(g)이 있다는 주장에는 언제나 저항이 있었다. 저항은 다양한 형태와 규모로 발생하였는데, 이 장에서는 그 중 세 가지 사례를 선택했다.

1. 다중 요인들을 '발견'하는 대항적 심리 측정 접근법
2. 발달심리학에서 나온 하워드 가드너(Howard Gardner)의 *다중 지능*
3. IQ 점수로 대표되는 '학업' 지능의 중요성을 감소시킨 다니엘 골만(Daniel Goleman)의 *감성 지능*

이 세 가지 접근은 모두 IQ라는 유전만능주의자들의 '폭력적인 비관주의'로부터의 탈출을 통해 가능한 한 더 넓은 비전을 제공한다. 또한 창의적인 수업과 학습의 실천을 장려하여 대부분의 교육자와 훈련가들에게 매우 인기 있는 접근법이 되었다. 그러나 그들 역시 대안적 형태의 지능들을 물화하면서 종종 제한된 타당성을 가진 평가 도식을 사용했기에 유전 만능주의자들과 같은 함정에 빠졌다고 생각된다. 물론 그들은 지능의 개념을 확장하여, '선천적이고 고정된' 것이라는 가정에 반대하지 않고서도 지능을 받아들일 수 있게 했다. 버트는 이와 관련하여, '이상한 나라에서의 코커스 경주'[2]—모든 사람은 고유한 형태의 지능을 가지고 있기 때문에 굳

---

1 화이트(White, 2005: 430).
2 코커스 경주는 멜라니 필립스(Melanie Phillips)의 『모두 상을 받아야 한다(*All*

이 그것에 비판적일 필요는 없다 — 의 비유를 사용했다.

스피어만(Spearman)의 단일 일반지능(g)에 대한 첫 번째 저항은 지능의 성격을 다르게 정의했던 계량심리학자들로부터 나왔다. 그들은 차별적인 요인분석방법을 사용하여 이른바 '다중지능'을 만들어낼 수 있었다. 루이스 서스톤(Louis Thurstone)은 스피어만과 버트와 동시대 학자로서 『기본 정신 능력(Primary Mental Abilities)』이라는 그의 저서에서 가장 직접적으로 그들을 비판했다. 두 번째는 하워드 가드너(Howard Gardner)의 다중지능(MI)으로 그에 따르면 다중지능은 '정신 능력(faculties of mind)' 전통의 전혀 다른 표현이었다. 그는 계량심리학자보다는 발달심리학자에 가까웠으며, 능력 심리학(faculty psychology), 진화적 추론, 신경학을 종합하여 자신의 주장에 대한 근거를 발견하였다. 이를 통해 가드너는 개인이 요인들을 어떻게 조합하는가에 따라 개수가 정해져 있지는 않지만 지능을 8가지 정도로 구분하였다. 마지막 대안은 다니엘 골만의 감성지능(EI)이다. 이것은 성공이 사회적이고 감성적인 지능에 좌우된다고 주장하면서, 기존에 널리 퍼져 있던 IQ를 중요하지 않은 것으로 여겼다. 감성지능은 IQ 검사와는 정반대이지만, 우리가 누구인지를 사회적이고 개인적 지능의 물화된 형태로 정의한다는 점에서 유사한 위험을 가지고 있다.

Must Have Prizes)』(1996)에도 나온다. 이 책은 '영국의 아이들을 기만했던 방식을 신랄하게 고발한다.' 그녀가 버트(Burt)와 선발에 대한 생각을 공유하고, 문법학교(grammar school)를 옹호하면서 학업성취수준이 떨어진 것을 비통해한 것은 놀랄 일이 아니다.

지능을 다중화하기: 요인분석적 전통

여기에서는 일부 계량심리학자들이 일반지능(g) 개념에 대해 어떻게 반대했는지를 살펴보고자 한다. 그들은 지능이 다중의 형태라는 것을 밝히기 위해 대안적인 요인분석방법을 사용하였다. 그들 또한 일반지능(g) 이론가들과 마찬가지로 정신 '능력들'의 분리라는 기존 믿음을 지지하기 위해 통계 방법을 개발하였다.

서스톤은 동시대 학자로서 스피어만의 주장을 가장 크게 비판했다. 그는 지능이 단일한 척도나 단일한 측정으로 축소될 수 없다는 가정에서 출발하여, 스피어만과 매우 유사한 시험에서 다른 종류의 요인분석[3]을 사용하였다. 초기에 13개의 정신적 능력으로 시작하였으나 이후 7개의 주요한 정신적 능력을 선별하였다. g에 대한 그의 비판은 대단히 강력했다.

> 그런 요인들은 항상 연계되어 구성된 어떤 테스트에서든 일반적으로 발견된다. 그리고 이것은 수많은 테스트들 전체에서 요청되는 모든 능력들의 평균과 다름이 없다. 이는 결과적으로 상황에 따라 다르고, 상황에 따라 선택되는 임의성 이상의 근본적인 심리학적 중요성은 없다. 우리는 임의의 테스트들의 평균에 불과한 일반적인 요인에 흥미를 가질 리가 없다(1940, p. 208).

반면에 서스톤은 자신이 검사의 종류와 상황의 임의성에 의해 좌우되지 않는 진정한 정신적 실체를 발견했다고 생각했다. 그뿐

---

3 요인분석에 관한 여러 접근을 매우 재미있게 읽을 수 있는 것은 굴드(Gould)의 『인간에 대한 오해(The Mismeasure of Man)』의 6장이다.

아니라 항목들이 그 실체에 맞추어 그룹화 되었을 때 일반요인(g)
이 사라졌다고 생각했다. 이는 데이터가 특수한 능력으로 묘사되어
g라고 할 만한 것이 남아 있지 않았기 때문이다. 예를 들어, 만약
g가 수학과 말하기 항목 데이터와 관련이 있고, 수학과 말하기의
독립적인 척도가 존재한다면 g는 사라지게 된다.

그러나 이러한 주장은 그가 스피어만을 반대했던 것과 동일한
이유로 공격받게 될 여지를 남겼다. 즉, 그의 기본정신능력(PMAs)은
검사와 독립적이지 않고 검사에 따라 변화하는 결과물이었다. 당황
스러운 경우는 3가지 검사에서 조사된 점의 숫자를 세는 문항, 즉
요인 Xi이었다. 그는 이것을 통계적으로 기본정신능력에 끼워 맞출
수가 없었다. 이것은 그가 이전에 놓쳤던 또 다른 '정신의 벡터(vect
or of the mind)'의 한 사례였다.[4] 이러한 사례를 연구의 인위적 결
과에 불과한 것으로 해석하는 것이 더 분명함에도 불구하고, 서스
톤은 기본정신능력이 실질적 실체를 나타낸다고 믿었기 때문에 그
런 해석을 받아들일 수 없었다. 결과적으로 그 또한 스피어만이나
버트와 동일한 입장에 처하게 되었다. 그는 능력심리학 전통에 따
른 정신의 구조에 대한 최초의 가정을 약간 다르게 만들었으며, 이
를 증명하기 위해 통계적 절차를 개발했던 것이다. 서스톤은 스피어
만이나 버트와 같이 능력을 물화하는 데 이론 생물학을 활용하였다.

기본정신능력은 신경학 혹은 유전적 방법으로 증명되기 이전에 요
인적 방법으로도 충분히 분리될 수 있을 것이다. 점차적으로 다양

---

4 [역주] 서스톤은 1934년 미국심리학회 회장 취임 연설로 '정신의 벡터(The
vectors of mind)'를 심리학회지에 발표하였다. 그는 이글에서 스피어만의 일반
요인이론을 비판하고 요인분석방법을 사용하여 7가지 기본정신능력을 주장
했다.

한 방법을 사용하여 같은 현상을 조사한 결과에 동의해야 한다
(1938, p. 2).

그래서 우리는 다시금 신념을 강력하게 유지하고 그것을 지지
할 평가방법을 개발하며, 생각을 물화한 후 그것의 생물학적 근거
를 추정해 본다. 투던햄(Tuddenham)은 계량심리학자들의 직업적 위
험성에 대해 다음과 같이 정리하였다.

지난 반세기 동안 지능을 몇 개의 선형적 영역으로 개념화했던 근
본적으로 잘못된 모델로 인해 요인분석은 지속적인 어려움에 처해
왔다. 존재하는 것은 무엇이든 측정가능하다는 통계학자들의 금
언에 요인분석가들은 '측정되어지는' 것은 무엇이든 존재해야 한
다는 가정을 추가하였다. 하지만 그런 관계에서 역은 성립하지 않
을 수 있으며 또한 그 가정이 잘못된 것일 수도 있다(1962, p.
516).

서스톤은 오늘날 우리에게 많이 알려져 있는 정신이 일련의 독
립적 능력들로 간주된다는 심리학의 한 분야를 대표하였다. 비록
기본정신능력(PMAs)의 존재에 대한 그의 확신이 틀렸을지라도, 서
스톤은 단일하게 나타나는 일반능력이라는 g 개념에 도전할 수 있
게 해주었다. 그에게는 중요하다고 알려진 모든 주요한 요인들의
프로파일을 갖는 것이 중요했다. 그는 평등주의자로서 '모든 사람
은 독특한 정신적, 육체적 능력의 관점에서 개개인으로 인지되고
다루어져야 한다'라는 희망을 갖고 있었다(1946, p. 112).[5]

---

5 통계적 절차를 통해 얻어지는 구인들의 인위성은 대안적 요인분석의 전통에 의
   해 훌륭하게 입증된다. 가장 극단적인 것은 길포드(Guilford)의 150가지 요소

정신 능력 발굴해내기: 하워드 가드너의 다중지능

하워드 가드너(Howard Gardner)의 다중지능(MI)은 모든 사람에게는 독립된 능력들의 독특한 조합이 있다는 생각에서 시작되었고, 이런 접근은 세계의 교육자들에 의해 적극적으로 받아들여졌다. 그는 스피어만의 협소한 학업 지능이나 서스톤의 다소 확장된 입장과의 단절을 시도했다. 발달심리학자로서 가드너는 정신을 언어습득, 기억력 등과 같이 독특하게 타고난 자질의 산물로 바라보는 전통적인 '정신의 능력' 입장을 표방했다. 이러한 것들은 경험을 통해 점차 드러난다. 비록 가드너가 지능의 정확한 숫자를 확정하기 위해 애쓰기는 했지만, 그가 분리된 능력을 식별하기 위해 사용한 방법은 전통적인 심리측정방법과는 완전히 달랐다. 현재는 8개의 지능으로

'지적능력(intellect)의 구조'인 지능모델로 그는 1960년대 이후부터 계속 이를 개발해왔고, 나는 이것이 150개 셀을 가진 5 * 6 * 5의 정육면체 도표(diagram)를 교과서에서 계속 반복하여 사용하기 때문에 살아남았다고 추측한다. 기본 논리는 몇 가지 의미를 만드는데, 요인은 내용(contents)(예를 들어, 상징적, 시각적 등), 산출(products)(예를 들어, 구성단위, 함축 등), 그리고 조작(operation)(예를 들어, 기억, 변환)의 결과물이다. 그래서 상징적 단위들의 기억은 하나의 그러한 요인이다. 그러나 그것은 당신이 비논리적인 요인들로 이루어진 정육면체로 끝을 맺어야 함을 의미한다. 예를 들어 시각적 함축의 변환들이 그러하다. 심지어 길포드도 150개의 요인 중 105개의 존재만을 설명할 수 있었고, 그들 중 대부분에 대해서는 계속해서 이의가 제기되었다. 길포드는 당시에 지능의 다중 형태를 주장한 유일한 사람은 아니었다. 1993년 캐롤(Carroll)은 65-69개의 기본정신능력(primary mental abilities)을 생성한, 방대한 양의 데이터를 재분석하여 그 결과를 발표했다. 그는 이러한 것들이 계층적으로 더 넓은 인지적 요인들로 정렬될 필요가 있음을 인지하였고 그 중 8개를 골랐는데, 여기에는 유동성 지능(fluid intelligence)(포괄적 근거, 추론 등), 결정성 지능(crystallized intelligence)(구어의 이해, 철자능력을 포함), 의사결정 속도(decision speed)(예를 들어 반응 시간)와 같은 것들을 포함한다.

구성되며, 그 중에는 '반쪽 지능'인 실존 지능도 포함되어 있다.

1. *언어지능(linguistic):* 구어와 문어에 대한 민감성, 특정 목적을 달성하기 위해 언어를 배우고 활용할 수 있는 능력—법률가, 작가나 시인의 표현

2. *논리 – 수학지능(logical – mathematical):* 문제를 분석하고, 수학적 작업을 수행하고 사안을 과학적으로 조사하는 능력

3. *음악지능(musical):* 음악을 감상하고, 작곡하고, 연주하는 기술

4. *신체 – 운동지능(bodily – kinesthetic):* 문제를 해결하거나 결과물들을 만들기 위해 자신의 몸을 사용하는 능력—배우, 운동선수, 외과의사, 기능공 등

5. *공간지능(spatial):* 넓은 공간에서 패턴을 다루는 능력 —조종사, 항해사— 과 보다 한정된 공간에서의 능력—조각가, 체스선수

6. *대인관계지능(interpersonal):* 다른 사람들의 의도, 동기, 욕망을 이해하는 능력—세일즈 맨, 정치가, 교사

7. *자기이해지능(intra – personal):* 스스로를 이해하고 자신의 삶을 조절하는 능력

8. *자연친화지능(naturalistic):* 새롭게 추가된 것으로, 그들의 환경에서 종(species)을 인지하고 분류하는 능력

   8.5. *실존지능(existential):* 아직 완전히 정의되지 않아서 반쪽 지능이다. 그러나 '근본적인 문제들'과 관련되어 전개된다.

가드너의 다중지능은 아이들의 학습, 교육과정, 그리고 어떻게 교사가 학생들의 주의를 끌 수 있는가와 관련해 보다 풍부한 관점을 제공하는 인간적인 관점을 정당화하는 방법이라고 생각된다. 각각의 능력들은 명확하지 않으며 의심스럽기도 하지만, 이는 시험을

잘 보기 위해 가르치는 많은 학교와 교실들을 편협한 속박으로부터 자유롭게 해주었다. 그는 또한 개인의 능력을 평가하기 위한 지필 검사에 반대하며 활동에 중점을 둔 평가를 선호했다. 이것이 시험이라는 체제에 저항하는 활동가들 사이에서 가드너가 인기 있었던 또 다른 이유이다. 또한 그의 접근은 포용과 '개인화'라는 정치적 의제를 지지하기도 했는데, 이는 개인을 기술과 필요의 독특한 균형을 유지하는 존재로 보았기 때문이었다.

그러나 이를 위해 '비가시적' 지능에 관심을 기울이는 자신의 접근을 정당화해야만 했다. 지능이 타고난 실체이기 때문에, 그것이 모든 아동들에게 독특하게 표현되기 위해서 개혁에 대한 강력한 도덕적 요청이 요구된다. 이것은 풍부한 교육과정을 주장하거나, '21세기에 우리가 원하는 인재상은 무엇인가?'와 같은 사회적으로나 학습적인 관점에서 아이들을 더 존중하는 태도를 주장하는 것보다 다양한 면에서 더 쉬운 방법들이며, 내가 이 책에서 다루고자 하는 과제이기도 하다. 가드너는 심리측정 기법을 사용하지 않았으며, 자신이 개발한 기준에 맞지 않는 적합성(suitability)을 평가하는 방식으로 새로운 지능들을 만들어냈다. 그가 다중지능의 존재를 언급함으로써 다중지능은 사람들의 정신에 '실재하는' 것이 되었다. 가드너는 때로 이것이 학생들을 분류하기 위해 사용될 때 스스로 긴장하였다. 그가 1999년에 쓴 『다중지능: 인간지능의 새로운 이해 (Intelligence Reframed)』에서, 호주의 어떤 주에서 다중지능이론에 기초한 교육 프로그램에서 특별한 지능을 가진 —특별히 지적으로 취약한— 집단을 민족성에 따라 정렬했던 것을 알고 얼마나 격노했는가에 대해 말한 바 있다. 그는 호주로 날아가 TV 방송에서 그 프로그램을 비난했고, 그 결과 그 프로그램은 폐지됐다. 그러나 나는 다중지능이 아동을 이해하기보다는 그들을 명명하고 분류하는 방법이 될 수 있다는 것을 그가 간과했다고 생각한다.

이에 따라 가드너는 지능을 만들고, 물화하며, 구성하는 대안적인 요인분석 과정을 제안했다. 가드너는 밝힌 것 외에 다음을 언급했다.

> 나는 내가 『인간의 7가지 선물(Seven Human Gifts)』 또는 『인간 정신의 7가지 능력(The Seven Faculties of the Human Mind)』과 같은 제목의 책을 썼더라면 무슨 일이 일어났을지에 대해 생각했었다. 아마도 그다지 많은 관심을 받지 못했을 것 같다. 이름을 붙이는 것이 학자들 세계에서는 매우 강력한 효과가 있다고 생각된다. 하지만 나는 '인간 지능들(Human Intelligences)'이라고 제목을 쓴 것에 대해 후회는 없다(p. 34).

가드너는 시작부터 계량심리학자들과 매우 달랐다. '나는 인간이 해결해야 하는 문제들과 소중히 여기는 결과물로부터 시작했다. 어떤 의미에서 그 틀림없는 원인인 지능에서 다시 시작했다'(2006: 21). 이러한 접근의 강점은 적어도 이들 지능들이 제한적이며 인위적인 계량심리학자들의 구인들과 비교하여 '실제적인 것'으로 보인다는 점이다. 그 취약점은 무엇이 중요한 것이고 누가 그것을 결정할 것인가 하는 점이다. 이는 지능이 사회적으로 배태된다는 것을 의미한다. 가드너는 지능이 단순히 문화적 선호 —예를 들어, 음악에 대한 애정이나 천재에 대한 경외심— 가 아니라는 것을 보여주고자 했다.

지능을 정의하기

가드너에게 지능의 의미는 파악하기 어려운 것이었지만 지난 20년 동안 비판에 대응하면서 꾸준히 발전해 왔다. 그가 1983년에 처음으로 내린 지능의 정의는 '하나 또는 그 이상의 문화적 환경에서 가치 있는 문제를 해결하거나 산물을 창조하는 능력'이었다. 1999년에는 '문화적으로 가치 있는 문제를 해결하거나 산물을 창조하기 위해 문화적 환경에서 활성화될 수 있는 정보를 처리하는 생물심리학적 잠재능력'(p. 34)으로 새롭게 정의했다. 이러한 변화는 민감하고 문제적이었다. 왜냐하면 지능이 모호한 본질(essence), 즉 특정 사회적 맥락에서 인식될 수도 있고 그렇지 않을 수도 있는 어떤 신경학적 실체(entity)가 되어버렸기 때문이다. 존 스튜어트 밀(John Stuart Mil)의 말처럼 '특별히 파악하기 어렵고 모호한 어떤 것'이 되었다. 원래, 표현으로 나타나는 최종의 상태는 지능에 융화되어 있었는데, 이제 지능이 최종적인 표현으로부터 독립적으로 설명되는 것으로 존재함으로써 음악 '기술' 그 자체가 음악적 지능을 나타내게 되었다.

이렇게 정의가 변화하게 된 이유는 교육 프로그램이 지능을 특정 교과와 동일시했기 때문이었다. 교사들은 '조니는 공간지능이 없기 때문에 기하학을 배울 수 없어.'라고 말했다. 이는 가드너를 당황하게 했다. 가드너는 '공간지능이 기하학을 배우는 데 도움이 되는 것은 분명하지만, 기하학을 학습하는 방법이 한 가지만 있는 것은 아니다.'(2006: 32)라고 반박했다. 특별한 활동이 단지 한 가지 지능의 표현일 수 없으며, 우리는 그것을 직접 측정할 수도 없다.

철학자 존 화이트(John White)는 이런 '영역(domain)'—사회적으로
구성된 인간의 노력, 예를 들어 기하학, 랩 음악, 또는 요리— 으로
부터 지능을 분리한 것이 현재 이론을 더욱 이해할 수 없게 만들었
다고 주장했다. 그 이유는 하나의 지능으로 간주될 수 있는 기준은
'최종상태'를 보이는 것인데, 이와 달리 최종상태는 지능과 관계없
는 사회적 활동—영역— 이 되었기 때문이다(2005b: 9).

이 모든 것이 트집을 잡는 것으로 보일 수도 있지만, 일반요인
(g)과 마찬가지로 구성된 지능이 물화되었으며, 문제를 제기할 수
없는 이론 신경학적 수준으로 격상되었다는 점을 지적하는 것이 중
요하다. 그래서 한 지능을 선택하는 것은 무엇이 가치 있는지에 대
한 사회적 판단에서 시작하는데, 이에 대해 가드너는 '과학적 평가
보다는 예술적 판단에 더욱 가깝다.'(1968, p. 63)라고 말한다. 즉,
적절한 사회적 경험에서 지능은 최종상태의 일부로 표현될 수 있는
선천적인 신경학적 잠재능력으로 귀결될 뿐이다.

이러한 어려움을 잠시 미뤄 두고, 어떻게 적절한 다중지능 후보
를 선택할 수 있는가에 대해 생각해보자. 가드너는 기존의 지능연
구자들이 생각했던 것과 다르게 전제조건과 기준을 만들었는데,
'전제조건을 어떻게 선정하고, 그 가운데서 어떻게 기준을 고를 것
인가?'라는 물음에 따랐다. 가장 우선되는 전제조건은 다음과 같다.

1. 인간의 지적 능력은 문제해결 능력을 수반해야 한다. [그것은]
   문화적 맥락에서 중요성을 증명하는 지적 강점에 중점을 둔 자
   신의 노력을 나타낸다.
2. 지능들은 '여러 인간 문화에서 그 가치를 인정받는 다양한 종
   류의 능력들(abilities)을 합리적으로 완전하게 포괄해야' 한다
   (1983: 62).

이러한 전제조건은 '역량(competence)이 제한적인 것인가 아니면 보편적인 것인가?'와 같은 모호함을 내포하고 있다. 때로는 '얼굴을 인식하는 능력'과 같이 제안된 후보 지능이 탈락했는데, 그 이유는 그것이 어떤 문화에서는 그렇게 높이 평가되지 않기 때문이다 ―가드너는 이 주장에 대한 증거를 제공하지 않았다. 반면 다른 것들, 예를 들어 음악지능은 논란의 여지없이 받아들여졌다. 그렇다면 다중지능이라는 '특권 집단(charmed circle)'으로 선택될 수 있는 기준은 무엇인가? 가드너에게는 8개의 기준이 있었으나, 그렇다고 그 기준을 모두 만족시킬 필요는 없었다. 그는 그 기준을 생명과학, 논리적 분석, 발달심리학, 전통적 심리학적 연구라는 구체적인 4가지 학문으로부터 도출했다. 이는 자신의 연구 역사와 연결되어 있었으며, 통계적 기법이 아니라 보다 폭넓은 증거에 근거하여 기준을 선택하는 매우 다른 평가 방식이었다. 그러나 각 기준들은 적용되었던 방식들 때문에 비판을 받았다.[6] 여기서는 가드너가 지능을 어떻게 '정의하고 있는지'를 이해하기 위한 기준과 그에 대한 몇 가지 반대 의견을 요약할 것이다.

여러 생명과학으로부터 도출되는 기준은 다음과 같다.

1. *뇌 손상에 따른 잠재적 고립:* 뇌에는 각 지능과 관련된 특정 영역이 있다. 그리고 이것은 사고하는 '능력(faculty)'의 산물이다. 문제는 뇌에 특정 기능을 담당하는 영역 ―예를 들어, 시각 ― 이 있는 반면에, 특정한 위치와 연결될 수 없는 심리적 조작들 ―예를 들어, 대인관계 기술― 도 많다.

---

6 예를 들어 매튜 등(Matthews et al.)의 비판(2001: 116−123), 호우(Howe, 1997 : 125−133), 화이트(White, 2005) 참조.

2. *진화의 역사와 진화적 타당성:* '초기 인류는 공간적으로 인식할 필요가 있었다.'와 같이 그 중요성을 정당화해야 하는 주장이 있다. 우리가 어떤 것 —쇼핑, 매력, 종교— 에 관해 진화적으로 '잘 정리된' 이야기를 만들 수 있다면, 이 기준은 얼마나 유용한가?

논리적 분석은 다음 사항을 만들어낸다.

3. *식별 가능한 핵심 작동 또는 작동의 집합:* 이들은 지능을 구성하는 능력들 —'하위지능들'— 이다. 예를 들어, 언어지능은 상황 분별, 문법 구사능력, 실용적 언어사용의 민감성, 단어 뜻의 습득과 같은 핵심작동으로 이루어진다. 가드너는 이들이 매우 구분되는 능력들이지만 —아마도 기준 1에 속하는 것으로, 뇌의 다른 부분에 위치할 것이다— 조합되어 사용된다고 생각했다. 이러한 주장의 장점은 지능을 관리가 가능한 숫자로 다룰 수 있다는 것이고, 단점은 지능이 다른 능력들의 묶음을 명명한 것에 지나지 않으며, 훨씬 더 무형의 관계가 없는 것을 재현하는 신경학적 '성향'으로 만들었다는 것이다.

4. *상징체계로 코드화하는 감수성:* 인간이 언어, 그림, 수학과 같이 다양한 상징체계를 사용하는 것은 진화의 산물이다. 가드너는 주요한 사회적 상징체계를 선정하고, 그것을 효율적으로 사용하는 것이 기존 지능에 '들어맞을 것'이라고 추측하였다. 이는 부적절한 추론인데, 왜냐하면 그가 특별히 너무나 많은 상징체계 —예를 들어 그림, 조각, 지도들은 모두 다른 공간적 상징체계— 를 만들어 냈기 때문이다. 왜 상징체계를 개인이 성장하며 사회의 일부로 동화되는 문화적 진화의 표현으로 보지 않는가? 여기에서는 뇌에 각 상징에 맞는 자리가 있기보다는 뇌가

유연성과 가변성을 갖고 있다는 점을 인식할 필요가 있다. 가드너는 또한 상징의 진화적 속성이 어떻게 실제적 상징보다 앞설수 있는가와 같은 닭이 먼저냐 아니면 달걀이 먼저냐 같은 문제를 안고 있다.

가드너는 장 피아제(Jean Piaget) 등의 이론에 크게 영향을 받은 발달심리학자로 출발하였다. 발달에 대한 그의 기준은 이를 반영한다. 그 내용은 다음과 같다.

5. *정의할 수 있는 전문가적 '최종상태'의 성과를 수반한 분명한 발달 역사:* 이 접근은 정신적 성장이 생물학적 성장에 대응한다는 것을 가정한다. 우리 정신도 씨앗이 잘 자라 식물이 되는것처럼 성장한다. 그러나 존 화이트는 정신발달은 사회화로 인한 '변화'로 보는 것이 더 적절하다고 반박했다. 예를 들어 우리의 취향은 '자라는 것'보다 훨씬 미묘하다(2005b: 4). 이미 언급했듯이 최종상태를 강조하는 것이 문제이다. 왜냐하면 그것은 지능과 관계가 없기 때문이다. 사회적 최종단계로서 좋은수학자라는 것은, 비록 전문적인 수학 지식을 이용했다고 하더라도, 수학적 지능을 갖고 있다는 것과 같은 의미는 아니다.

6. *특별한 개인들로부터의 증거:* 특정 분야에서 특별한 재능을 가졌으나 다른 분야에서는 그렇지 못한 사람을 영재 또는 '백치천재'라고 한다. 능력들은 서로 구분된다. 가드너는 골턴과 마찬가지로 천재에 대한 환상이 있었고, 광범위한 '서치라이트형' 프로파일과는 구분되는, 협소하게 한두 개의 최종상태에 집중하는 '레이저형' 프로파일 지능을 필요로 하였다. 모차르트, 아인슈타인 등이 이에 해당되는데 그의 천재에 대한 '집착'은 몇가지 문제를 불러왔다. 그는 최근 새로운 지능분류인 '자연친

화 지능(naturalist intelligence)'을 추가했는데, 다윈(Darwin)과 린네(Linnaeus)처럼 자연을 분류하는데 있어서의 천재성을 설명하기 위한 것이었다. 이는 서스톤이 점 계산(dot-counting)을 기본정신능력으로 생각했던 것만큼이나 인위적이다.

이런 접근은 노력하지 않아도 조기에 나타나는 타고난 재능을 지닌 신동에 관한 일상심리학을 배경으로 한다. 마이클 호우는 타고난 특별한 능력을 필요로 하지 않는 일반적으로 다른 설명이 있다고 주장함으로써 '재능 계좌(talent account)'를 반박했다. 신동은 '그들의 뛰어난 능력이 표출되기 전에 항상 많은 도움과 격려를 받아왔다.'라고 주장했다(p. 132). 그는 뛰어난 예술가나 과학자가 어렸을 때부터 재능을 꽃피우지 않았다는 점을 지적했다. 호우는 다음과 같이 결론지었다.

만약 오늘날 생각하는 것처럼 타고난 재능이 사실이 아닌 것으로 드러난다면, 가드너의 다른 지능들이 순수하게 독립적이라는 견해에 제시되었던 근거들은 쓸모없어질 것이며, 소위 분명한 지능이라는 것이 실제로는 후천적으로 습득된 능력이라는 가능성을 제시한다(p. 132).

가드너의 마지막 두 기준은 전통적인 심리학 연구로부터 도출된 것이다.

7. *실험심리학 연구로부터의 뒷받침:* 행위들이 동시에 수행되었을 때 어떻게 서로를 간섭하지 않는지를 보여주는 실험에서 얻는다. 예를 들어 걷기와 말하기는 뇌의 다른 부분에서 독립적으

로 작동하므로 이들이 독립적 지능들로 구성되었음을 알려준
다. 하지만 이는 모호하며 양면적이다. 음악이 인간 내면을 전
혀 반영하지 않거나, 혹은 신체운동에 전혀 속박을 받지 않을
수 있을까?

8. *심리측정 발견들로부터의 뒷받침:* 이는 보다 위험한데, 예를 들
    어 가드너는 공간과 언어지능 사이의 취약한 상호관계를 사용
    하여 이런 지능들이 분리되어 있음을 입증하였다. 그러나 일부
    계량심리학자들은 이를 다르게 받아들였다.[7] 예를 들어 신체운
    동과 시각/공간적 능력과는 높은 상관관계가 있으므로 코치들
    은 체육선수들에게 마음속으로 상상하게 한다. 또한 그들은
    논리와 수학적 능력들이 서로 독립적인 것으로 보았으나 여전
    히 가드너는 이 둘을 결합했다는 점을 지적한다. 그렇다면 새
    롭게 발견된 자연친화 지능이 논리적 그리고 수학적 지능과는
    어떤 관계가 있다고 알려진 것인가?

나는 이러한 기준들을 지속적으로 검토해 왔는데 그 이유는 이
것들이 지능이 존재하도록 하는 수단이기 때문이다. 가드너는 테스
트를 통과한 것들을 '수행적 발화 행위(a performative speech act)'
(1999: 52)를 통해 지능이라고 공표하였다. 그는 서스톤과 유사했는
데, 즉 지능이라는 실체는 분명히 존재하는 것이며 문제는 그것을
발견하는 방법이라고 확신했다. 그러므로 더 많은 지능들이 존재할
지도 모르는 것이다. 이러한 입장은 지능이라고 선택된 것들이 주
관적이라는 문제를 제기하였다. 특히 일부 지능은 기준을 충족시키
지 못하는 것으로 여겨졌고, 일부 기준은 특권적 집단의 지능을 위
해 유보되었다. 예를 들어 '*후각 지능*'은 왜 없는가? 모든 기준을

---

7 매튜 등(Mattews et al., 2002: 121f) 참조.

만족시킬 수 있는 쉬운 경우이기 때문인가? 그러나 구체적으로 뇌의 어디에 '*대인관계 지능*'이 저장되었는가? — 왜 언어적 또는 수학적 기술은 발달하지 않고 오직 사회적 기술만 뛰어난 백치 천재는 없는가? 이와 유사하게, 어떻게 '*자기이해*' 지능은 언어, 신체-운동 기술과 독립적인가? 이러한 질문들은 지능이란 독특하며 신경학적으로 구분된다는 주장의 정당성에 의문을 제기한다.

　　지능 '내'의 '핵심' 활동들의 관계도 똑같은 문제를 안고 있다. 내가 언어 지능의 정점에 있는 시인이라면 —언어지능의 다른 구성요소인— 다른 언어를 배우고 구사하는 것이 능숙할 것이라는 의미인가? 또한 내가 만약 훌륭한 댄서라면 —우리 아이들은 내가 그렇지 않다는 것을 확신한다— 신체-운동 지능을 갖추고 있기에 몸으로 하는 테니스도 잘한다고 말할 수 있는가? 만약 아니라면, 테니스에 관련된 하위 지능과 춤추는 것의 하위 지능이 별도로 존재한다는 말인가? 이 무엇도 옳지 않다면, 이런 불확실한 지능은 실제로 무엇을 의미하는가? 가드너는 이를 '성향'이라고 대답할 것이다. 이는 사회적, 문화적 맥락에 따라 다른 방법으로 표현될 수도, 혹은 아닐 수도 있다. 하지만 데이비드 올슨(David Olson)은 가드너가 이러한 '능력 특성을 개인의 흥미, 노력, 자질을 설명하는 지속적인 속성'으로 보았으며, '스피어만, 터먼(Terman) 그리고 손다이크(Thorndike)의 전통과 맞닿아 있다.'라고 지적했다(2006: 40).

　　하지만 교육과정, 교수방법 그리고 평가에 대한 교육적으로 보다 풍성한 접근을 정당화하기 위해 내적으로 이렇게 모순이 많은 정교한 틀이 필요한 이유는 무엇인가? 여기서 대안적 방향으로 나아가기 위해서는 비네로 돌아갈 필요가 있다. 만약 지능을 '배우고 수업을 이해할 수 있는 능력'으로 이해한다면(Binet, 1909: 104), 우리는 지능을 향상시킬 방법을 기대할 것이다. 그리고 이것이 가드너의 방법이 주로 했던 일이다. 예를 들어, 상상적 교육과정의 강조, 교수양식의 다양화, 학습자의 장단점에 대한 관심이 그것들이다. 다른 점은 가드너가 이것을 추론에 근거한 신경학적 기질로 물화했다는 점이다.

대안은 사회적, 문화적 맥락을 중심에 놓고, 그러한 맥락에 유연하게 적응하며 반응하는 것으로 뇌를 이해하는 것이다. 그 결과 대인관계지능은 많은 기술들이 복잡하게 통합된 것을 말한다. 아동들을 특정 영역에서 타고난 강점과 약점을 가지고 있다고 생각하고 그것들에 관심을 기울이기보다는 실제적, 창조적, 육체적 영역에서 ―좀 더 추상적인 것들과 함께― 그들의 성취에 더 큰 가치를 부여하는 것이 사회적 과제가 되어야 한다. 학습은 생물학적 능력을 '드러내는(unfolding)' 것이기보다는 본질적으로 사회적 과정이다. 그러므로 학습자를 문제화하여 그 자체에 대한 접근을 어렵게 만드는 지능보다는 이러한 일련의 사회적 과정에 초점을 두어야 한다. 데이비드 올슨은 이에 관해 다음과 같이 이야기하였다.

> 교사들은 학습을 용이하게 하거나 혹은 어렵게 만드는 학습조건보다는 추정하는 능력과 학습양식으로 학생들의 성공과 실패를 악의적으로 설명하려고 한다(2006, p. 42).

나는 교육적 아이디어와 실천들에 있어 가드너의 기여를 존중하지만, 그것들의 일부는 매우 의문스러운 이론화에 근거하였다. 동일한 교육적 실천이 우리가 평가하고 물화하는 추정적 지능에 의존하지 않아도 훨씬 간단하게 정당화될 수 있다(7장 참조). 지능에 대한 가드너의 대안적 비전은 일반지능(g)의 제약으로부터 많은 것

들을 해방시켰다. 그러나 문제는 유전적 결정주의에서 실제로 벗어
나지 못했다는 것이다. 오히려 유전적 결정론을 더욱 노골적으로
전파하고 다양하게 만들었을 뿐이다. 존 화이트는 다음과 같이 말
했다.

> 다중지능(MI) 영역에서 우리의 타고난 능력이 모두 다르다는 생각
> 은 지능 이론이 그랬던 것처럼 아동들의 자기 지각으로 제한될 수
> 있다. 어떤 점에서 이것은 단지 예전의 결정주의의 파생 버전일 뿐
> 이다(2005b: 10).

가드너는 일반지능(g)에서 벗어나기 위해 지능으로 이해되었던
것의 근간을 넓히고자 했던 유일한 사람은 아니었다. 로버트 스턴
버그(Robert Sternberg)와 스티븐 세시(Stephen Ceci)[8]같은 심리학자
들 또한 사회적 맥락이 아주 중요한 역할을 하는 지능이론을 개발

---

8 세시(Ceci)의 생물−생태학적(bio−ecological) 지능의 접근은 맥락을 강조하는
이 책(8장 참조)의 주장과 잘 들어맞는다. 그는 개인 정신의 발달은 생애에 걸친
경험에 의해 형성된다고 주장한다. 그래서 지식과 정신기술은 상호의존적이며,
이때 지식은 주된 역할을 한다. 그렇기에 개인과 집단 간 차이로 나타나는 것은
대체적으로 자라나는 아이들에게 주입하는 사회에 따라 다른 문화적 지식의 산
물이다. 그는 또한 지능의 유연성을 강조했고, 지적인 행동이 맥락에 따라 어떻
게 바뀌는지를 보여주는 다양한 연구를 수행했다. 지능검사는 특별한 맥락과 '분
리된(disembodied)' 것이고, 형식교육을 더 많이 받은 사람에게 유리할 것이다
— 세시의 '지능론: 지적 발달에 대한 생물−생태학 논문'(On Intelligence−more
or less; A Bio−ecological Treatise on Intellectual Development, 1996) 참조.
  스턴버그(Sternberg)의 3원적(triarchic) 접근은 3가지 지적인 행동 사이의 복
잡한 상호작용을 인지했다: 개인의 정신세계와 개인의 경험; 개인의 외부 세계;
사람이 각자의 일상 환경을 이용하는 방법. 다중지능과 관련하여 지적으로 되는
것에는 3가지 다른 방법이 있다. 예를 들어 1. 입법적(legislative) 양식: 창조와
계획, 2. 행정적(executive) 양식: 활동의 실행, 3. 사법적(judicial) 양식: 감독과
평가. 많은 저작물 중에서도 스턴버그의 『IQ를 넘어서: 지능 삼원 이론(Beyond
IQ: a triarchic theory of intelligence)』(1985) 참조.

했다. 다음에서는 단일한 일반지능에 대한 저항의 또 다른 예로 한 층 대중적 인기를 얻었던 감성지능으로 방향을 돌릴 것이다.

감성지능(EI)

　다니엘 골만의 1995년 베스트셀러인 『EQ 감성지능: 왜 그것이 IQ보다 더 중요한가』는 감성지능을 대중적 그리고 정치적 의제로 만들었다. 그 책은 IQ 중심 세계에서 '감성적' 기술에 부여된 인식의 부족에 대한 저널리스트적 비판이었다. 기본 주장은 실제 세계에서는 감성지능이 IQ 점수보다 훨씬 중요하다는 것이다. 감성적으로 부족한 천재들이 평균적 지능을 가지고 있지만 감성적으로 능숙한 상사 아래서 일하고 있음을 발견할 것이다. 여기에서 중요한 것은 IQ가 아니라 감성기술이며, 그것은 배울 수 있다는 위로의 메시지였다. 일부 패턴들은 출생부터 시작한다. 예를 들어 어떤 아이들은 자신감을 갖고 시작하고, 다른 아이들은 자신감 없이 내성적으로 시작한다. 이 책은 '지적(intelligent)' 행동에 있어 대인관계 기술의 중요성을 확고하게 하는 훌륭한 역할을 했다. 흥미롭게도 골만은 결코 형식적으로 감성지능을 정의한 적이 없으며, 평가할 어떤 계획도 없었다. 2002년에 시장에는 적어도 14개의 검사가 있었고 그 중 하나가 골만의 것이었으며, 이후 거기에서 파생된 책들이 발간되었다.[9] 골만은 1998년까지 감성지능이 지능지수보다 2배 중요

---

9 골만의 저서는 다음과 같다; 『감성지능으로 일하기(*Working with Emotional Intelligence*)』(1998); 『새로운 리더들: 리더십의 예술을 결과의 과학으로 변형하기(*The New Leaders: Transforming the Art of Leadership into the Science of Results*)』(2002); 『기본리더십: 감성지능의 힘을 실현하기(*Primary*

하다고 저술했지만 이에 대한 과학적 근거는 전혀 없었다.

감성지능은 IQ에 의한 낙인(labelling)의 부정성으로부터 벗어나
도록 했다. 그러나 실제로 IQ 검사의 가정에 도전하지 않았으며,
단지 IQ가 그렇게 중요하지 않다는 점만을 주장했다. 지능지수는
고정된 반면에 감성지능은 그렇지 않다는 점에 집중할 필요가 있
다. 감성기술이 중요한 것은 분명하지만, 감성지능은 문제가 제기
될만한 이론에 근거하며, 너무 쉽게 어려운 학습을 포기할 빌미가
될 수도 있다. 감성지능의 평가는 특정 감성지능의 장점과 단점을
규정하며, 이를 통해 우리가 자신을 한 인간과 학습자로 보는 방법
을 형성한다. 이것은 감성적 차원에서 '인간 만들기(making up
people)'로, 어떤 점에서는 학습의 토대를 약화시킨다.

골만은 감성지능 개념을 예일대의 피터 샐로베이(Peter Salovey)
로부터 가져왔다는 것을 늘 말하곤 했다. 그가 한 일은 언론에 나
온 일화와 '뇌가 작동하는 방식'을 결합하여 감성적인 것이 지적 행
동의 결정적 요소라는 점을 놓치고 있었다고 자신을 포함하여 독자
들이 확신하도록 묶은 것이었다. 제럴드 매튜(Gerald Matthews), 모
쉐 자이드너(Moshe Zeidner)와 리차드 로버트(Richard Roberts)가 감
성지능을 비판하고자 하는 사람들을 위해 700페이지에 달하는 글
을 제공했던 것처럼, 감성지능을 종합적으로 비판하고자 하는 것은
아니다.[10] 여기서는 평가와 관련된 쟁점을 제기하고, 그 결과를 평
가하며, 학습을 위한 함의를 발견하는 것이 목표다.

Leadership: Realizing the Power of Emotional Intelligence)(2002); 『사회
적 지능: 새로운 인간관계 과학*(Social Intelligence: the New Science of
Human Relationships)*』.

10 나는 골만(Goleman)의 감성지능(Emotional Intelligence)(1995)을 직접적으
로 활용하는 것과 함께 매튜 등(Matthews et al., 2002)의 광범위한 감성지능
운동의 발달에 대한 비판을 상당히 참조했다.

'감성지능' 책을 다시 읽어보면 감성지능에 대한 정의나 자세한 내용 모두 부족하다. 감성지능은 하나의 슬로건이었으며, 사람들은 그 슬로건 아래로 몰려들었다. 적용 수준에서, 임상적, 교육적, 직업적 상황을 가로질러 행해진 다양한 프로젝트와 접근에 감성지능이라는 낙인이 붙었다. 그러나 이들 중 소수만이 체계적으로 평가받았으며, 매튜와 동료들은 '이들 프로그램의 감성적 내용이 예상과 달리 허술한 것에 놀라고 당황했다.'(p. 465). 그들은 이런 상황을 많은 프로그램들—예컨대 비행예방 프로그램— 이 감성지능의 개입을 특별하게 고려하지 않고 설계되었다고 생각했다. 그러나 그것들은 감성지능에 대한 오늘날 대중들의 인식 때문에 그 깃발 아래에 모였다.

> 현재 감성지능은 대부분 감성적, 인지적, 행동적 기술의 이질적 집합에 초점을 맞춘 잠재적으로 —비록 늘 실제적이지는 않지만— 유용한 개입에 도움을 주는 치어리더와 같은 기능을 한다(p. 544).[11]

검사자들은 그 원인에 집중했는데, 이는 지능검사처럼 동일한 과학적 권위를 지닌 도구와 검사를 만들어내는 것을 의미했다. '지능이란 지능검사가 측정하는 바로 그것이다.'와 같이, 실제로 감성지능이 무엇인지 그리고 어떤 것들을 측정해야 하는가에 대한 합의는 찾아보기 힘들다. 골만은 책에서 감성지능을 '자기통제, 질투, 참을성, 자기 동기부여 능력을 포함한 능력들'(1995, p. vii), '감성적 충동을 다스리며 사는 기본 안목, 타인의 내적 감성을 식별하는 능

---

11 이는 에클레스톤과 헤이즈(Ecclestone & Hayes)의 비판의 요지이다. 그들은 오늘날 많은 사회적 관심이 감성 —감성지능; 감성적 문해, 자존감— 으로 모아지고 있으며 이것이 거대한 사업이 되고 있는 것을 비판했다.

력, 인간관계를 부드럽게 하는 방법'(p. viii), '누군가가 성격이라 부르는 것'(p. 36) 등으로 넌지시 정의했다. 따라서 구인타당도와 관련하여 감성지능은 평가할 구인을 결정하는 데 있어 심각한 문제를 안고 있다.

평가 문제들을 만들어 내는 개념적 혼란들

감성지능에 대한 합의된 정의가 없다는 것은 '우리가 평가하는 것이 무엇인가?'와 같이 평가에서 중요한 타당도 문제를 초래한다. 뿐만 아니라 개발된 다양한 검사에도 영향을 미쳤다. 위험한 것은 감성지능을 *'IQ 이외의 감성과 연관된 모든 긍정적 자질'과 같이 배타적으로 정의한다는 점이다.* 골만을 포함해서 일부 학자들은 감성지능의 기반을 본질적으로 생물학에 두고 있다. 예를 들어, 그들은 뇌의 신피질(neocortex)과 대뇌변연계(limbic system)의 상호작용처럼 우리가 가진 '오래된' 감성을 '최근의' 뇌의 문제로 다룬다. 다른 이들은 감성지능을 보다 구체적이고 상황적인 감성처리 기술의 집합으로 정의한다.[12] 감성지능과 관련된 많은 글들로부터 감성지능이 무엇인지를 구체적으로 알아내기란 쉽지 않다.

1. 감성적 만남을 다루는 인간의 일반 능력
2. 측정할 수 있으며 순위를 매길 수 있는 것으로 개인차를 드러
   내는 것
3. 사람이 감성을 관리하는 방법에 관한 상황─특수적 설명
4. 위의 내용 모두

---

12 예를 들어, 마이어 외(Mayer et al., 2000).

문제는 사람들이 4번을 선택한다는 것이고, 이들 요소들이 단일
척도로 뒤섞이게 된다. IQ의 일반요인(g)과 마찬가지로, 서로 다른
기술들을 단일한 기술을 판단하는 것으로 축소시키고, 우리를 한
요인에 따라 순위를 매기고 낙인찍히는 존재로 만들었다. 매튜와
그의 동료들은 *벨 커브*의 비관적 전망을 다음과 같이 직접적으로
언급했다.

가장 놀라운 점은, 복잡하고 다양한 요소들이 하나의 기준으로 통
합되어 머지않아 감성적 엘리트의 장점과 감성적 최하층 계급이
우리 사회에 미칠 퇴보에 관한 책을 읽을 수 있다는 것이다[13]
(2002: 522).

그들은 계속해서 현재의 검사가 측정하는 6가지 가능한 구성요
인(기본 감성역량, 추상적 감성지식, 맥락화된 감성 지식, 개인 특성, 스트
레스를 받는 만남의 결과, 개인-환경 상호작용)을 구체화하였다. 이들
중 몇 가지는 단일 측정도구나 검사로 묶일 수 있으나, 안정적으로
함께 하지는 않는다. 가장 최선의 경우, *자기-보고식 성격검사
(self-report personality test)*, 그리고 *수행기반 인지능력 검사
(performance-based tests of cognitive ability)*로 묶일 수 있다. 이
것들은 상관이 별로 없으며, 전혀 다른 것들을 측정한다.[14]

---

13 에클레스톤(Ecclestone)은 이것이 이미 감성적 문해(EL) 압력 집단인 안티도트
   (Antidote)의 일부 주장에 함축되어 있다는 점을 지적했다. 이들은 감성지능을
   건강한 시민에게는 '필수적인' 것으로 보았고, 영국 교육기술부는 아이들의 감
   성적 건강을 그들의 가정에 맡겨둘 수 없다고 반응했었다. 에클레스트론과 헤
   이즈(Ecclestone & Hayes)(출판중) 참조.
14 각각의 그룹으로부터의 가장 발전되고 신뢰할만한 두 가지 테스트인 '바온 감
   성지수 측정도구(Bar-On Emotional Quotient Inventory, EQ-i)'—예를
   들어, 자기주장이나 낙관주의 등 15개 하위 척도에 대한 자기보고식 평가—

처음에는 그다지 관심이 없었음에도, 2001년에 골만은 '*감성역량 측정도구(Emotional Competence Inventory, ECI)*'의 두 번째 판을 저술하였는데, 이 검사는 4개의 영역(개인적 역량, 사회적 역량, 자기 관리, 그리고 인간관계 관리)으로 조직된 20개 역량을 포함하고 있다. 이 도구는 영국에서 교육리더십 훈련을 상당 부분 책임지고 있는 회사인, 헤이/맥버(Hay/McBer) 그룹을 통해 판매되었다. 감성지능은 영국의 교장 연수 프로그램에서 중요하게 여겨졌다.

매튜, 자이드너 그리고 로버트의 판단은 다음과 같았다.

> 근본적인 문제는 감성지능이 도움이 되기에는 너무나 일반화된 구성물이라는 것이다. 성공적인 개입은 상대적으로 개인에 대한 제대로 된 이해를 필요로 한다. … 교육심리학과 직업심리학에서도 일부 맥락으로부터 독립적이고 일반적인 감성지능을 훈련시킬 수 있다는 증거가 없다(2002: 540).
> 감성지능 —어차피 어쩔 수 없다면— 은 개인의 역량과 기술 사이의 일치 정도와 개인이 마주한 환경에의 적응 요구를 반영하는 교류적 구성물(transactional construct)일 것이다(p. 531).

이는 유용한 정의이다. 그러나 불행하게도 이는 현재 실시되고 있는 자가-보고식 성격검사와는 전혀 맞지 않다. 자기보고식 성격 검사는 환경적인 것에 대해 제한된 관심만을 보이며, '부가 가치'의 정보를 전혀 제공하지 않는 것으로서, 현재 실시되고 있는 성격 검사와 강한 상관 관계를 보인다. 대안적 성취도 검사는 감성지능을

와 다요인정서지능척도(Multi-Factor Emotional Intelligence Scale, MEIS) —이야기로 감성 지각을 평가하는 검사, 시나리오에 대한 반응— 의 상관관계는 단지 0.36이다 —절망스럽게도 동일한 구인의 검사도 낮은 수준이다— 매튜 등(Matthews et al., 2002)의 13장 참조.

정신능력의 하나로 취급하는 경향이 있다. 그것들은 중복된 검사를 피하기는 하지만, 우리가 검사하는 것이 일반화된 능력인지 아니면 상황－특수적 요구에 대한 반응인지의 문제는 계속 남는다. 이러한 평가 형태는 몇 가지 심각한 신뢰도 문제를 안고 있다. 예를 들어, 음악을 통해 화나 행복 정도의 등급을 나타내는 것처럼 문화적으로 특수한 감성적 상황에 대한 반응을 어떻게 점수화 할 것인가.[15]

상황에 대한 저평가

　만일 어떤 검사가 너무 특수한 상황에만 적용되는 것이라면, 검사 결과는 일반화 될 수 없다는 문제를 갖게 된다. 그러나 검사는 타당도 문제를 손상시키면서도 일반화하고자 하며, 이것을 검사의 '성향'이라고 가정한다. 이럴 경우 상황적이고 사회적인 맥락이 사라져 버린다. 그러나 감성적 반응은 매우 상황적이며, 감성지능이 상황적 성격을 반영하지 않을 경우, 특정한 사회적 가치를 조장할 위험이 있다. 예를 들어, 에든버러와 바그다드의 중간계급 시민이 똑같은 방법으로 낙관주의를 표현하는가? 때로 감성적으로 '둔감한' 정치가나 장군이 각자의 특수한 맥락에서 임무를 더 잘 수행하는가?

　감성지능에 관한 많은 저작들은 사회적 및 문화적 차이들을 회피하는 경향이 있다. 이는 감성지능을 사회적 반응보다는 개인의 성향으로 다루기 때문이다. 만약 감성지능이 감성적 환경에 적응하

---

15 다요인 정서지능 척도(Multi－Factor Emotional Intelligence Scale, MEIS)는 분노, 슬픔, 행복의 정도를 확인하기 위해 얼굴, 음악, 그래픽디자인, 이야기에 대한 순위매기기를 통해 감성을 동일시하는 것이다. 문제는 실제로 나온 점수를 판단할 합의된 기준이 무엇인가 하는 점이다.

는 것이라면, 이들에 대한 세세한 내용이 중요하다. 사회적 인식의 결여는 감성에 대한 무지보다 익숙지 않은 사회적 환경과 더 관계가 있다. 우리는 모두 외국의 술집이나 익숙하지 않은 행사에서 어떻게 행동해야 하는지 모른다고 느꼈던 경험이 있다. 감성지능은 기본 역량이기보다는, 우리가 좋아하고 신뢰하는 사람에게 어떻게 행동할지를 아는 맥락에서 확립된 생활방식에 불과하다.

이는 우리로 하여금 목적(1장), 평가하는 '것'이 명확하지 않은 타당도 문제(구성물), 그리고 평가수단의 목적적합성 주제로 돌아가도록 한다. 매튜, 자이드너 그리고 로버트의 결론은 다음과 같다.

> 이러한 측정은 순수한 실력, 문화적 지식, 맥락적 지식, 성격 그리고 개인-환경 적응 등의 혼합물이기 때문에, 검사점수가 실제로 사용되기에는 매우 다양하게 해석될 가능성이 있다. 낮은 검사 점수를 역량의 근본적 결여라고 자신 있게 해석할 수 없고, 검사 점수의 향상도 역량의 획득이라 가정할 수 없다(2002: 540).

그러므로 우리는 감성지능에 대한 옹호를 단일 일반지능의 지배에 대한 실질적인 저항으로 보거나 다양한 사회적 기술의 중요성에 대한 효과적인 주장으로 보는 생각을 이제 단념해야 한다. 감성지능이 실제로 나타내는 것은 애매하며, 감성지능의 평가가 생산하는 점수, 프로파일, 라벨 등은 그릇된 확실성의 혼합물이다. 이는 감성지능의 효과성을 약화시킨다. 다른 평가처럼 감성지능도 '등급을 성향으로 물화하고, 상황적인 것의 중요성을 가치절하 하는' 위험이 있다. 감성지능이 편협한 학문적 지능을 제외한 모든 것을 포괄하기 때문에 무엇을 배워야 하며 배울 수 있는가에 대한 기대치를 낮출 수 있다. 나는 학습의 상쇄(trade-off)가 있다고 본다. 감성지능이 학습을 더 잘 할 수 있는 더 좋은 학교와 학급 환경을 이끄는 것이 가능하다. 그러나 문제는 무엇을 알고 있는가는 중요하지 않고, 감성적으로 똑똑해지는 것이 더 중요하다는 메시지를 전할 위험이 있다.

사람을 만들기

앞선 두 장에서는 사람과 학습자의 정체성을 창조하는 평가의 힘을 살펴보았다. 지능검사는 아동들의 정체성과 미래를 형성하는 방법의 하나로 아동을 분류하여 명명하고 선별하는 고전적 사례였다. 패트리샤 브로드풋은 잊을 수 없는 비판을 했다.

> 사회적 통제 메커니즘으로서 지능검사는 불운한 대중들이 실패를 그들 자신의 타고난 무능의 결과로 믿게 하는 데 매우 탁월한 역할을 하였다(1979: 44).

지능검사는 '중립적' 평가 방법이 아닌 계량심리학자 집단의 문화적 신념의 산물이었다. 통계적 방법은 그들의 신념을 이끌어 낸 결과라기보다는, 그런 신념을 지지하기 위해 개발되었다. 이는 평가의 사회적 기초가 되었다. 지능검사의 선구자인 알프레드 비네는 지능을 교육을 통해 변화가능하고 가르치기 쉬운 것이라고 이해했다.

우리는 지능이란 단일하고 타고난 것이며, 고정된 것이라는 주장에 반대했던 일부 내용을 살펴보았다. 루이스 서스톤은 다중지능을 통계적 설명을 통해 입증했고, 하워드 가드너는 심리학적으로

문화적으로 확인했다. 이들 모두에는 교육적으로 도움이 될 만한
강력한 메시지들이 있었다. 그들은 지능이 비가시적인 신경학적 성
향의 형태로 물화되는 것을 막지 못하였다는 점에서 비슷하였다.

　다니엘 골만의 메시지는 IQ를 무시하고 감성에 집중하라는 것
이었다. 그런데 문제는 감성지능이 무엇인지 명확하지 않았으며,
다양한 평가도구를 이용하여 추정된 것들이 잘못 해석되는 결과를
초래했다는 점이다. 무엇보다 상황적 요인이 충분히 반영되지 못하
였기에 전혀 믿을 수 없는 낙인 문제를 초래했다. 이 문제는 4장에
서 *학습유형*과 연관시켜 살펴볼 생각이다.

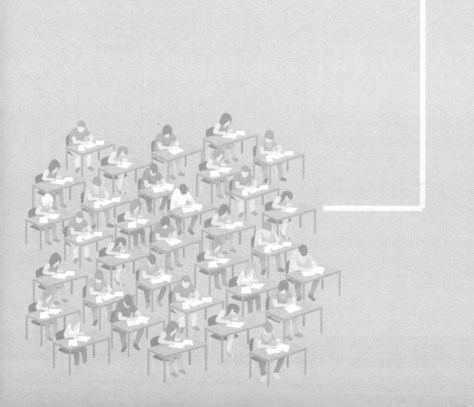

Testing Times

학습유형의 유혹

제4장

학습유형의 유혹

약속할게요. 학습이 불가능하다고 생각했던 아이들이 6주 안에 잘, 그리고 쉽게 배우게 될 거예요. 관련 연구를 보면 알 수 있듯이 매 시간 적합한 학습유형들을 사용할 때 아이들은 더욱 잘 배우고 성취도도 올라가고, 무엇보다 학교를 더욱 좋아하게 될 거예요.

리타 던(Rita Dunn, 1990)

학습유형을 평가하는 방법은 간단하고 직관적이다. 학생들에게 가장 적합한 학습방법을 알 수 있다면, 교수법을 학습유형에 일치시킴으로써 성취도를 향상시키는 데 이러한 지식을 사용할 수 있다. 그렇다면 이번 장에서 학습유형을 검토하는 이유는 무엇인가? 그 이유는 앞서 '학습자 만들기'라고 불렀던 것처럼 학습유형 또한 평가와 낙인을 통해 학습자를 창조할 위험이 있기 때문이다. 다시 말해 학습유형과 관련된 접근법들은 학습자를 생물학적으로 '고정된' 것으로 간주한다. 물론 이러한 주장에 반대하는 입장도 있다. 지금까지 많은 교사와 교육자들은 학습유형을 어떤 중요한 것이 작동하고 있으며, 그것이 다중지능이나 감성지능처럼 매우 유용한 것이라고 생각했다. 하지만 이러한 주장은 정당화될 수 있을까? 그리고 학습자를 낙인찍는 평가를 얼마나 신뢰할 수 있을까?

교육과 직업훈련 분야에서 다양한 학습유형들은 이미 거대한 사업이 되었다. 그 결과 개방적 연구문화를 촉진하지 않고 타당한 이론의 개발도 자극하지 않는 상업적 분위기가 형성되었다. 앞에서 인용한 리타 던의 말과 같이, 학습유형과 관련된 일부 주장은 확실히 마케팅의 특성을 가지고 있다. 2004년에 프랭크 코필드(Frank Coffield) 등은 학습유형을 이론적이고 실제적으로 다룬 선행 연구들을 분석하였다. 그들은 학습유형 관련 연구에서 활용 가능한 검사도구가 모두 71개라는 것을 밝혔다. 물론 71개 중 대부분은 기존의 도구에서 파생된 것들이었다.[1] 이번 장에서는 그 중에서 상대적으로 널리 활용되고 있는 학습유형의 대표적인 세 가지 접근법을 간략하게 검토하고자 한다. 이들 접근법은 학습유형이 어느 정도까지 고정된 것이며 생물학적으로 결정된 것으로 볼 것인지에 따라 구분된다. 더하여 학습맥락과 내용을 얼마나 강조하는가에 따라서도 차이가 있다. 이런 점에서 이번 장의 논의도 앞선 장들의 주제를 반복하고 있다.

---

1 이번 장은 코필드(Coffield)와 동료들의 뛰어난 체계적 고찰과 비평(『16세 이후 학습의 학습유형과 교수법』(2004))에 근거하고 있다. 그리고 나는 이번 장의 초고에 논평을 해 준 캐서린 에클레스톤(Kathryn Ecclestone)에게 감사를 표한다.

학습유형이란 무엇인가?

'학습유형은 무엇인가?'라는 질문은 학습유형이라는 엉성하고 비현실적인 개념을 무너뜨릴 수 있는 단순한 질문들 중 하나다. 즉, 감성지능의 경우와 마찬가지로 학습유형의 개념과 종류에 대한 어떠한 합의된 정의도 없다는 것을 바로 보여주는 것이다. 하나의 학습유형에 대한 대부분의 중요한 연구들은 또 다른 학습유형에 대한 접근 방법과 특별한 관련을 맺지 않고 '내부에서만' 연구가 진행되었다. 따라서 각 접근 방법들 사이에 어떤 공통점이 있는지를 정확히 지적하는 것은 쉽지 않다. 심지어 '학습'이나 '유형'이라는 개념도 논쟁적이다. 왜냐하면 어떤 것은 학습보다는 성격 구조와 관련되어 있고, 유형이라는 개념 역시 성향, 특성 그리고 선호를 포괄하고 있기 때문이다. 뿐만 아니라 여러 유형들은 맥락과 유연성에 관련된 매우 다양한 이해들을 각각 반영하기 때문이다.

1983년에, 린 커리(Lynn Curry)는 학습유형에 대한 여러 가지 접근 방법들을 '양파' 모델로 체계화했다. 양파 모델의 중심에는, 상대적으로 안정적이고 인지적인 '성격' 유형이 있다. 그 다음은 '정보처리과정' 유형으로 맥락과 관련된 요소를 더 많이 가지고 있다. 가장 바깥 층위는 '수업과 환경' 유형으로 교육적 선호를 중시하고 외부로부터의 직접적 영향을 더 많이 받는다. 그러나 코필드와 동료들은 인지적 유형의 안정성에 대한 장기적인(longitudinal) 증거가 전혀 없다고 주장한다. 나아가 인지적 유형이라는 주장도 이론적으로 만들어진 것이며, 양파 모델의 중심에는 아무 것도 없다고 주장한다. 그들은 도구를 다섯 개의 집단으로 구분했는데, 각 집단은 학습유형이 선천적인 것에 근거하기 때문에 상대적으로 결정적인 것인지 혹은 보다 유동적이며 변화가 가능한 것인지에 따라 구분되었다.

현재 학습유형을 대표하는 가장 인기 있는 도구는 세 가지가 있다. 첫째는 *던(Dunn)의 학습유형검사(LSI)*로 학습유형을 선천적인 것에 기반을 두고 있는 것으로 이해한다. 둘째는 *콜브(Kolb)의 학습유형검사(LSI)*로 학습유형을 '유연하지만 안정적인 학습 선호'로 정의한다. 마지막은 *엔트위슬(Entwistle)의 학습과 공부방법검사(ASSIST)*로 학습유형에서 '학습 접근, 전략, 지향, 그리고 학습개념'으로 관심을 바꾸었다. 이들 각각의 학습유형은 그것 자체에 대한 물화 위험성, 평가의 타당성, 학습에 대한 유용성 측면 등에서 다양한 문제점들을 가지고 있다.

던과 던의 학습유형:
시각적, 청각적, 촉각적 그리고 운동감각적 학습유형들

오늘날 많은 교사들은 학습을 시각적(visual), 청각적(auditory), 촉각적(tactile), 그리고 운동감각적(kinesthetic) 양식[2] —'V‒A‒T‒K'로 부른다—으로, 그리고 학습자를 아침형, 점심형, 저녁형으로 분류하는 것에 익숙하다. 이러한 것들은 모두 리타와 케네스 던(Kenneth Dunn)의 영향력 있는 연구—이 연구는 뉴욕시 교육부가 성취도가

---

2 [역주] 양식(modality)이란 학습자가 정보를 발견, 확인, 회상하는 데 있어서 선호하는 감각 양식(sensory mode)을 말한다. 예를 들어, 시각적(visual) 학습자는 시각을 이용해서 배우는 것을 선호하는 반면에, 다른 학습자는 청각이나 운동감각을 이용하는 것을 선호한다. 이처럼 학습자들이 감각적으로 선호하는 학습방식을 양식이라 한다.

낮은 학생에 관심을 가진 1960년대에 시작되었다 — 로부터 영향을
받은 개념이다. 그들은 학생 개개인의 학습을 저해하거나 촉진하는
다양한 요인들에 관심이 있었다.

학습유형검사(LSI)와 그것으로부터 파생된 검사들은[3] 교육에 상
당한 영향을 미쳤다. 영국 교육부는 정책적으로 학습유형에 관심을
기울이고 있었으며, 미국 정부도 학습유형을 적용한 학교들을 지원
하였다. 또한 정부뿐만 아니라 실천가들의 국제적 네트워크와 지원
체제도 생겨났다.[4] 이런 활동이 상업적 성격을 띠고 있다는 식으로
다소 과장된 비판이 제기되기도 했지만, 실제로 확실히 무엇인가
많은 일을 했다.[5] 그렇다면 이들은 무엇 때문에 활동했으며, 계속
해서 그들로 하여금 무엇인가를 하도록 하는 이유는 무엇인가?

학습유형검사(The learning Style Inventory, LSI)

던 부부는 *학습유형*을 네 가지의 주요 요인에 따라 분류했다.
그들은 자기보고식 검사를 통해 각각의 영역별로 학습자들의 강점
보다는 학습자들의 선호를 확인하고자 했다. 학습유형검사는 11~18
세 학생들을 대상으로는 5점 척도 —매우 긍정에서 매우 부정까지
— 로, 9~10세 학생들을 대상으로는 3점 척도로 응답하는 104개의

---

3 이것들은 1996년 던(Dunn)과 프라이스(Price)의 생산적 환경 선호도 조사
  (PEPS), 던(Dunn)과 런들(Rundle)의 2002년 수월성 형성 조사(BES), 가스텔
  로(Castello)와 던(Dunn)의 1997년 우리의 경이로운 학습유형(OWLS)을 포함
  한다.

4 http://www.learningstyles.net 참조.

5 케서린 에클레스톤(Kathryn Ecclestone, 2002)은 다른 식으로 작동하는 것처럼
  보인다고 논평했다. 일부 교사들에게 그것은 그들이 사용하고 있는 다양한 교수
  방법을 단지 확인하는 의미를 갖는다. 그녀에 따르면 비록 미국에서 VATK가 진
  단하는 쪽으로 치우쳐졌으며, 적절한 '개별화된' 반응이 발견되기는 했지만, 영
  국에서는 체계적 증거가 발견되지 않았다.

문항으로 구성되었다. *환경적 요인*에는 소음 정도, 빛, 온도, 공부 방의 디자인에 대한 선호가 포함되었다. 예를 들면, 나는 공부할 때 음악 듣기를 좋아한다. 나는 조명이 약간 어두울 때 공부가 가장 잘된다 등이 있다. 다음으로 *사회적 요인*에는 선호하는 집단의 형태나 성인의 역할과 관련이 있다. 내가 학교생활을 잘 할 때 어른들이 나를 자랑스럽게 여긴다의 예를 들 수 있다. 그리고 *감성적 요인*에는 동기, 구조화, 책임, 지속력이 포함된다. 마지막은 *신체적 요인*으로 영향력이 가장 크며, 네 가지 선호하는 감각 양상(VATK), 활동시간, 음식물 섭취 —당신은 집중할 때 먹고/마시고/씹고/무는 것 중 무엇을 선호하는가? 아니면 아무 것도 먹지 않는 것을 선호하는가?— 와 이동성 — 움직이는가? 혹은 계속 앉아있는가?— 을 강조한다.

이는 선호하는 감각 양상과 학습 선호가 생물학적 근거를 가지고 있다는 가정을 바탕으로 하고 있다. 리타 던은 '다섯 가지의 학습 유형 중에서 세 가지 정도가 생물학적으로 결정되었다.'라고 믿었으며(1990a: 15), 학습유형의 특성에 따라 동일한 교수방법이 '어떤 학생에게는 훌륭하고 나머지에게는 끔찍한' 것이 된다고 생각했다(Dunn and Griggs, 1998: 3). 정서적 요인은 어느 정도 유동성과 가변성을 갖지만, 선호는 상대적으로 안정적인 것으로 가정한다.

목 적

던 부부가 개발한 학습유형검사를 비롯한 많은 검사들은 학습 선호를 확인하는 데 사용되었다. 교수방법은 학생이 선호하는 학습

유형을 확인한 후 그것에 잘 맞추면 된다고 생각했다. 이처럼 학습
유형검사의 목적은 원칙적으로 학습 선호를 진단하는 것이며, 이를
바탕으로 교수와 학습의 관련성을 더욱 향상시키고자 하는 의도를
가지고 있었다. 만약 학생들이 강력하게 선호하는 것이 없을 경우,
다양한 교수방법을 활용할 수 있을 것이다. 이 검사는 학생의 약점
을 교정하기보다는 그들의 선호에 적합한 학습유형을 찾고자 했기
때문에 특정 선호 —능력 있는 아동은 부진아와 상이한 학습유형
을 갖는 경향이 있음에도 불구하고— 를 부정적으로 분류하지는
않는다. 따라서 이 모델에 따르면, 성취도가 낮고 불만이 많은 학
습자를 대상으로 가르칠 경우, 학습자의 적극적 역할을 강조하는
학습법이 필요하다는 것에 직관적으로 공감할 것이다(7장 참조). 코
필드와 동료들(2004)은 교사들에 권장할 수 있는 이 모델의 강점을
다음과 같이 구체화했다.

- 모든 학습자의 학습 잠재력을 알아낼 수 있다. 교육이 자신의
  선호에 적합하다면, 학습자는 누구나 교육으로부터 이득을 얻
  을 수 있다.
- 학습에 어려움이 있거나 성취도가 낮은 학생을 부정적으로 낙인
  찍지 않고 그들의 차이를 존중할 수 있다.
- 교수방법을 학습자의 학습유형에 일치시키는 창의적 교사가 될
  수 있다. 그리고 학습자가 자신의 학습유형을 고려할 수 있도록
  한다.
- 학습에 대해 학습자들과 대화하고, 이전에 부정적으로 묘사되었
  을 수도 있는 행동에 대해 긍정적으로 말할 수 있다. 예를 들어
  교실에서 돌아다니고자 하는 '파괴적 욕구'는 운동감각적 학습
  의 관점에서 다루어질 수 있다(pp. 33-34).

이 모델은 교사들에게 의미와 매력이 있지만, 이 모델의 타당성을 평가할 필요도 여전히 존재한다. 다시 말해 이러한 학습유형이 합리적 근거에 기초하고 있는지를 검토하고자 하는 것이다. 특정한 신체적 양식들과 환경적, 사회적, 정서적 선호들이 생물학적 특성에 근거를 두고 있다는 주장의 근거는 무엇인가? 이것은 이 책의 주제와 관련된 핵심 질문인데, 지능검사와 마찬가지로 이 모델 또한 강력한 생물학적 근거를 가정하고 있기 때문이다. '나는 시각적 학습자'라는 것은 타고난 특성인가? 그것에 교수방법을 맞추어야 하는가? 학습유형은 원래 보다 상황적이며 시간과 맥락에 따라 다양하지 않을까? 이는 가드너(Gardner)의 다중지능과 동일한 딜레마이다. 생물학적 근거는 변화될 수 없기 때문에, 교수방법이 생물학적 근거에 따라 조정될 필요가 있다는 생물학적 명령은 실제로 존재하는가?

던 부부의 생리학적 근거는 뇌의 영역별 양식 선호와 같은 두 뇌 우성 모델을 포함하여 폭넓은 자료에서 도출되었다. 하지만 1994년 심리측정연감(Mental Measurement Yearbook)에서 쉐리(Shwery)가 던의 도구가 구인 타당도와 관련된 문제와 도구 개발을 위해 필요한 이론적 패러다임의 부족으로 지속적으로 비판받고 있다고 결론을 내렸던 것처럼, 이와 관련된 여러 증거들도 일관성을 유지하지 못하였다. 또한 코필드 등은 던 부부가 뇌 연구를 참조하여 제시한 상태나 양식에서의 선호도는 대중 영합적 주장에 불과하고 과학적으로 지지받지 못했다(2004: 34)는 결론을 내렸다. 이러한 여러 비판은 던 부부가 많은 양의 증거를 찾지 못했다는 점을 말하는 것이 아니다. 던 부부는 학습유형에 대한 자신들의 연구가 다른 어떤 교육운동보다 단연코 훨씬 광범위하고 철저한 것이었다고 주

장한다(1990b: 223). 문제는 그들의 주장을 지지하는 많은 연구들이
개별 연구자들에게 요구되는 기준을 충족하지 못했다는 점이다.

예를 들어, 카발과 포니스(Kavale and Forness)는 학습장애를 가
지고 있는 학생들을 대상으로 한 학습유형의 활용에 관한 연구를
메타 분석했는데, 그 결과는 다음과 같다. '대충 조사하더라도 연구
에서 사용된 데이터가 근본적으로 의미가 없어 부적절한 것으로 드
러날 때, 해당 내용은 연구에서 제외했다. 이것이 던의 연구에서
두 개의 자료만 포함된 이유이다.'(p. 358). 예상했던 것처럼, 리타
던은 이러한 비판을 흔쾌히 받아들이지 않았고, 주장과 반론이 이
어지는 피곤한 입씨름이 뒤따랐다. 그러나 이는 전문가들을 혼란스
럽게만 할 뿐이었다. 학습유형의 생물학적 근거를 강조한 던 부부
의 주장은 확고하고 독립적으로 검증된 증거에 근거하기보다는, 눈
앞에 있는 목적을 위해 대개 추측에 근거한 것이었다.

목적적합성

학습유형검사의 목적이 학습자의 다양한 선호를 알아내는 것이
라면, 이러한 선호를 측정하는 방법은 얼마나 그 목적에 적합한 것
일까? 여기서 핵심적인 관심은 104개 문항으로 되어 있는 자기보고
식 검사가 22개의 요인들을 포함하는 학습유형에 타당도와 신뢰도
를 제공할 수 있는지에 달려 있다(문항이 104개인 이유는 무엇이며, 선
택된 것들은 어떠한 방식으로 제한된 타당도 정보의 또 다른 영역이 될
까?). 자기보고식 척도는 시간과 장소에 따라 달라지는 것으로 알려
져 있다. 그래서 상대적으로 작은 문항의 요인 점수에 근거하는 것
은 항상 문제가 될 소지가 있다. 학습유형검사 매뉴얼에 따르면 22
개 중에서 21개 요인의 검사-재검사 신뢰도 계수가 0.6 이상이었

다. 그러나 일반적으로 용인되는 최소 신뢰도 계수가 0.7이라는 점
을 고려할 때 이것은 너무 느슨한 수준이어서, 요인들이 잘못 분류
될 위험이 매우 높다.

학습유형검사가 학습 선호를 진단하는 것으로만 사용된다면, 잘
못된 추론이 협의를 통해 교정될 수 있기 때문에 받아들일 수 있
다. 하지만 나는 평가가 실제로 이런 식으로 작동하지 않는다고 생
각한다. 점수는 내가 누구인지 ―예를 들어, 권위 있는 어른과 함
께 작은 집단에서 희미한 불빛 아래 활동하기를 바라는 촉각적 학
습자처럼― 를 알려주기 위해 관련 구인들을 구체화할 것이다.

결과들

학습유형은 대체로 생물학적인 것에 기원을 둔다고 해석되기
때문에, 학습유형이 상대적으로 고정된 것처럼 보이는 것이 핵심적
인 결론 중 하나이다. 이는 교수방법을 학습유형과 일치시키는 것
을 강조하게 된다. 여기서 상황에 일치시켜야 하는 것은 바로 교수
방법이지, 학습유형이 아니다. 여기서 주목해야 할 것은 또 다시
*우리를 신뢰할 수 없는 척도로 창조된 고정된 속성으로 다룬다는
것*이다. 학습자가 자신의 학습유형에 대한 측정 결과를 흔쾌히 받
아들이고, 그것을 다른 학습양식으로부터 면제받는데 사용한 ―만
일 여러분이 촉각적이거나 운동감각적 학습자라면, 강의를 듣는 것
은 의미가 거의 없다― 사람에 관해 전해들은 일화는 결코 부족하
지 않다. 일부 학교에서는 학습자들로 하여금 자신의 학습유형을
드러내 보이도록 배지 ―나는 K 학습자다― 를 수여하는데, 이렇
게 함으로써 교사는 학습자의 학습유형을 인식하고 그것에 자신의
교수방법을 맞추게 된다.

이런 주장은 학습자가 자신에게 가장 좋은 학습방법을 알고 있기 때문에, 학습자가 자신을 정의하는 것만큼 평가에 의해 규정되지 않는다는 점이다. 그러나 이들이 놓치고 있는 것은 검사 문항을 작성하고 만드는 데 있어서 평가가 미치는 역할이다. 학습유형검사는 학습자가 자신을 실제로 기술하는 방법이 아님에도 불구하고, 다양한 선호 양상에 대한 점수를 산출하기 위해 만들어졌다. 예를 들어, '나는 집안에서 자주 스웨터나 재킷을 입는다. 또는 나는 어른들과 함께 일하는 것을 좋아한다'와 같은 문항에 대해, 우리는 종종 '예, 그런데…'라고 대답하고 싶지만, 측정 도구는 1에서 5까지 점수로 우리 자신을 규정하도록 요청한다. 이는 학습에 대한 이야기를 학생들에게 해주는 강점이 부정적 결과를 초래할 수 있는 경우이다. 학생들은 안전한 곳에 머무르고자 할 것이며, 위험부담보다는 자신의 행동을 제한하고 축소하는 신념을 갖게 될 것이다.

교수방법과 학습유형의 일치

여기에서는 일치시킨다는 것이 결정적 개념이다. 선호는 생물학적으로 주어지고 고정된 것이기 때문에, 교수방법은 선호에 맞추어야 한다. 학습 자료가 어렵고 새로울 경우에 더욱 그러하다. 리타 던은 이러한 과정의 효과성을 강하게 주장하고 있다.

> 자신의 학습유형에 적응한 학생들은 그렇지 못한 학생들에 비해 상위 15%에 속하는 높은 성취 수준을 기대할 수 있었다(2003a, p. 181).

던 부부의 연구가 이런 식으로 자신들의 주장을 지지했지만, 개별 증거들은 상당히 모호했고 심지어 일부는 모순되기도 했다.[6] 앞서 언급했던 카발과 포니스는 읽기에서 특별한 수업과 학습유형의 강점을 일치시키는 경험적 연구를 분석했었다. 그들에 따르면 학습유형의 선호에 대한 진단은 그 자체로 문제가 있었으며, 그 효과도 0.14로 제한적이었다. 그들은 학습유형과 교수방법을 일치시키는 것이 '직관적으로는 상당히 매력적이지만, 경험적 증거는 거의 발견되지 않았다. … 학습유형 검사나 학습유형에 맞는 교수방법 모두 효과적이지 않았다.'(p. 237)라고 주장했다.

던 부부는 '생물학적' 경로를 받아들였기 때문에, 선호 양식에 따르기보다는 효과적인 학습의 일환으로 약한 양식을 강화해야 하는지에 대해서 좀 더 극단적 입장을 보였다. 그들은 강점이 되는 (여러) 양식들을 발견하고 실행한다는 것에 의문을 품고 있었다. 하지만 '영재'가 한 가지 이상, 심지어 네 가지의 선호된 양식을 갖는 반면에, 공부를 못하는 학습자는 한 가지 —촉각적 또는 운동감각적— 양식을 선호한다는 점에 주목하지 못하였다. 앞서 콜브와 엔트위슬의 모델에서 살펴본 바와 같이, 한 가지 양식에만 의존하여 학습할 경우 실제로는 학습을 방해할 수도 있기 때문에, 창의적인 것으로 밝혀진 양식들 사이를 오가는 양식 혼합 교수방법을 개발할 필요가 있다는 대안적 관점이 존재한다.

교과내용의 무시

앞서 말한 모든 것들이 무시하는 것은 정작 *'무엇이 학습되고 있는가?'* 하는 문제다. 리타 던은 '학생들이 교육과정을 완전히 익혔는지 결정하는 것은 *내용*이 아니라, 그 *내용이 가르쳐진 방법*'이라

---

6 코필드(Coffield)와 동료들의 연구(2004: 24-30) 참조.

고 주장한다(2003b: 270). 따라서 교수법(pedagogy)은 가르치는 조건을 올바로 하는 것이며, 교과의 구체적 지식에 대해서는 그다지 또는 전혀 관심이 없었다. 따라서 교수학습 자료는 '종이 상자로 전통적 교실을 다시 설계하기', '교실이 소란스러울 때 혹은 성적이 낮은 학생들에게 불을 끄고 자연광에서 책 읽기'처럼 교실에서 활용할 수 있는 팁들로 가득하다. 교실 분위기에 대한 관심은 칭찬할 만하지만, 교과와 교육과정 그 자체의 요구에 관심을 기울이지 못할 위험이 있다. 이 책에서 주장한 바와 같이, 학습이 고도로 상황 의존적이고, 본래적으로 사회적 활동이라면 동일한 학습자는 수학이나 체육 그리고 미술과 음악에서 다른 양식을 이용할 필요가 있다.

여기서는 던 부부의 주장을 뒤집어 생각해 볼 필요가 있다. 즉, *학습자의 특성만큼 학습내용이 학습유형을 결정한다는 것이다.* 교사는 가능한 학습자가 접근 가능하도록 학습내용을 조직하도록 요구할 것이며, 양식 혼합 교수방법이나 신중한 평가가 필요할 것이다(7장 참조). 로빈 알렉산더(Robin Alexander)는 동일한 주장을 하고 있다.

> 다른 인식과 이해 방식은 교수와 학습을 다르게 접근하도록 요구한다. 수학적, 언어적, 문학적, 역사적, 과학적, 예술적, 기술적, 경제적, 종교적 그리고 시민적 이해는 모두 똑같지 않다. 일부는 기술이나 명제적 지식에 근거한 방식을 훨씬 더 요구한다. 그리고 모두는 기존 지식과 통찰에 근거하여 더욱 빠르게 나아간다(2000, p. 561).

다음은 캐롤라인 로지(Caroline Lodge)[7]가 기술한 15세 학생들의

---

7 로지(Lodge, 2001), '학교의 학습 담론들에 대한 연구'. 미출판 박사 논문. 런던, 런던대 교육학부, pp. 110-111.

생각이다. 내용이 다소 아이러니하기는 하지만 그들도 동일한 결론
을 내렸다.

> 린다: 너에게 청각적인 것과 시각적인 것 중 더 좋아하는 학습유
> 형이 무엇인지에 대해 물었잖아. 하지만 너는 그것에 대해
> 늘 생각하고 있지는 않지. 그리고 영어 시간에 '오, 나는 지
> 금 청각으로 듣고 있어.'라고 생각하지도 않아.
> 존: 맞아. 그게 내가 배우는 방법이야.
> 린다: 그리고 너는 선생님들에게 바로 '오, 나는 듣기로 배우고
> 있어요.'라고 말하지도 않을 거야. 너는 몰라. 너는 그것에
> 대해 생각하지 않으니까.
> 제인: 우리는 모든 것을 사용해. 그것은 그 수업에 달려 있어. 그
> 것이 음악 수업 같다면 너는 듣게 될 거야, 그렇지 않니?
> 제이미: 미술 수업에서 너는 보게 될 거야.
> 린다: 혹은 네가 영어 시간에 볼 만한 영화였다면, 너는 그것을
> 보았을 거야, 그렇지?
> 제이미: 너는 수학 시간에는 숫자들을 듣지 않게 될 거야.[웃음]
> 린다: 그들은 나에게 무엇을 말하려고 하는 거야?

상황적인 것의 무시

네 개의 주요 변인들 중 두 개가 *환경적*이고 *사회학적*이라는 것
을 감안하면, 이 모델이 상황적 요인에 대한 관심이 부족하다는 비
판은 억지스러워 보일 수도 있다. 그런데 이들 두 변인은 광범위한
환경적, 사회학적 사안에 관심을 갖기보다는, 교실 환경과 에토스
같은 기본적인 *교실 풍토*에 관심을 둔다. 기본적으로 교실 풍토 —
교실 환경과 에토스— 이다. 따라서 이 모델에서 '환경적' 측면은

소음 정도, 조명, 온도, 교실 디자인을 말한다. '사회적' 측면은 단지 학습 집단 구성, 권위의 존재, 다양한 학습방법, 성인으로부터의 동기부여를 포함한다.

이 접근이 놓치고 있는 것은 학습에 지장을 주는 광의의 사회학적 요인에 주목하지 않는다는 점이다. 레이놀즈(Reynolds)는 근본적인 사회적 차이를 무시한 개별화되고 탈맥락화된 학습개념을 생산하는 학습유형의 연구 전통을 신랄하게 비판했다.

> 학습유형이라는 개념은 사람들이 학습에 접근하는 방식으로 드러나는 차이의 사회적 근거들을 모호하게 한다. … 사회적 차이가 측정심리학적 성질들로 환원될 수 있는 것처럼 보이게 만들지만 낙인은 공정한 과정이 아니다(1997, pp. 122, 127).

던 부부의 모델을 비롯하여 학습유형접근은 학습자, 특히 불리한 환경 출신 학습자의 학습유형을 상투적으로 '기본적'인 촉각적이고 운동감각적 유형으로 제한할 위험이 있다. 이는 공부를 못하는 학습자들은 기능적 기술과 같은 협소한 교육과정이나 시험 준비와 같은 제한된 방식으로 교육받는 반면에, 공부를 잘 하는 학습자들은 더욱 폭넓고 참여가 가능한 교육과정과 다양한 방식으로 교육받는 것과 비슷하다.

문제가 있음에도 학습유형이 성공을 거두는 이유

전 세계의 많은 실천가들이 던 부부의 모델을 사용하는 것은 명백하다. V-A-K-T는 수만 명의 교사들에게 중요한 의미를 갖는다. 학계의 비판과 그 한계에도 불구하고, 모델이 옳다고 믿고 있는 것이다. 던 부부의 모델은 비록 경우에 따라 사례에 대한 설명이 다르기도 하지만, 효과적 학습을 위한 조건 일부를 충족한다는 강점이 있다(7장 참조). 그 강점은 다음과 같다.

- 학습에 초점을 둔다.
- 학습자의 학습 잠재력에 긍정적이다.
- 학습방법의 일부 자율성과 선택권을 학습자에게 제공한다.
- 교사－학습자 관계의 중요성을 강조한다. 학습자도 자신의 학습에 관해 듣는다.
- 학습을 돕는 성찰을 자극한다.
- 교사들로 하여금 교실학습을 위해 필요한 조건과 자원들에 대해 상상력을 발휘하도록 자극한다.

이 모델의 타당도가 부족한 까닭은 선호가 생물학적이라는 주장과 그것을 진단하기 위해 사용된 측정도구의 신뢰도에 문제가 있었기 때문이었다. 학습유형 모델도 다중 지능처럼 생물학적 근거를 기반으로 한다. 그러나 학습자는 자신의 학습유형에 맞추어 스스로 제한된 행동을 할 위험이 있다. 뿐만 아니라 교수방법을 개인의 선호에 일치시킨다는 주장도 의심스럽다. 왜냐하면 학습과정을 강조하면서 학습하는 '것'을 경시하고, 학습자가 다양한 학습유형을 개발하는 것을 제한할 수 있기 때문이다. 이제, 데이비드 콜브(David Kolb) 연구에서 강조된 내용으로 논의를 바꾸어 보자.

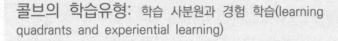

콜브의 학습유형: 학습 사분원과 경험 학습(learning quadrants and experiential learning)

많은 독자들은 데이비드 콜브의 학습 사분원이나 그것과 관련된 내용들을 접했을 것이다. 아마도 허니와 멈포드(Honey and Mumford)(2000)의 *성찰자, 이론가, 실용주의자, 활동가* 분류나 데니슨과 커크(Dennison and Kirk)(1990)의 *행동하기, 검토하기, 배우기, 적용하기* 학습 사이클 모형도 접했을 것이다. 콜브 연구의 출발은 그가 미국에서 경영학과 학생을 가르치면서 도입했던 경험 학습 기법이었다. 그는 일부 학생들이 특별한 활동에 대한 명확한 선호를 갖고 있다는 것에 주목했다. 예를 들어, 어떤 선호를 가진 집단은 실습과 활동에 관심을 보인 반면에, 다른 집단은 강의에 가장 잘 반응했다. 이에 착안하여 그는 선호를 확인하고자 검사 도구를 개발했다.

콜브는 '학습유형이란 고정된 것이 아니라, 상황에 따라 변화하는 "학습을 위한 차별적 선호"로 장기적으로 안정적이다.'(Kolb, 2000: 8)라고 생각했다. 이 점이 던 부부와 결정적으로 달랐다. 그는 장기적 안정성이 부분적으로 우리가 선택한 일과 문제접근 방법을 통해 각자의 선호를 강화함으로써 가능하다고 보았다. 예를 들어, 기술자가 관리자가 되면 하는 일이 바뀌는 것처럼, 학습유형도 수정되어야 한다.

콜브는 학습을 경험의 변형을 통해 지식을 만드는 과정으로 이해했다. 지식이란 경험을 하고 그것을 변형하여 조합한 결과이다 (1984: 41).[8] 그의 사분원 두 축인 능동적 실험과 성찰적 관찰 그리

---

8 이 정의는 에라우트(Eraut)의 1997년 정의와 잘 부합하는데, 나는 '능력과 이해에서의 유의미한 변화'의 의미로 사용해 왔다.

고 구체적 경험과 추상적 개념화―<그림 4.1> 참조― 사이의 관계는 변증법적으로 보아야 한다. 예를 들어, 누군가가 추상적 개념화와 능동적 실험에 의존하여 기술적 문제를 해결하는 방식을 선호한다면, 그는 *수렴적(converging)* 학습유형이라고 할 수 있다. 반대로, 구체적 경험과 성찰적 관찰을 선호하는 보다 감정지향적인 학습자라면, *확산적(diverging)* 학습유형으로 분류된다. 완벽함의 측면에서, *동화적(assimilating)* 학습유형은 사고와 논리에 대한 애호처럼 추상적 개념화와 성찰적 관찰을 선호한다. 반면에 *조절적 (accommodating)* 학습유형은 새로운 경험과 계획을 실행하는 것을 좋아하는 '실천가'처럼 구체적 경험과 능동적 실험을 선호한다.

콜브는 던 부부와 달리 학습유형을 생물학적으로 고정된 것으로 다루지 않았다. 대신에 학습유형을 새로운 지식에 대한 접근 방법들 중에서 학습자가 선호하는 방식이라고 생각했다. 또한 콜브는 네 가지 기본 학습유형이 통합될 수 있다는 총체적 접근을 취하였으며, 통합된 학습유형을 가장 성숙한 학습형식으로 본다는 점에서도 던의 모델과 달랐다.

그림 4.1 콜브의 4가지 학습유형

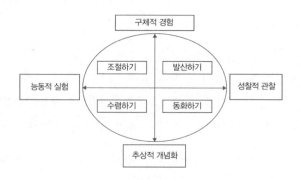

목적과 목적적합성

　콜브는 *학습유형검사*를 통해 '개인에 따라 학습이 독특하고 복잡하며 다양하다는 점을 인식할 수 있는 흥미로운 자기진단과 논의거리'를 제공하고자 했다. 그는 이 책의 주된 관심 중의 하나를 줄곧 인식했었다.

　　학습유형을 고정된 특성으로 물화하는 것은 위험하다. 그러한 학
　　습유형은 개인과 그들의 행동을 고정관념을 가지고 바라보도록
　　한다(1997, pp. 122, 127).

　콜브는 '수렴자(converger)'와 같은 용어 때문에 의도하지 않은 결과를 초래할 수 있다는 자신의 모델의 취약점을 인식하고 있었다. 그래서 최근에는 '수렴적 학습유형'으로 바꾸었으나, 이것만으로 위험을 피하기에는 부족함이 있었다. 실제로 나는 강당에 모인 학생들에게 '자신의 학습유형을 찾아가라고 하는, 즉 모든 학생들이 자신의 학습유형을 알고 있는 학교에서 연구를 한 적이 있었다.
　측정도구가 학습방법에 초점을 두면서 도구의 타당도와 신뢰도에 대한 관심의 중요성이 평가의 다른 문제들보다 줄어들었다. 하지만, 콜브의 측정도구가 12개 질문으로 구성된 간단한 것이라 해도, 매우 많은 연구물과 복잡한 이론적 논의들을 낳았다. 문제는 콜브의 학습유형검사가 그 쓰임에 대한 큰 기대에 부합하지 못할 수도 있다는 것이었다.
　콜브의 학습유형검사는 학습과 관련된 12개의 보기 문항에 답

하도록 되어 있다. 각 문항은 4개의 선택지가 있으며, 응답자들은 반드시 [1에서 4까지–역주] 선호하는 순서를 매겨야 한다. 예를 들어, '나는 [합리적 이론, 개인적 관계, 실습, 관찰]로부터 가장 잘 배운다.'라는 문항에서 괄호 안의 선택지의 순서를 정해야 한다. 이런 식으로 네 가지 학습양식과 두 영역[9]에 대한 점수가 계산되고, 그 점수에 따라 두 축[10]에서의 개인 선호가 결정된다. 측정도구는 자신의 학습유형이 사분원의 어디에 해당되는지를 찾도록 한다.

12개 문항에 대한 응답 결과는 최소 12점에서 최대 48점까지 점수로 계산되는데, 응답자는 이 점수에 따라 네 가지 학습유형 중 한 가지와 두 영역으로 배치된다. 굳이 측정심리학자가 아니라도 이 척도의 *신뢰도*에 문제가 있다는 점을 직관적으로 알 수 있다. 신뢰도는 콜브 모델에서 중요한 관심사이다. 다시 말하지만, 학습유형이 통용되기 위해서는, 자체적으로 수정될 필요가 있다. 이것은 평가방법을 말하는 것이 아니다. 점수는 교사와 학생 모두로부터 무엇인가 실재하는 것을 나타내는 것으로 받아들여지는데, 그 점수를 믿을 수 없다는 것이 문제이다. 우리는 전혀 믿을 수 없는 증거를 토대로 '학습자들을 만들고' 있는지 모른다.

콜브의 학습유형검사의 심리측정 관련 속성은 도입 초기부터 논란거리였는데, 그 이유는 '일관성 없는' 검사–재검사 신뢰도 때문이었다. 이와 함께 시간에 따라 '달라지는' 학습유형을 얼마나 믿을 수 있느냐 하는 근본적인 의문도 있었다. 스텀프와 프리드만 (Stumpf & Freedman)은 '동화적 학습자로 분류된 학습자는 자신이 그렇게 분류된 것이 개인 특성, 상황적 요인, 측정 오차 중에서 무엇 때문인지를 어떻게 알 수 있는가?'라고 묻는다(1981: 297). 콜브

---

9 [역주] 두 영역은 지각(perceiving) 영역과 과정(processing) 영역을 말한다.
10 [역주] '능동적–성찰적' 세로축과 '구체적–추상적' 가로축을 말한다.

는 네 가지 기본 척도의 신뢰도에 문제가 있다는 것을 인정했다. 그리고 점수를 '기본적으로 질적으로' 사용할 것을 권장했다. 그는 두 개의 결합된 점수의 신뢰도가 '합당한 것'으로 간주될 수 있다고 믿었다.

이와 함께 콜브의 학습유형은 두 축을 정당화할 수 있느냐에 대한 비판과 함께 신뢰도를 둘러싼 많은 반박 연구가 있었다.[11] 만일 정당화될 수 없다면, 콜브의 학습유형 아이디어와 모델 모두에 영향을 미칠 것이다. 아마도 우리는 허상의 사분원에 학습자를 배치하고 있는지 모른다.

콜브의 학습유형이 우리에게 남겨준 것은 존 듀이(John Dewey), 커트 레빈(Kurt Lewin), 장 피아제(Jean Piaget)의 연구에서 도출된 인기 있고, 개념적으로 타당한 경험학습 이론이다. 그것은 기껏해야 취약하고, 최악의 경우에는 우리를 잘못 인도하는 평가 체계를 수반하고 있다. 평가 체계는 타당도 측면에서 문제가 많았고 더구나 유연한 학습유형을 고정된 것으로 바꾸고, '나는 이런 학습자다.'라는 믿을 수 없는 모습으로 학습유형을 물화시킬 수 있다. 그는 교과 기술을 포함하여 상황적 요인을 인식하였음에도 불구하고, 학습유형을 상황적 요인에 대한 반응보다는 여전히 학습자의 속성에서 찾았다.

우리는 학습유형이 개별 학습자뿐만 아니라 학습내용과 장소에 영향을 받는다는 점을 밝히기 위해, 비교적 덜 알려진 노엘 엔트위

---

11 코필드 외(Coffield et al., 2004, 64-67)의 요약을 보라. 가장 통렬한 비평은 '활동적-성찰적' 그리고 '구체적-추상적'이라는 개념에 의존하고 있는 두 차원의 타당성에 의문을 제기하는 것이다. 요인분석을 이용한 수많은 연구는 데이터로부터 이들 요인들을 추출하지 못했고 또한 일부 연구에서는 상이한 조합이 나타났다. 위스트라와 드 종의 분석은 '성찰적 학습 대 활동 학습'이라는 하나의 차원만을 발견하였다(Wiestra and de Jong, 2002: 439).

슬의 모델을 세 번째로 검토하고자 한다. 이 모델은 대학에서의 교수학습방법에 기원을 두고 있으며, 상황적 요인이 학습유형과 보다 잘 통합될 수 있는 방법에 대한 건설적인 통찰을 제공할 것이다.

엔트위슬의 학습유형:
심층적, 표층적, 전략적 학습 접근들

이 제목은 앞서와 달리 무언가 색다른 논의가 진행될 것임을 암시한다. 에딘버러 대학의 심리학자인 엔트위슬은 지난 30년 이상 대학생들이 구체적 학습과제를 수행하기 위해 어떤 학습전략을 사용하는지에 대해 연구해 왔다. *심층적, 표층적, 전략적 학습* 개념은 그의 연구에서 지속적으로 사용되고 있는 신조어이다. 이 모델에서 전략이란 학생들이 구체적 학습과제를 처리하는 방식을 말하는데, 인지된 요구에 근거한다. 따라서 전략은 학생들이 학습과제를 다루는데 일반적으로 선호하는 방법으로 기술되는 한 가지 학습유형보다 훨씬 유동적이다. 더구나 전략이 상황−특수적이기 때문에 당연히 평가는 더욱 어렵다. 엔트위슬과 동료들은 학생들이 '대체로 비슷한 학업 과제에서 한 과제만 측정해도 학습의도와 절차를 정당화할 수 있을 정도'로 충분한 일관성을 보인다고 주장함으로써 이 문제를 해결했다(1979: 367). 그런데 그들의 주장은 미끄러운 비탈길처럼 많은 문제를 안고 있으며, 다음에서는 그것을 살펴보고자 한다.

검사도구들

엔트위슬과 그의 동료들은 지난 25년 동안 일련의 검사도구들을 개발해 왔다. 가장 최근에 개발된 2개의 검사도구는 '*학생을 위한 학습접근과 공부기술 검사*(Approaches and Study Skills Inventory for Students, ASSIST, 1997)'와 개발 과정에 있는 '학습방법검사도구 (Approaches to Learning and Studying Inventory, ALSI)'이다. ASSIST는 학습개념 68문항('*여러분은 어떤 것을 잘 기억하는가? 사물을 다르게 보고 보다 의미 있게 보는가?*'), 공부 방법 52문항('*나는 강의를 듣거나 책을 읽으면서 궁금한 것에 대해 흔히 스스로 답을 찾는다.*'), 다른 형태의 코스 조직과 교수방법 선호(*예를 들어, '그들은 혼자 힘으로 교재에 대해 생각했던 것을 보여주도록 하는 시험을 얼마나 좋아하는가?*')로 구성되었다. 각각의 진술은 1점－5점 척도로 응답하며, 학생들은 특정 강좌에 대해 즉각적으로 응답하여야 한다.

　검사도구의 다양한 하위 항목에서는 신뢰도가 다소 낮긴 하였지만, 검사도구의 기술적 속성들은 점점 강화되어 3가지 주요 접근법에 대한 신뢰도는 대략 0.8로 만족스러운 결과를 보였다. 기존의 학습유형 검사도구에서와 마찬가지로 구인타당도의 문제 중 하나는 이러한 폐쇄 질문으로 구성된 검사도구의 해석을 어느 정도나 신뢰할 수 있는가의 문제라고 할 수 있겠다. 다시 말해, 이 검사도구를 학생과 교사 사이의 '학습 대화'라고 간주한다면, 이러한 해석 오류의 논란은 여전히 남아 있는 것이다. 하지만 점수와 프로파일 (scores and profiles)을 출발점 정도로 낮춰볼 것까지는 없다.

목 적

　엔트위슬의 검사도구는 학생과 교사로 하여금 학습에 대한 접

근법과 학습이 일어나는 환경을 비판적으로 성찰하게 하려는 의도
가 있었다. 이를 통해 학습의 질을 개선할 수 있도록 학습에 대한
접근법과 학습 환경 모두를 수정하고자 했다. 그들은 성취도를 예
측하고자 하지는 않았다. 실제로, 상이한 학습전략들로부터 기대할
수 있는 것이 무엇인가에 대한 혼란이 있었다. 예를 들어, 심층적
학습 접근법을 통해서는 가장 좋은 성취도를 얻을 수 없다는 식의
주장이 있었다. 그러나 이런 논의를 통해 얻을 수 있었던 주된 시
사점 중의 하나는 각 과정에 대한 *총괄 평가*의 질이 학습접근에 강
력한 영향을 미칠 것이라는 점이었다.

　기본 모델(<표 4.1> 참조)은 학습과정을 '표층적' 수준과 '심층
적' 수준으로 구분한 페렌츠 마톤과 로저 셀리오(Marton and Säljö)
의 연구에 기초하고 있다. 이것이 바로 학생의 학습개념이며, 학습
접근법에 영향을 미친다는 것이다. 학습개념은 동기가 과목과 시기
에 따라 내재적 또는 외재적이기도 하는 것처럼 학위 과정에 따라
변화한다. 학생들은 '배우고 싶은 과목'은 물론이고 '배워야 하는 과
목'도 이수해야 한다. 이러한 학습개념은 '정답'과 '오답'이라는 단순
한 이원론으로부터 상대주의를 거쳐 최종적으로는 코스에서 일관
성을 보이는 단계로 진행될 수 있다. 이것은 표층적 학습에서 심층
적 학습으로 나아가는 것을 말한다. 그러나 엔트위슬은 '전략적 학
습'을 세 번째 학습접근으로 제시한다. 전략적 학습접근은 강좌가
요구하는 평가에 따라 강하게 결정된다. 왜냐하면 표층적 학습접근
이 코스의 요구조건에만 반응하는 반면에, 전략적 학습접근은 가
능한 가장 높은 학점을 성취하고자 하기 때문이다. 우리가 서론에
서 언급한 보어랜드(Borland)는 고전적인 전략적 학습접근을 가지
고 있었다. 이러한 학습접근은 학력주의(제5장)와 학습을 위한 평

가(제7장)와 관련되기 때문에 다음에서는 이를 보다 자세히 살펴볼 것이다.

<표 4.1>은 몇 가지 반응을 일으킨다. 첫 번째 반응은 이들 접근법을 학습유형이나 학습성향('*표층적 학습자*'라고 부르는 것 말이다.)이라고 부르지 않고 '접근법'으로 부르는 것이 타당한지의 여부에 대한 논란이다. 이는 이들 접근법을 볼 때 특정 학생들, 특히 표층적 학습자와 전략적 학습자들의 모습이 눈앞에 그려지기 때문이다. 이것은 구체적 과정에 대한 학습접근법을 따져 보는 의도를 가지고 있었지만 실제로는 학생들을 낙인찍는 것이다. 마톤과 셀리오는 인터뷰를 통해, 학생들이 학업과제의 요구에 맞추어 학습접근을 달리한다는 것을 발견했다. 그러나 학습접근을 검사하는 도구는 이 점을 포착하지 못했고, 오히려 학습접근을 고정된 것으로 간주하는 문제를 가지고 있었다.

표 4.1 학습에 대한 접근법

학습접근	기본 특징들
심층적 의미 찾기 (의도: 자발적 아이디어 개발)	−아이디어를 이전 지식과 경험에 연결하기 −패턴과 기본 원리를 찾기 −증거를 확인하고 결론과 관련하여 살펴보기 −논리와 주장을 신중하고 비판적으로 검토하기 −학습 도중에 발달하는 이해를 인식하기 −과목의 내용에 적극적으로 흥미를 갖기
표층적 재생하기 (의도: 코스의 요구사항 대응)	−과목을 관련 없는 지식의 조각들로 다루기 −사실을 암기하고 규칙적으로 절차들을 수행하기

	−새로운 아이디어의 의미를 나타내는데 어려움
	−과목이나 학습과제의 의미나 가치를 거의 알지 못함
	−목적이나 전략에 대해서 깊이 생각하지 않고 공부함
	−공부에 지나친 압박이나 불안을 느낌
전략적 성찰적 조직화하기 (의도: 가능한 최상의 성적 성취)	−공부에 일관된 노력을 기울임
	−시간과 노력을 효과적으로 관리함
	−공부를 위한 적절한 조건과 자료를 찾아냄
	−공부 방법에 대한 효과성을 관찰함
	−평가에서 요구하는 항과 기준에 주의를 기울임
	−강사의 인식된 선호도에 맞추어 공부함

출처: 엔트위슬 외(Entwistle et al., 2001).

여기서 좋은 학습은 무엇을 포함하며 또한 좋은 학생은 어떻게 계발되어야 하는지에 대한 연구에서는 가치 판단적인 몇 가지 가정들이 있다. 탐신 해기스(Tamsin Haggies)는 고등교육의 대중화 시대에 대다수 학생들의 생각과 달리 대학의 '입학사정관'들이 '엘리트 가치와 태도 그리고 인식론을 더욱 중요하게 여기는 것'에 대해 강하게 비판했다(2003, p. 102). 이런 문화적 가정의 사례는 '중국인의 역설'이 있다. 이 역설은 암기하기가 기계적 학습으로 취급되지만, 성적이 우수한 중국 학생들은 보다 심층적 이해로 이어지는 방법으로 암기하고 있는 것 같다는 것을 말한다.[12] 그녀는 다음과 같이 말하고 있다.

---

12 왓킨스(Watkins, 2000)와 리(Li, 2003) 참조.

하지만 불가피하게도, 이런 요소들을 분리된 항목들로 명명하는 것은 아이디어가 보다 널리 유통되게 되는 점진적 물화과정의 결과처럼 보인다. '심층적 학습접근'이 '심층적 학습'이나 궁극적으로 '심층적 프로세서(deep processor)'로 되는 것이다(p. 91).

두 번째는 평가문화가 어떻게 학습접근을 형성하는지에 대한 인식이다. 학습자가 지식과 기술이 아니라 성적에 의해 판단될 때, 특정 전략적 학습자가 아닌 다른 학습자는 어떤 의미가 있는가? 이것은 제5장과 제6장의 주제이다. 이 문제는 상황적 요소를 살펴야 한다. 우리는 학생들이 심층적 학습접근을 활용하는 학습자이기를 바랄 것이다. 그러나 학생들은 자신이 거둔 성적에서 보다 높은 등급의 비율에 따라 평가받는다. 이런 상황에서 우리는 심층적 학습접근을 장려하기 위해 무엇을 하고 있는가? 비록 '심층적 학습접근'이 편향된 가치 —심층적 학습이 좋은 것이고, 얕은 표층적 학습은 나쁜 것이다— 를 수반하기는 하지만, 이 모델의 메시지는 '전략적 접근'이 좋다는 것이다.

이때 총괄 평가의 역할이 결정적이다. 학생들은 자신에게 적합한 것을 선택하기 때문에 평가가 부여하는 학습유형을 갖는다. 엔트위슬의 동료인 폴 람스덴(Paul Ramsden)은 학습상황에 대한 적응력이 학습될 수 있다고 생각했으며, 다음과 같이 주장했다.

자신의 학습전략을 알고 있고 사용가능한 전략의 다양함을 인식하는 학생들과 자신에게 알맞은 선택을 능숙하게 하는 학생들은 학습상황에서 지적으로 … 또는 메타인지적으로 반응할 수 있다(1983, p. 178).

두 가지 학습접근을 이용하여 학습과제를 수행할 수 있을 때, 각각을 별도의 전략적 접근으로 다루는 것이 더욱 생산적일 수 있다. 람스덴(1987)은 각 코스의 평가가 때로 너무 피상적이고 기억에 의존하는 것을 요구하기 때문에, 전략적이며 '지적인' 반응이 표층적 접근에 맞추는 결과를 초래했다고 주장한다. 이런 경우에 심층적 이해는 적절하지 못했다. 엔트위슬 등은 성공적인 학생들이 '심층적 이해 수준에 도달하는데 필요한 충분한 결의와 노력을 수반하지 않지만' 그럼에도 종종 심층적 접근을 전략적으로 이용한다는 것을 인정했다(2001: 108). 해기스는 여기서 작동하는 가정들에 다시금 문제를 제기한다. 이를 살펴보면 다음과 같다.

- 학생들의 학습목적은 학문의 목적과 같거나 같게 될 수 있다— 학생들은 교과와 개인적이고 유의미하게 관계맺기를 바라는가?
- 학습목적이 교수-학습과 평가를 통해 전달되는 것처럼 기관의 목적도 그것이 가능하다.
- 학생들은 학문이 기대하는 방식으로 수업자료를 이미 다룰 수 있는 수준이다.
- 환경이 적절하다면, 학생들은 바람직한 심층적 수준에서 기대되는 것처럼 학습에 참여할 의지를 가질 것이다(2003, p. 97).

이러한 주장은 어떤 종류의 학습이 어떻게 일어나는지와 관련하여 상황적, 환경적 요인의 중요성을 더욱 강조한다. 엔트위슬의 연구는 학습자들이 학습에 접근하는 방법을 평가함에 있어서 보다 상황적 접근 방식을 취하도록 했다. *심층적, 표층적, 전략적 접근*은 가치 판단적이며, 학생들도 교사처럼 학문 그 자체를 배우고자 하는 학문적 소망을 수반하고 있다. 적어도 이 접근은 우리가 배우고

자 하는 것은 무엇인가, 그리고 그것을 어떻게 평가하는가에 따라
배우는 방법이 형성될 것이라는 점은 인정하고 있다.

결 론

　앞에서는 평가가 사람을 구성하고 분류하는 힘에 대해 살펴보
았다. 그것들은 서로 아무런 관련이 없는 것처럼 다루어졌다. 만일
우리가 이안 해킹(Ian Hacking)의 "사람을 만들기 위한 엔진"으로
돌아간다면, 그 과정은 '셈하기' – '수량화하기' – '규준 만들기' –
'서로 연관시키기' – '의료화하기' – '생물학화하기' – '유전학화하기'
– '정상화하기' – '관료화하기' 중의 하나일 것이다. 지능을 검사하
는 것은 이러한 엔진들이 얼마나 일관되게 부정적 영향을 미쳤는지
를 보여주었다. 지능검사의 역사를 통해 우리는 서열화된 단일 지
능점수가 미래성취와 상관관계가 있으며, 지능이 낮은 사람은 유전
적으로 한계를 가지고 태어난 사람으로 설명되는 것을 볼 수 있었
다. 이는 그들이 특별한(혹은 제한된) 교육이 필요하다는 것을 의미
한다. 뿐만 아니라 그들의 결혼이나 출산을 조절해야 한다는 주장
으로 이어졌다. 이와 동일한 논리가 일부 민족에 적용되었다.

　비네가 '야만적 비관주의'라고 말한 것에 대한 저항은 한편으로
는 유전론자들의 가정에 직접적으로 도전하고, 다른 한편으로는 환
경이 중요한 역할을 한다는 주장으로 이어졌다. 지능의 중요성을
낮추는 간접적인 저항운동도 있었다. 다중지능과 감성지능은 비학
문적 지능과 사회적 지능을 강조함으로써 지능에 대한 이해를 넓히
는 데 기여했다. 이것들도 교육적 경험을 풍성하게는 하지만, '사람

만들기'—보다 긍정적이고 복잡한 사람일지라도— 라는 동일한 위험으로부터 자유롭지 못하다.

　우리는 학습유형에 대한 몇몇 접근법들을 검토하면서, 학습자들이 어설픈 평가에 의해 특정 유형의 학습자로 만들어지고 순진한 낙인이 찍히는 동일한 위험이 있음을 확인할 수 있었다. 종종 지적 행동과 학습의 상황적이고 사회적인 특성에 대한 인식이 부족했었다. 그 극단적인 경우는 학습내용과 폭넓은 사회적 요인에 무관심했던 딘 부부의 모델이었다. 콜브의 경험학습 이론은 비록 이들 요인에 주목하기는 했지만, 그의 평가도구는 신뢰할 수 없고 불안정한 범주를 만들어냈다. 이렇게 만들어진 범주는 학습자들을 특정 모습으로 고착시키는 낙인을 찍는 데 사용되었다. 엔트위슬의 모델은 다른 것에 비해 상황에 더욱 주목하는 '학습이론'으로 몇 가지 건설적 통찰을 제시한다. 그는 또한 어떤 학습이 일어났는지를 나타내는 총괄 평가의 중요성을 강조했다. 다음에서는 학습의 질을 결정하는 평가의 힘에 대해 살펴보고자 한다.

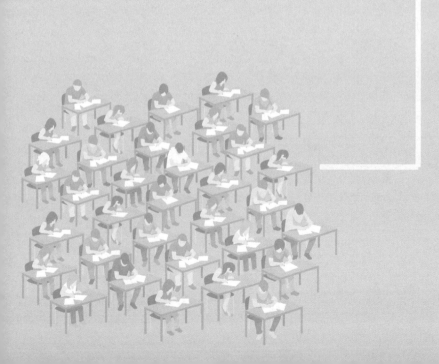

Testing
Times

제5장

졸업장병
:여전히 전염성이 있는가?

졸업장병: 여전히 전염성이 있는가?

> 자격취득 과정에서, 학생은 지식의 완벽한 습득에 관심이 있는 것
> 이 아니라 지식을 습득한 것으로 증명받는 데 관심이 있다. 그렇게
> 얻은 지식은 단지 시험을 잘 보려는 목적만을 위한 것일 뿐, 스스로
> 를 위한 것도 실생활에서 지속적으로 사용하기 위한 것도 아니다.
>
> 로널드 도어(Ronald Dore, 1997)

    다음에 이어질 두 장은 평가가 교수와 학습에 어떻게 영향을
미치는지, 그리고 성적과 졸업장 취득을 목적으로 공부한 결과가
어떠한 방식으로 '학습자를 만들어내는지'에 대해 살펴보고자 한다.
서론에서, 성공적인 학생 루스를 소개한 바 있다. 그녀는 원하는
대학 진학에 필요한 자격을 얻기 위해 어떻게 '행동해야 하는지'를
알고 있었다. 또한 다른 분야에서 뛰어난 성취를 보이고 있음에도
불구하고, 요구되는 학업성취수준에 도달하기 위해 노력하는 자신

을 '별 볼 일 없는 존재'로 여기던 한나도 만났었다. 이제 우리는 앞서 말한 바와 같이 학생의 정체성에 영향을 미치는 두 가지 과정을 살펴보고자 한다. 그것은 바로 *자격취득 노력(qualification chas—ing)*(5장)과 *책무성 검사(accountability testing)*(6장)이다. 이 두 가지 과정은 교육과 훈련에서 일어나는 일들을 통제하기 위한 평가의 힘과 평가가 교육과정, 교수, 학습을 결정하는 것을 보여준다. 이번 장에서 주목하는 평가는 개인의 선발이나 학교 책무성을 측정하기 위해 활용되는 평가를 말한다. 각 사례에서 성적이나 졸업장은 그 자체가 목적이 될 수 있다. 여기서 학습내용은 그리 중요하지 않다. 이는 평가의 도구적 관점으로, 교수 및 학습과 관련해서 전 세계적으로 만연해있다. 따라서 과제는 이를 어떻게 완화해서 더 효과적인 학습을 장려할 수 있을지, 그리고 어떻게 평가와 책무성에 더 생산적으로 접근할 수 있을지를 찾는 것이다.

학습이 어떻게 자격취득의 요구에 점점 더 강하게 영향을 받는지에 대한 가장 도발적인 설명은 1976년에 처음 출간된 로널드 도어(Ronald Dore)의 『졸업장병 *(The Diploma Disease)*』이다. 이미 치열한 논쟁 중에 있던 '졸업장 취득이라는 재앙'에 불을 지핀 것은 1997년에 출판된 2판이다. 이 책을 통해 도어는 예상했던 문제들을 면밀히 검토하고, 필요한 경우 자신의 입장을 철회할 수 있었다. 그와 동시에, 안젤라 리틀(Angela Little)은 학술지에 '졸업장병 20년 (The Diploma Disease Twenty Years On)'(1997a)을 게재했다. 거기서 그녀와 다른 전문가들은 도어의 초기 예언들이 어떻게 되었는지를 보여주었다. 그로부터 10년이 지난 지금 우리는 오늘날 졸업장병을 다시 검토하고자 한다.[1]

---

1 이 장의 초안을 비평해준 준 안젤라 리틀(Angela Little)과 알리슨 울프(Alison Wolf)에게 감사의 인사를 전한다.

1976년 도어는 학교교육에 근거한 학습과 시험의 주요 목적이 자신을 위해서나 업무를 더 잘 수행하기 위해서라기보다는, *직업을 얻기 위한 자격취득이 되어간다고* 주장했다. 그는 특히 개발도상국에서 그런 경향이 더욱 강하다고 하였다. 학생들은 '현대적인' 직업을 얻기 위한 치열한 경쟁과 선발과정에서 자신에게 유리한 조건을 만들기 위해 노력했다. 이 과정에서 고용주들이 더 높은 졸업장을 요구하면서 *학력 인플레이션(qualification inflation)*이 발생하게 되었다. 개인이 이런 노력을 하는 것이 합리적임에도 불구하고, 도어는 그 결과를 철저하게 부정적으로 보았기에 병에 비유했다. 이는 완전히 도구적 관점 —표층적 학습— 을 초래하고, 귀중한 자원을 낭비하였기 때문이다. 게다가 학생들은 교육적 '부가 가치'의 혜택을 거의 얻지 못한 채 학교에 더 오랜 기간 머무르게 되었다. 또한 이러한 압력은 시험에 나오는 지식과 기술들만을 가르치고, 학습시키고, 가치를 부여하였기 때문에 학교 교육과정의 실행을 왜곡했다.

도어의 책이 매력적인 이유는 그가 책에서 언급했던 여러 나라에 실제로 거주하면서 연구했던 학자였음에도 불구하고 학술적 주장에만 국한되지 않았다는 점이다. 그는 졸업장병이 각기 다른 개발 단계의 국가들에 어떻게 영향을 미치는지에 대해 대담하게 예측했다. 예컨대 영국처럼 이미 경제가 발달한 국가부터 좀 더 근래에 발달했던 일본, 그리고 스리랑카, 케냐와 같은 후발 국가까지 포함했다. 그리고 후발국가일수록 더욱 심각한 졸업장병을 앓게 될 것이라고 보았다. 그는 대부분의 자격취득이 암기 학습을 요구함으로써 평가결과가 아무짝에도 쓸모없다는 것을 단도직입적으로 비판했다.

평가에 대한 이와 같은 특정 입장을 살펴보는데 이 장 전체를 할애하는 이유는 무엇일까? 답은 도어가 비교학적인 관점에서 이 책의 주요 관심사 중 목적, 목적적합성, 평가 결과에 흥미를 가지고 있었기 때문이다. 하지만 그는 또한 지능과 능력에 대한 확고한 관점을 가지고 있는데, 이는 2장에서 전개되는 주장들과 마찰을 일으키므로 이에 대한 논의가 필요하다. 결국, 학력 인플레이션과 그 영향들은 여전히 우리와 함께 하고 있다.

졸업장병이란 무엇인가?

도어의 1976년 논의는 교육 공급(educational provision)은 증가하지만 고용은 제한되어 있던 당시에 학교교육이 '지위재(positional good)'가 된다는 것이다. 지위재의 가치는 얼마나 많은 사람들이 그것을 가지고 있는지에 달려 있다. 일자리 신규 채용이 교육경력에 따라 주로 결정되었기 때문에 특정 직업에서 요구하는 졸업장의 수준이 꾸준히 높아져가는 학력 인플레이션을 초래했다. 도어의 예에 따르면, 5명을 뽑는 버스 차장 자리에 50명이 지원했다면 고등학교 졸업장이 있는 10명 중에서 선택하는 것이 채용의 전 과정을 간단하게 해 준다. 왜냐하면 다른 40명을 불합격시킬 합리적인 이유가 생기기 때문이다. 그래서 더 많은 학생들이 그들에게 우위를 주는 정도가 되는 시점까지는 졸업장을 따기 위해 학교에 계속 남을 것이다. 과거에 졸업생들은 이러한 노력이 지위를 떨어뜨릴 것으로 생각하지 않았다. 왜냐하면 만약 그들이 그랬다면, 그들은 '고학력 실업자'가 되었을 것이기 때문이다.

논의는 다음 단계로 진행되는데, 국가의 경제 발전이 늦을수록 다음과 같은 현상이 나타난다.

- 직업을 선택하는 데 있어 더 많은 졸업장이 폭넓게 활용될 것이다.
- 학력 인플레이션율이 더욱 빠르게 높아질 것이다.
- '교육 본연의 가치를 훼손하며' 학교교육은 더욱 시험 지향적으로 될 것이다(1997a, p. 72).

도어는 개인적 수준에서 그런 졸업장을 추구하는 것은 전적으로 합리적일 수 있지만, 정책적 수준에서는 문제가 있다는 점을 강조한다.

하지만 이것이 사람들이 선호하는 인간자본의 개발이 아니라 일종의 병인 이유는 무엇인가? 더 많은 교육이 더 많은 학습으로, 그리고 이것이 더 높은 경제적 경쟁력으로 이어진다고 가정하는 정치인들과 달리, 도어는 졸업장을 능력을 거르는 장치(ability-filtering device)로 보는 '학력주의'적인 접근법을 취한다. 학교에서 추가적으로 공부하는 기간은 교육적 가치는 거의 없지만, 선발에서는 좀 더 유리하게 만든다. 이는 의도하지는 않았지만 '유감스러운' 결과로, 근본적으로는 부정적인 과정이다. 스스로를 위해서나 직업을 수행하기 위한 학습보다, 직업을 얻기 위한 학습이 강조된다. 이런 학습은 아래와 같이 '필요조건만을 충족시키는 것'일 뿐이다.

배우는 것에 대한 본질적인 관심이나 이후의 직업에 필요하거나 도움이 되는 지식이라는 확신 그 어느 것도 없이, 시험을 통과하거나 직업에 필요한 졸업장을 얻기에 필요한 만큼만 배우겠다는 의도만으로 이루어지는 학습(1997b, p. 27).

이는 엔트위슬(Entwistle)의 학습에 대한 '표층적' 접근(4장)과 자연스럽게 연결된다.

두 번째 결과는, 이러한 과정이 최소한의 교육적 이익 때문에라도 학교에 계속 남아있는 학생들로 인해 학교와 대학이 장소를 더 많이 필요로 한다는 것이다. 이는 '자원의 낭비'이다(1997b, p. 26). 왜냐하면 그것은 모두를 위한 초등교육의 발전에 더 유용할 소중한 자원을 사용하면서도, 인간자본을 개발하기보다는 정교한 선별 장치만을 제공하기 때문이다.

도어의 쟁점은 이 과정에서 평가의 역할, 그리고 학습에 대한 평가 결과에 관한 것이다. 여기서 핵심은 학위를 추구하는 데 있어서 필수적인 시험이 학습과정을 얼마나 약화시키는지, 또는 어느 정도로 지원하는지이다. 나는 여기서 교수－학습에 대한 시험의 부정적 효과에 관한 도어의 관심은 타당하다고 여기지만, 만약 과장되었더라도 능력 테스트(ability testing)로의 전환이라는 그의 주요 해결책은 발전이라기보다는 퇴보라고 생각한다. 이것은 부정적인 효과를 어떻게 감소시킬지, 실현가능한 대안들은 있는지, 그리고 30년 후 졸업장병의 규모는 어떠할지에 대한 광범위한 논의를 야기한다.

누가 그 병을 앓는가?

도어는 1976년 초판에서 주요 4개국(영국, 일본, 스리랑카, 케냐)을 중심으로 그의 논지를 전개하였다. 그리고 쿠바, 탄자니아, 중국(마오쩌둥 주석의 문화대혁명 기간이었음)의 자료도 급진적인 사회주의적 대안으로 함께 다루었다. 일찍 발달한 영국에서 후발 국가인 케냐까지, 네 나라는 각기 다른 발전 단계를 대표한다. 케냐와 같이 최근에 근대화가 급속히 진행된 나라에서는, 학생들이 더 나은 대우를 받는 직종이 있는 '현대적' 경제 영역에 속하고 싶어 하기 때문에 병이 가장 치명적일 것이라고 예상했다. 이러한 예측이 얼마나 들어맞는지는 부분적으로 세 가지 요인에 달려있었다. 첫째 요인은 졸업장의 활용이 공공 부문 고용 규모와 위신에 영향을 받을 것이라는 점이다. 공공 부문은 선발에서 졸업장을 활용하였으며, 일본의 경우에는 대규모 관료적 기업에서도 활용했다. 적극적인 소규모 민간 부문은 선발이 공공 부문처럼 공식적이지 않았기 때문에 졸업장의 영향이 완화될 수 있었다. 후발 국가에서 더욱 빠른 속도의 학력 인플레이션이 나타날 것이라는 예측은, 정부가 중등교육과 고등교육의 확대를 바라는 대중들의 요구를 통제함으로써 약화될 수 있다. 시험 주도의 도구적 교수─학습에 의한 교육적인 것의 훼손은 도덕성과 사회적 관심 같은 문화적 가치를 강조했었던 전근대적인 교육 전통을 강조함으로써 경감될 수 있다. 이러한 문화적 가치는 학교교육이 시험 그 이상의 것이 되도록 했다.

도어의 예측은 잘 들어맞았는가?

연구자들은 도어의 대담한 예측이 실현되는지 알아보기 위해 30년을 기다렸다. 1997년에 이를 재검토할 때 도어는 그가 예측한 것처럼 명료하지 않았음은 인정했지만, 자신이 주장했던 내용의 전반적인 요지를 여전히 지지한다는 입장을 견지했다.

도어의 예측과 달랐던 영국

'후발 국가'일수록 더 심각한 졸업장병을 겪을 것이라는 예측은 완벽하게 실현되지는 않았다. 왜냐하면 1976년에 상대적으로 졸업장병에서 자유로웠던 영국에서, 이후 20년 동안 졸업장병이 급격히 확산되었기 때문이다. 영국은 직업과 관련된 졸업장들이 증가하고, 특히 고등교육이 확대되면서 졸업장병이 확산되었다. 앨리슨 울프(Alison Wolf, 2002)[2]는 이러한 변화를 강하게 비판했다. 그녀는 영국 정부가 '인간자본'에 대해 지나치게 단순한 관점 —보다 자격을 갖춘 노동력=더욱 생산적인 노동력— 에 근거하여, 국가 차원의 직업 자격 제도를 개발하였다고 보았다. 울프는 이런 조치가 대체적으로 성공적이지 못한 것으로 판명되었다고 주장했다. 실제 졸업장의 증가는 *고등교육*을 통해 훨씬 덜 중앙집권적인 방식으로 이루어졌다.

이러한 학력 인플레이션은 고용주들의 학사학위 요구나, 전문직 관련 훈련을 받기 위한 필요에서 비롯되었다. '학력주의'는 어떤 분야의 학위인지는 크게 개의치 않는 고용주들에 의해서 나타난다. 중요한 것은 학위의 서열(등급)이고, 부분적으로 어디에서 취득했는지가 중요하다. 이는 도어의 주장과 일치하지만, 그는 영국에서는 이러한 현상이 일어날 것이라 예측하지 않았다. 영국 정부는 50퍼센트의 학생들을 전문학사 학위를 수여하는 2년제 고등교육기관에 진학시키겠다는 목표를 세워 이를 악화시켰다. 학력 인플레이션은 더 광범위하게 적용되는데, 예를 들어 자격이 필요 없는 보조교사에게도 교육학 학위가 요구되었다. 예상과 달리 학사학위는 직업을

---

2 앨리슨 울프(Alison Wolf)의 『교육은 중요한가?*(Does Education Matter?)*』 (2002) 참조.

얻는데 가장 적합한 자격이 되었다. 반면 직업과 관련하여 만들어진 직업자격들은 제한된 화폐가치만을 가지게 되었다.

졸업장의 질을 중시하는 일본

도어에 따르면, 일본은 고전적 의미에서는 '후발 국가'이지만 그러한 국가들 중에서는 상당히 이른 시기에 발전한 유형이라는 점에서 역설적이다. 일본에는 수세기 동안 지역의 후원가들에 의해 운영되는 지역학교와 (인구의 6−7퍼센트 정도인) 무사 자녀들을 위한 학교가 있었다. 세계 2차 대전 이후 극적인 변동을 야기했던 일련의 주요 사회개혁과 교육개혁이 추진되었다. 1976년까지 일본은 급격하게 성장하였고 미국 다음으로 두 번째 경제 강국이 되었다. 19세기에는 프랑스 교육제도의 영향을 받았던 복잡한 중등교육과 고등교육제도가 미국식으로 변화하였다. 미국의 영향으로 '단선형' 학제로 바뀌었으며, 학생들은 9년 동안의 의무교육을 이수하게 되었다. 3년의 고등학교, 2년제 대학, 4년제 대학교로 조직되었으며, 고등학교와 고등교육 등록생의 급속한 팽창을 보였다.

이와 함께 사회구조 또한 두드러진 변화를 경험했다. 전쟁 중에 일어났던 많은 변화가 그대로 유지되었고, 후발 국가의 상징인 대기업은 관료제처럼 대학졸업자들을 매년 신규 채용하였다. 급여는 교육졸업장의 수준에 따라 표준화되었으며, 교육제도가 경제보다 더 빨리 팽창했기 때문에 기업은 명문대학 졸업생을 선발해야 한다는 압력을 받았다.

도어가 일본에 대한 예측을 수정한 것은, 일본은 갈수록 더 높은 단계의 졸업장을 받는 것보다 어디에서 교육 받았는지를 더 중요하게 여기게 되었기 때문이다. 이쿠오 아마노(Ikuo Amano)는 이

런 현상을 '일본은 '특정한 수준'의 졸업장을 수여하는 사회가 아니
라 '특정한 기관'의 졸업장을 수여하는 사회'(p. 56)라고 정리했다.
이는 좋은 학교와 대학에 입학하는 것이 중요하고, 그래서 평가에
대한 중압감이 어린 시절부터 있다는 것을 의미한다. 왜냐하면 좋
은 대학에 진학하는데 유리한 명문중등학교(feeder school)에 입학하
기 위해, 어린 학생들은 평가를 준비하고 경쟁해야 하기 때문이다.
이런 평가에 대한 중압감은 부분적으로 사교육 영역을 확장시켰다.
사교육은 한정된 자리를 둘러싼 경쟁에서 어느 정도 이점을 제공했다.

　　하지만 일본에서 발견되는 특별한 경쟁의 형태가 시험이 교수
와 학습의 토대를 손상시킨다는 주장을 약화시키지는 않을 것이다.
아마노는 만연한 표준편차점수(SDS)의 힘을 보여주었다. 이 점수는
학생들로 하여금 동료들보다 높은 등수를 차지하기 위해 더 좋은
점수를 얻도록 부추긴다. 학생들은 무엇을 아느냐가 아니라 '정규
분포곡선 위'(2장의 골턴 참조)에 위치할 뿐이다. 그 결과는 다음과
같다.

　　시험은 교사들이 학생들로 하여금 공부하고 졸업장을 획득하도록
　　자극하는 기본적인 수단이며, 교실 질서를 유지하고 통제하기 위
　　해 중요하다. 그리고 무엇이 좋은 교육이고 무엇이 이상적인 개인
　　발달의 기준인지에 대한 합의가 약화되고 있는 현대사회에서, 표준
　　편차 점수에서 가능한 더 높은 곳에 위치해서, 좋은 점수를 얻고
　　좋은 학교와 대학에 진학하는 것 … 그 자체가 목적이 되고 있다
　　(Amano, 1997, p. 61).

다른 국가들의 경우

'매우 충격적인 사건'들은 도어가 초판에서 들었던 예들의 예측
경로에 영향을 미쳤다. 도어는 중국 문화혁명이 '로맨틱한 유교 전
통'에 영향을 미쳤다고 보았다. 도어는 다음과 같이 논평했다.

> 역사는 장기간의 흐름을 일반화하려는 사회학자들의 시도에서 얼
> 마나 예상 밖일 수 있는지! … 그것[1976년의 공식]이 감안하지
> 않았던 것은 트라우마적인 역사적 사건이 역사적 흐름에 미친 영
> 향이었다(1997c, p. 189).

매우 충격적인 사건에는 스리랑카의 내전, 중국의 시장사회주의
로의 전환, 그리고 쿠바에 영향을 미친 소비에트 연방의 해체 등이
있다. 안젤라 리틀(Angela Little)은 스리랑카에서 시민의 불안이 졸
업장을 더 중요하게 만들었던 방식을 밝혔으며, 그 결과 졸업장병
이 악화되었다.

> 시험을 '문제'라고 여기는 것과 달리, 오히려 스리랑카의 많은 사람
> 들은 갈등이 증폭되는 사회에서 부족한 자원을 분배하는 합법적
> 이고 공정한 유일한 방법이 시험이라고 생각한다. … 1990년대 나
> 타난 시험에 대한 의존은 문제나 병이 아니라, 도어가 예상하지
> 못했던 전반적인 정치적, 민족적 문제에 대한 완화책으로 여겨진다
> (1997b, pp. 84-5).

이는 현재 르완다와 같은 국가의 경우에도 적용될 수 있다. 유
엔은 르완다에서 대학살 이후에 조직된 국가시험위원회가 교육적
으로 예전에는 경험하지 못했던 상당한 수준의 공정함과 보상을

제공했다고 보았다.[3]

평가와 학습의 황폐화

도어는 교육을 약화시킨다는 이유로 졸업장 사냥을 반대했다. '통제된 훈련이든 보다 자유롭고 즐거운 실험이든 학습과정은 숙달된 대상이 있다. 지식은 정신을 활용하는 기쁨만으로도 그 자체를 위해 탐구될 수 있다'(1997a: 8). 도어는 이 때문에 4장에서 다룬 '심층적 학습접근'을 확신했다. 이와 반대로, 졸업장이 직업 선발에서 중심이 되면서 교수-학습은 황폐화되었다. 그는 '더 많은 졸업장을 얻는 것은 *그저* 졸업장의 획득일 뿐이다. 그것은 의례적이고, 지루하며, 불안과 지루함을 퍼뜨리며, 호기심과 상상력을 파괴한다. 한마디로 반교육적이다.'라고 분개했다(1976: ix).

도어의 '소박한 제안들'

도어의 분석을 고려할 때, 졸업장병을 억제할 수 있는 방법은 무엇인가? 도어는 실제로는 소박하지 않은 오히려 그 반대인 *'소박한' 제안*을 했다. 첫 번째는 교육을 개혁하는 것이고, 두 번째는 평가의 내용을 변화시키는 것이었다. 두 가지 내용은 다음과 같다.

- 직장 생활을 가능한 빨리 15-17세 즈음부터 시작하도록 한다. 시간제든 전일제든 관계없으며, 모든 고등교육과 훈련을 직장

---

3 나는 피터 가신지와(Gasinzigwa, 2006)와 알폰 카말리(Kamali, 2006)의 미출판 석사학위논문을 참조했다.

내 훈련이나 특수한 교육기관에서 맡도록 바꾼다. 아울러 가능
한 많은 선발이 직장에서 이루어지도록 한다.

• 선발이 이루어지는 모든 경우, 즉 특별히 사람들이 기초적 학교
교육을 마치고 입직할 회사를 결정하는 경우에 학업성취도 검사
가 활용되는 것을 피한다. 대신, 적성 검사, 추첨, 특별히 '요
점 정리된' 시험 등이 사용될 수 있지만, 중요한 것은 벼락치기
가 (전혀) 불가능한 시험이어야 한다는 점이다(1997a, pp. 142
−3).

도어는 적성 검사(aptitude tests)에 대한 확고한 신념을 가지고
있었다. 적성 검사가 벼락치기 공부를 유발하는 학교 기반 시험들
과 독립적이라고 여겼기 때문이다. 그래서 그는 이 책의 앞 세 장
에서 전개된 논의와는 반대 방향으로 나아갈 수 있었다. 그는 사회
에는 선발을 위한 시험이 필요하다는 것을 인정하며, 시험을 폐지
하려고 하는 '탈학교' 운동에 대해서 강력하게 비판한다.[4] 그는 사
회적 기술과 같이 필요한 요소들을 추가한 일종의 지능검사인 적성
검사로의 전환을 선호했다. 이 검사는 '필연적으로 선천적인 것은
아니지만, 적어도 사고 특성에 의해 상대적으로 불변하는 것을 측
정하는 것으로 추정된다.'(1997a: 155). 그는 만약 시험이 주로 선별
(screening)을 위해 활용된다면, 선발하는 사람은 전공자보다는 실력
이 좋은 지원자를 찾을 것이라고 생각했다. 만약 상대적 실력에 따
라 학생들을 분류할 수 있고 —그는 일본의 제도를 '대규모 고비용

---

4 도어는 당시 유행하던 이반 일리치의 연구를 다른 사람들의 기회를 제한하는 중
간 계급 운동으로 본다. 기회를 제한 받는 사람들은 이 책의 1장에서 논의했던
'시험을 치러야 하는 가난한 빈민'을 연상시킨다.

지능검사제도'라 불렀다 — 이러한 분류를 상대적으로 일찍 실시할
수 있다면, 시험의 역류 효과를 줄이고 적절한 교육을 제공할 수
있을 것으로 보았다. 더구나 시험이 '벼락치기나 과외로 전혀 가능
하지 않기 때문에'(p. 154), 대다수 학생들을 농부나 자영업자로서
각자의 삶을 준비시키는 교육과정이 가능할 것이다. 이것이 시릴
버트(Cyril Burt)와 영국의 삼중 교육제도(tripartite school system)[5]의
반향으로 들린다면, 그것은 아마도 맞을 것이다.

시험 과목 축소

도어는 대안적 전략도 제안했다. 그 하나는 시험 과목을 줄이는
것인데, 예를 들면 수학과 언어 시험만 보는 것이다. 이들 두 과목
은 역사나 지리 과목에 비해 벼락치기가 힘들고, 적성검사에 더 가
깝다. 또한 여러 과목의 성적을 합하여 학업성적을 예측하는 것과
같은 기능을 한다. 도어는 이것이 교육과정을 왜곡시킬 수 있다는
것을 알았지만, 세 가지 논거를 들어 반박했다. 첫째는 과목에 할
당된 시간을 통제할 수 있고, 이를 통해 수업이 축소되는 것을 막
을 수 있다는 것이다. 두 번째는 역설적으로, 어쨌든 수학과 언어
와 같은 기본 능력에 집중하는 것이 그렇게 나쁜 생각이 아니라는
것이다. 세 번째는 기본 능력이 자동반사적으로 되기 위해서는 상
당한 반복 훈련이 필요하며, 그렇게 한다고 해서 '시험을 준비하는
외적 동기가 손상되지 않을 것'(1997a, p. 158)이라는 점이다. 특히
영국 교육부의 '최우선 전략' 정책에서 발견되는 것처럼, 두 과목

---

5 [역주] 영국에서 1945년부터 1970년대까지 존재했던 세 유형의 중등교육기관으
  로 문법학교(grammar school), 기술학교(technical school), 현대학교(modern
  school)를 말한다. 학생들은 초등학교 마지막 학년에 실시되는 11+ 시험 성적
  을 기준으로 각 학교에 배정된다. 심리학자 버츠(Burt)는 시험을 통해 아동의 능
  력을 확인할 수 있다고 생각하였으며, 이 제도의 도입에 상당한 영향을 미쳤다.

이외의 다른 교과를 흥미롭게 만들 수 있다면 동기가 손상되지 않는다는 것이다.[6]

보호된(encapsulated) 성취도 검사

우리가 '성취도 검사'를 지속적으로 실시한다면, 차후 직업적 선발을 위한 선택가능한 대안은 단기 집중 과정의 종료 시점에 시험을 치르는 것이다. 이것은 단기 과정이나 시간이 정해져 있는 특정 프로젝트에 대한 시험 준비로 제한된다. 이는 시험 후에 나타날 수 있는 어떠한 역류 효과도 매우 제한적이 될 것임을 의미한다.

학교 정원과 추첨

만일 모든 것이 실패한다면, 거주지 또는 추천을 통해 학교를 배정함으로써 시험에 대한 압력을 줄일 수 있다. 그러나 도어의 본심은 이런 제안에 있지 않았다. 왜냐하면 거주지에 따라 학교를 배정하는 것은 학교 내에서 '서로 싸우는 경쟁'을 야기한다고 생각하기 때문이다. 추첨은 좀 더 공평하기는 하지만, 능력이 부족한 사람이 선택될 수도 있으며 '사회적으로 몇몇 더 중요한 직업에 더 명석한 사람들을 배치할 필요가 있다.'(1997a: 161)라는 것이 문제이다. 그는 추첨이 직업 선발에서만 고려될 수 있다고 생각했다. 하지만, 대한민국, 몰타, 영국에서와 같이 추첨으로 중등학교 선발을 실시하는 사례는 더 많을 것이다.[7] 네덜란드에서는 고등교육 선발에도 활용되고 있다.

---

6 이것은 영국 교육부(2003)의 '*수월성과 즐거움: 학습의 사회적·정서적 측면 (Excellence and Enjoyment: social and emotional aspects of learning)*' 정책의 요지였다. 이는 고부담 시험과 문해와 수리 수업시간의 편성을 가장 중요시하는 교육 환경을 조성하려는 정책적 노력을 말한다. 6장을 참조.

7 2007년 영국 브라이트의 중등학교에 대한 법원의 판결은 그 해 7명의 학생을 선발하는 데 있어서 추첨을 사용할 권리를 인정했다.

안젤라 리틀은 도어의 한계를 지적했는데, 특히 문화적 맥락의 한계를 지적하였다. 그녀는 개발도상국의 부모와 아이들은 '노력이 교육적 성공과 실패의 주요 결정 요인이라고 매우 강하게 믿었다. … 교사와 학생들에게 능력과 적성은 통제가 불가능하며 노력과 연습을 통해 향상될 수 없다고 설득하는 것은 어렵다.'(1984: 214)라고 주장했다. 심지어 이들 나라에서는 '적성'이 노력과 연습의 개념을 포함하는 것으로 이해되고 있음을 보여주었다. 예를 들어, 스리랑카에서 적성을 뜻하는 싱할라(Sinhala)라는 단어는 '개인의 학문적 수준을 시험하기 위한 도전'을 의미한다(1984: 209). 이러한 생각은 행운에 기반한 추첨을 노력과 연습을 포함하는 접근에 반하며, 노력을 심각하게 약화시키는 것으로 인식한다.

도어의 '소박한 제안들'에 대한 성찰

졸업장병을 발표하고 20년 정도 지난 후, 도어는 적성에 대한 생각은 확고해진 반면에, 시험의 역류 효과에 대한 생각은 유연해졌다. 그는 지능을 '생산적인 자아실현과 지속적인 성취를 위한 잠재력'(1997a: 178)으로 정의한다. 이는 지능이 정신 능력만큼이나 개인적 변인이라는 것을 뜻한다. 지능은 대개 유전되지만, 환경 또한 도어가 이상적으로 생각했던 '생산적인 자아실현'이나 결코 이상적이지 않은 '탐욕적 자기중심 성취'에 영향을 미치는 중요한 역할을 한다. 졸업장을 목표로 하는 학습은 후자의 탐욕적 성취를 지지한다. 이는 4장에서 다룬 심층적 학습보다는, 전략적이고 표층적인 학습에 가깝다. 그리고 10대 중반에 이르면 그러한 기질은 고착되기 시작한다. 이에 '12년간의 학교교육을 통해 돈을 벌기 위한 목적으로만 학습하는 것에 길들여진 사람들에게 정신을 고양하고 대학교육을 장려하는 것은 … 유용하지 않을 것 같다'(1997a: 179). 이는 직장에서도 똑같이 적용된다. '만약 한 사람이 졸업장 지향의 학교교육 의례에 18년이나 20년 동안 지루하게 순응한 덕분에 공무원이라는 직업을 얻었다면, 그가 사무실의 의례를 지루하게 따르는 소심한 관리가 된다고 해서 누가 그를 비난할 수 있겠는가?'(1997a: 12). 도어는 개발도상국에서 필요한 것이 기업가적 자세를 갖는 것과 창의성이라고 믿었다.

그렇다면 도어가 세상을 인식하는 방식을 살펴보자. 그는 매슬로우(Maslow)의 욕구단계설의 영향을 받았는데,[8] 그에 따르면 우리는 자아실현을 위한 여러 선천적 능력을 가지고 있다. 이러한 능력은 누군가는 직업을 통해서, 가장 뛰어난 사람들은 리더십을 통해 나타난다. 하지만 졸업장을 목표로 하는 학교교육이 조장하는 '자기중심적 성취'에 의해 그 능력은 제한받는다. 이것이 도어가 성취도 검사보다는 능력 테스트를 원하는 이유다. 능력 테스트는 졸업장 취득이 학생들의 성장을 저해하기 전에, 학생들의 역량을 발견하고 '생산적인 자아실현'의 궤도에 가능한 빨리 오르도록 한다는 것이다. 교육의 '선별' 대 '인간자본'의 차원에서 보면, 이는 도어가 확실히 선별의 입장을 취하고 있음을 보여 준다. 학생들은 학교에 다니면서 감소될지도 모르는 능력을 가지고 학교에 간다. 그렇다면

---

8 매슬로우(Maslow, 1973) 참고. 욕구단계설은 다섯 단계의 피라미드인데 욕구의 다섯 수준으로 이루어져 있다. 이 중 네 가지는 결핍 욕구(생리적 욕구, 안전 욕구, 소속감과 애정 욕구, 존경 욕구)로 이루어져 있다. 이것들이 대체로 충족될 때 성장 욕구(자아실현 욕구)가 나타날 수 있다. 그리고 성장 욕구에서 창의성과 문제 해결력을 발견할 수 있다.

해야 할 일은 학생들의 능력 수준을 알아내고, 15-17세까지만 학교에 다니게 하는 것이다. 그래야만 학생들은 적어도 일에서 필요한 것을 배우게 될 것이다.

시험-모두 나쁜 것인가?

역설적이지만, 능력에 대한 도어의 관점이 점점 더 명확해질수록 시험에 대한 견해는 온건해졌다. 지난 20년 동안 도어 자신은 시험반대론자가 아니라고 설명했고, 시험을 반대하는 탈학교론자들을 비판했을 뿐만 아니라 영국의 직업자격 관련 시험이 엄격하지 못하다고 비판했다. 그는 또 시험이 모든 이에게 똑같이 해로운 것만은 아니라는 생각을 하게 되었다. '유전적으로 결정된 능력의 차이가 중요하다는 것을 나처럼 강조하는 사람은 누구나 인식하겠지만, 시험은 모두에게 동일하지 않다.'(1997a: xx). 시험은 가장 뛰어난 사람들에게는 그 효과가 미미할 수도 있다. 왜냐하면 그들은 시험을 쉽게 받아들일 수 있기 때문이다. 하지만 능력이 떨어지는 사람들에게는 시험이 없었다면 생기지 않았을 외적 동기를 시험이 제공할지도 모른다. 여전히 시험 체계는 '똑똑하지만 제일 똑똑하지 않은 사람들에게, 그리고 경쟁에 있어서 사회적으로 바람직한/선망되는 보상들을 바라볼 수는 있지만 간절하고 많은 노력이 없이는 보상에 확실히 이를 수 없는 사람들'에게 불리하다.(1997a: xxii) 도어의 실력에 대한 관점을 고려할 때, 그가 정규분포와 표준편차를 사용하여 논의한 것은 당연하다. 일본에서는 표준편차 +3 이상인 상위 0.15퍼센트에 해당하는 사람들은 '시험의 극심한 생존경쟁에서 상대적으로 무탈하게 살아남을 개연성이 있다.'(p. xxi). 이것은 그들이 표준편차 점수에 대해서 일찍 이해했기 때문에, 성실하다면 상위 대학에 입학하여 더 창의적인 학습을 할 수 있음을 스스로 알았기 때문이다. 영국에서의 '귀족형 사립학교(public school) 신뢰'에 대한 인식도 이와 유사한 과정을 보여준다. 일반 학교에서 최고 성적을 위해 노력하는 것보다 명문학교에서 훨씬 더 자신을 가질 수 있는 교육을 제공한다.

시험 그리고 학습 부진아들

아마도 성취도가 낮은 학생들을 대하는 도어의 태도 변화가 지난 20년간의 변화 중 가장 주목할 만하다. 도어는 즐거운 발견을 강조하는 가장 좋은 학습법인 아동중심 교수법을 포기했다. 그 교수법은 '명석한 학생들'에게는 적용될 수 있지만, 학습부진아들에게 자신감을 갖도록 강조하는 것은 '힘든 고투의 시간을 통해서만 얻을 수 있는 학문적 자질을 박탈함으로써 그들을 기만할 가능성이 있기 때문이다.'(1997a: xxii). 뿐만 아니라 정확함, 규칙성, 규정에 대한 순응의 미덕을 훈련하는 것도 박탈할 수 있다.

이러한 접근은 그가 이전에 생각했던 것보다 학습동기가 훨씬 더 복잡하다는 인식이 근저에 있었기에 가능했다. 영국, 일본, 스리랑카를 포함한 6개국에서 학생들의 동기를 연구했던 *학생 학습태도 연구팀(Student Learning Orientations Group, SLOG, 1987)*이 관련 증거를 제공하였다. 연구결과, 일본에서는 평가와 흥미 사이에 매우 낮은 상관관계가 있었으나, 높은 수준의 평가지향성이 흥미를 없앤다는 도어의 주장은 거의 뒷받침되지 못했다. 평가와 흥미는 확실히 정적 상관관계를 보였다. 도어는 내적 동기가 자연적으로 발생하지 않으며, 때로는 외적 동기에서 시작될 수도 있다는 사실을 알게 되었다. 즉, 우리는 어떤 일을 해야 하기 때문에 그것을 한다. 하지

만 그것을 즐기기도 하고 적어도 무엇인가를 배우기도 한다.[9]

이러한 도어의 주장에는 문제가 있다. 만일 그가 능력을 테스트하기를 원한다면 그리고 능력이 선천적이라면, 능력 테스트는 열심히 노력하는 것에 그다지 민감하게 반응하지 않을 것이다. 만약 능력이 획득된다면 그리고 그것이 학교에서 얻어지는 것이 아니라면, 어디에서 열심히 노력해야 할까? 능력 테스트는 보다 일반적이고 추상적인 시험에 유리한 사회적 자본을 지닌 기존 특권층에게 유리한 방법은 아닐까? 설상가상으로, 만약 내가 '학급 부진아'로 분류되어서 요구되는 수준을 충족시킬 수 없기 때문에 제한된 '기능적' 교육과정을 이수해야 된다면, 내가 내 능력에 대하여 무엇을 할 수 있을까? 도어는 이러한 딜레마를 인식하고 그 어려움에 대해서 서술했다.

> 타고난 자질에 따라 사람들의 미래를 꽤 정확하게 알아내거나, 적어도 때에 따라 판단이 크게 바뀌지 않을 수 있는 시스템을 제도화하는 것. 능력 테스트에서 실패했다는 것은, 어떤 점에서는 학업 성취도 검사에서 실패했다는 것보다 심적으로 더 충격적일 수 있다. 학업 성취도 검사의 실패는 '좋은 성과는 아니지만, 힘내서 내년에 다시 도전해.'를 의미할 수 있다. 하지만 능력 테스트의 실패는 '미안한데, 넌 이 부류가 아냐, 다른 길을 찾아보렴.'을 의미할 수 있다 … 의지의 결핍, 즉 최선을 다하고자 하는 마음의 결핍은 … 무언가를 하기 위한 '능력이 없는 것'보다 내적인 자아감각(sense of selfhood)과 더 관련된다(1997a: 192−3).

이것은 자신의 처지에 대한 충격적인 자아비판이다. 영국에서 11+ 지능 검사에 실패하는 것이 많은 사람들의 학습자 정체성에

---

9 테리 크룩스(Terry Crooks, 1988)의 교실 평가 연구 참고.

평생 동안 상처를 남겼다는 것과 동일한 메시지이며, 뿐만 아니라 시릴 버트의 지는 법 알기(3장)에서 우승자들의 이야기를 상기시킨다. 이 주제는 8장에서 다시 다루어질 것이다.

도어도 능력 테스트가 실시되는 곳에서 한 집단이 더 불리한 집단에게 부정적 영향을 미친다는 것을 인식했다. 그는 예상 밖인 남아프리카의 세 나라와, 뉴기니 그리고 중간계급이 노동계급 아동의 문법학교 입학에 영향을 미친 영국을 예로 들었다. 학비를 부담할 수 있는 중간계급 아동들은 문법학교에 입학할 수 있었으며, 입학을 위해 지능 검사로 경쟁할 필요가 없었다. 그러나 개인이 학비를 부담하는 제도가 폐지되면서 중간계급 학생들은 다른 계급의 아이들과 경쟁하게 되었고, 선발 과정은 훨씬 더 주목받게 되었다.

도어는 이러한 심각한 허점에서 어떻게 벗어났을까? 그는 능력이 유전적 운으로 간주되고 책임감으로 보상되는―그러나 수입으로 보상되지 않는―상상의 세계로 도피하고자 했다. 그는 이것이 능력 없는 사람이 받을 충격을 완화시켜줄 것―특별히 그들이 수입이 더 많다면―이라고 생각했다. 그러나 이는 자신이 만든 문제에 대한 유약하고 현실성 없는 대답이다.

따라서 그의 시험 관련 논의는 모순과 읍소로 끝난다. 그는 성취로부터 능력을 분리하기 위해 교육과정, 교수방법, 평가의 상호작용을 이해하고자 노력하였다. 분명한 것은 능력 테스트에 관한 그의 소박함이다. 특히 능력 테스트는 준비될 수 없다는 것과 학습 동기에 대한 신념이 그렇다. 2장에서 살펴본 것처럼, 교육적 경험과 준비 모두 다 능력 테스트에 영향을 미친다. 도어는 영국의 11＋ 시험 준비 과정에서 있었던 중간 계급의 과외 지도를 잘 알고 있었음에 틀림없다. 그는 미국의 SAT를 매우 긍정적으로 인용하였

다. 하지만 우리가 이미 알다시피, SAT는 더 이상 적성검사로 불리
지 않으며 일반적인 교육적 기술로 간주된다. 특히, 대규모의 'SAT
점수 향상' 산업이 존재하기 때문에 그렇다. 사회학자로서 도어는
계급과 하위집단 요소에는 이상하게도 관심이 없었던 것으로 보인
다. 이는 아마도 '고정된 능력'에 대한 관점에서 기인하는 맹점일
것이다. 이 관점에서 계급은 원인이기보다는 능력의 결과이기 때문
이다.

이러한 쟁점에서 벗어나더라도, 능력 테스트가 교수학습을 해방
시킬 수 있으며, 모든 학생들이 자신의 학습을 즐길 수 있느냐가
문제의 핵심이다 — 따분한 기초 수업을 묵묵히 공부하게 될 학습
부진아는 제외함. 나는 이것이 분류의 영향을 과소평가하고 있다고
생각한다. 잉글랜드에서 11＋ 시험에 실패하여 현대중등학교[10]에
진학한 학생들이 (시험을 치르지 않는) 우수하고 창의적인 교육을 받
았던가? 안젤라 리틀은 개발도상국의 수업과 동기에서 동일한 지점
을 보여준다. 도어는 학습에 대해 이상적인 관점을 가지고 있다.
시험을 없애면, 능력이 부족한 아이를 제외하고는 심층적 학습이
자연적으로 이루어질 거라고 보았다. 학습 동기의 복잡성에 대해
충분하게 설명하지 못하고 있는 것이다. 몇 가지 '소박한 대안들'을
통해 이 주제를 다시 살펴보자.

몇 가지 소박한 대안들

로날드 도어는 대담하고 인상적인 의견을 제시했지만 이것들은
정말 소박한 대안들이다. 이것은 대체로 나의 접근법이 실용적이기
때문이다. 나는 이상적인 세계를 만드는 것보다는 실제로 존재하는

---

10 [역주] 직업교육을 전문으로 하는 중등학교.

것에 대해 연구하려고 노력한다. 나는 학업성취도 검사에 대해 다음과 같은 가정을 한다. 학업성취도 검사는,

- 능력/적성/지능 검사보다 대부분의 교육목적들에 대해 더 타당하다.
- 교육내용, 교수방법, 학습방법을 구체화한다. 그래서 목적, 목적적합성, 예상되는 결과가 명확하다면 학업 성취도 검사는 학습에 긍정적 역할을 할 수 있다.
- 자격, 선발, 진학에서 핵심적인 사회적 역할을 한다.
- 기본적으로 검사에 응하지 않는 이들보다 검사에 응하는 이들에게 이익이다.

이러한 가정이 주는 시사점은 우리를 도어와 다른 방향으로 인도한다. 즉, 학교교육과 졸업장을 통해 추가적인 가치를 획득하고자 하는 '인간 자본론'적 접근법을 지향하게 한다. 물론 모든 학업성취도 검사가 현재 시험과 졸업장에 잘 어울린다는 것은 아니며, 많은 검사는 부족한 타당도 때문에 목적, 목적적합성, 결과의 준거와 충돌하기도 한다. 뿐만 아니라 제한된 교육과정, 상상력이 부족한 수업, 표층적 학습을 초래한다. 하지만 성취도 검사에 적합한 경우가 하나라도 있다면, 검사를 포기하기보다는 개선하는 것이 해결 방안이다. 모든 점에서 적합한 검사를 만들고자 한다면, 많은 경우 목적과 목적적합성의 차원에서 정당화되기가 어렵기 때문에 그 기준을 통과하는 타당한 검사는 더욱 더 적어질 것이다.

성취도 검사에 대한 옹호

능력/적성 검사가 그 정의의 수준에서도 오해의 소지가 있다는 이 책의 핵심 주장이 이제 낯설지 않기를 희망한다. 나는 도어가 능력/적성을 학교교육과 상관없는 선천적이고 고정된 학습을 위한 사전 능력, 즉 학습의 근거(the cause of learning)로 생각했다고 본다. 내가 비네로 돌아가자고 주장하는 것은 능력 및 적성 관련 테스트가 *일반화된 학업 성취도 검사*로 여겨지기 때문이다. 누군가의 테스트 점수가 어떻게 그들의 경험으로 만들어진 것(학습의 *산물*)에 대해 알려줄 수 있을까. 그래서 나는 기본적으로 능력 테스트의 내용보다 그 결과의 해석에 이의를 제기한다.[11] 능력테스트는 일반화된 성취도의 측정결과로 학업성취를 예측할 수 있기 때문에 미래의 타당한 변수가 될 수 있다. 고용주가 전공보다 학위의 수준에 관심을 두는 것은 여전히 교육내용과 무관하지 않은 일반적 학업 성취에 관심이 있다는 것을 말한다. 문제는 능력과 지능을 성취의 한 형태로 여기기보다는, 성취의 근원적인 원인으로 쉽게 생각해버리는 우리의 역사적 인습이 문제이다.

나는 성취를 연속선상에 있는 것으로 본다. 성취는 보다 추상적인 학문적 추론(예를 들면, 레이븐 검사, 유추-능력 테스트의 요소)과 복잡한 수행 기술(예를 들면, 의학 진단)에서, 정보의 구체적인 암기

---

11 이것은 타당도를 이해하는 것으로 돌아가게 한다. 타당도는 무엇이 측정되고 있는지(구성물), 어떻게 표본조사되는지를 포함할 뿐만 아니라 결론과 그 결과에서 도출된 추론도 포함한다. 여기서 쟁점은 그 추론이 잘못되었는지이다(결과이기보다는 원인으로서의 능력). 만약 추론이 잘못되었다면, 능력 테스트는 그 내용이 정당하더라도 타당도가 약해진다.

(예를 들면, 역사적 사실)와 특수한 직업적 과업(예를 들면, 플러그에 전선 연결하기)까지의 연속선상에 위치한다. 여기서 쟁점은 특정한 테스트 혹은 시험 문제가 이 연속선상의 어디에 있어야 하는지이다. 도어는 학업성취도 검사가 반복학습 그 이상도 그 이하도 아닌 구태의연한 요구를 한다는 이유로 반대하였다. 하지만 해결책은 학업성취도 검사를 버리는 것이 아니라, 더 복잡한 요구가 반영될 수 있도록 연속선상에 따라 이동하는 것이다(아래 참고).

이것은 실력 테스트로 인한 낙인 찍기(labelling)와 학습에 미치는 영향 모두를 방지한다. 캐롤 드웩(Carol Dweck, 1999)은 이에 대해 체계적으로 연구해 왔다. 그녀는 능력을 고정되고 주어진 것으로 바라보는 능력 실체론을 지지하는 학습자와, 노력에 따라 점진적으로 향상된다는 입장을 지지하는 학습자로 구분하였다. 그리고 이러한 신념에 따라 학습자들이 어떻게 학습에 접근하는지, 그리고 어떻게 어려운 학습과 실패를 받아들이는지의 차이를 보여주었다.[12]

시험: 참여 원칙들

적성검사를 열성적으로 지지했던 도어에 대한 역반응은 아니지만, 나는 학업성취도 검사를 마지못해 옹호한다. 많은 학업 성취도 검사가 학습을 저해하고, 편협하고 상상력이 부족한 수업을 양산한다는 도어의 분석에 동의한다. 하지만 도어의 주장에 대한 지지는 조건적이다. 그 조건은 다음과 같은 타당도와 관련된 세 가지 기본 질문을 하게 한다.

---

12 7장과 더불어 재미있게 읽을 수 있는 드웩(Dweck, 2000)의 *자아이론(Self-Th eories)* 참조.

- 이 평가의 주된 목적은 무엇인가?
- 이 평가는 목적에 적합한가?
- 이 평가가 의도한 결과와 의도하지 않은 결과는 무엇인가?

시험이 정당화되기 위해서는 먼저 이 물음에 답해야 한다. 그리고 어떤 대답은 그 시험의 폐지를 찬성하게 만들지도 모른다.

목 적

평가의 목적을 명확히 하는 것은 필수적이다. 간혹 등한시되지만 가장 중요한 단계이다. 여기에는 무엇을 학습할 필요가 있는지를 정하거나, 무엇을 학습했는지, '만약 네가 귀를 기울이지 않는다면 너는 이번 주 테스트에서 점수를 받지 못할 거야.'와 같은 교실에서의 통제들에 대한 것들이나 혹은 학교가 중간고사를 요구하는지와 같은 관리적 통제에 대한 것 등이 있다. 좋은 후속 질문은 '이 평가가 얼마나 필수적인가?'와 같은 것이다. 필연적으로 다양한 목적이 있을 것이고, 때문에 관리적 접근의 원리가 작동할 것이다. 목적이 다양한 곳에서는 관리적 목적이 지배적으로 될 것이다. 이 모든 것이 평가의 교육적 가치를 떨어뜨린다. 그렇다면 교수-학습에 도움이 되는 것은 무엇일까?

목적적합성

우리가 제안한 시험에 특정 목적이 있다고 가정해보자. 다음은 시험이 실제로 의도한 것을 하고 있는가에 대한 조건들이다. 한 잡역부가 '통에 적힌 그대로입니다.'(30분 안에 건조됨 등)라고 단호하게 말하는 TV 페인트 광고 이후에, 나는 그것을 론실(Ronseal)

테스트[13]라고 불렀다. 어떤 것은 테스트가 목적을 실현하는 것을 방해할 수도 있다. 그것은 다음과 같다.

- *실제로 다른 것을 측정한다.* 예를 들어, 복잡한 언어를 사용하는 수학시험은 수학기술보다는 읽기를 측정할 수 있다. 또는 너무 뻔한 창의적인 논술 문제는 준비된 답을 암기할 수 있는지를 측정할 수 있다.
- *부적절하게 시험 내용을 선정한다.* 예를 들어, 말하기와 듣기 기술을 간과한 언어 시험이 있을 수 있다.
- *목적에 어긋나는 형태로 되어 있다.* 다지 선다형으로 창의적 글쓰기를 테스트하는 것(정말로 있었음)은 진정한 창의적 글쓰기를 방해한다.

따라서 존 프레드릭슨(John Frederiksen)과 알란 콜린스(Allan Collins)가 체계적으로 타당한 시험이라 칭한 것을 만드는 것이 과제이다.

타당한 테스트는 교육제도 내부에서 그 테스트가 측정하는 인지 기술을 발달시킬 수 있도록, 교육과정과 교육적 변화를 유도하는 것이다(1989, p. 27).

이것이 우리가 살펴볼 주제이다.

결 과

평가는 결코 중립적이지 않으나 항상 결과를 수반하고, 어떤 결

---

13 [역주] 목재가구 용품 회사.

과는 평가의 목적과 관련되기도 한다. 예컨대 평가가 선발을 위한 것이라면, 개인에게는 고부담 시험이 될 것이다. 평가가 책무성을 목적으로 한다면, 개인보다는 학교에 대한 평가결과가 존재할 것이다. 하지만 여기서의 초점은 *역류 효과(backwash effects)*—평가는 어떻게 교수-학습 과정에 영향을 미치는가?—에 있다. 도어는 역류 효과를 교수학습을 황폐화시키는 시험의 '개탄스러운' 결과라고 생각했다.

나는 수많은 시험이 가지고 있는 부정적 역류 효과를 최소화하고자 하는 것이 아니다. 시험이 중요한 것으로 인식된다면, *시험 준비를 위한 교수학습*은 불가피할 것이다. 따라서 효과적인 교수학습을 장려하기에 충분히 좋은 시험을 만들어내는 것이 중요하다. 엔트위슬의 분류에 의하면, 우리는 적어도 전략적 접근(희망컨대 심층적이라 불리는 것)을 찾고 있다. 이 때 수업은 특수하고 예측 가능한 시험의 요구에 초점을 맞춤으로써 *시험 준비*가 될 것이다. 이때의 교수학습은 시험에 필요한 것을 알아내는 표층적 접근이 될 것이다.

시험의 원리

앞서 다룬 목적, 목적적합성, 결과에 대한 논의는 시험의 다섯 가지 주요 원리로 압축될 수 있다. 이 원리들은 많은 것을 요구하며, 따라서 각 주제는 이중적 의미를 가진다. 그리고 실제로 그것은 완전히 충족될 수 없다. 하지만 만약 시험이 학습 과정에 해롭기보다 도움이 된다면, 이것은 추구해야 할 필요가 있는 목적이다.

1. *만약 교사가 시험에 맞춰 가르치고자 한다면 (그리고 교사들은 그럴 것이다), 시험은 교육과정이 요구하는 기술과 지식을 반영해야만 한다.*

2. *시험의 형식은 교수―학습에 영향을 미칠 것이다.* '단편적 지식'을 묻는 선다형 시험은 '단편적 수업'을 초래할 것이다.

3. *시험의 예측가능성은 수업의 강조가 심도 있는 학습법에 있든 표층적 학습법에 있든 관계없이 영향을 미칠 것이다.* 과거의 지필 고사에서 교수학습은 주제에 대해서 원리를 이해하기보다는, 예상 문제를 준비하고 암기하는 것에 더 가까웠다. 전자의 원리 이해를 장려하려면 예상 가능한 요소들이 줄어들어야 한다.

4. *시험은 접근가능성과 공정성을 통해 시험 대상자들의 동기부여에 도움이 되어야 한다.* 이점에 관해서는 결론이 나온 것도 많이 있고, 몇몇 어려운 갈등들도 있다. 잘하는 이들에게 동기를 부여하는 경향도 있으나, 일반적으로는 잘하지 못하는 이들을 위해 도입된다. 성취부진아들의 요구를 진지하게 고려하지 않는다면, 시험에서 그들은 의욕을 잃게 될 것이다. 그래서 시험은 단순히 낮은 수준의 암기만을 요구해서도 안되고, 학습부진아들도 쉽게 접근할 수 있는 수준이어야 한다. 공정성은 문화적, 사회적, 성적 차이가 어떻게 다루어지느냐에 대한 것이다.

5. *결과가 어떻게 해석되고 활용되는지가 가장 중요하다.* 시험의 타당도에 대한 최근의 연구들은 시험 자체의 특성보다는, 시험 결과에서 얻어지는 추론에 중점을 두고 있다. 만약 결과가 잘못 해석되거나 활용된다면 잘 구성된 시험의 타당도가 떨어질 수 있기 때문이다. 만약 내가 의도되지 않은 목적으로 시험을 활용하거나 그 점수를 잘못 이해한다면, 그 타당도는 떨어진다.

제약요인들

그러나 이러한 원리를 실제로 적용하는 데 있어서의 어려움은 과소평가할 수 없다. 시험이 목적에 적합하게 만들어지는 것을 방해하는 강력한 압력 요인이 평가제도 내에 존재한다. 첫 번째는 *관리가능성(manageability)의 압력*이다. 이는 더욱 단순하고 비용 효과적인 평가를 찾고자 하는 것을 말한다. 영국의 초기 국가교육과정 평가 작업은 평가에 대한 자극제로서 복잡한 실제 활동을 포함했다. 예를 들면, 7세 아이들에게 물체가 물에 떠다니는 실험을 하게한 후, 그 이유를 묻는 것이었다.[14] 교육부 장관은 이런 종류의 과제를 '정교한 넌센스'로 규정하고, 정기적인 지필 시험을 도입했다. 타당한 평가가 이루어지는 것이 복잡하고 비용도 많이 든다면, 이런 압력은 늘 존재할 것이다.

두 번째는 *표준화(standardization)의 압력*이다. 이는 개별 학교나 학생에 의해 주도될 수 있는 범위를 줄이는 것이다. 이 압력은 신뢰도와 관련이 있는데, 특히 동일한 과제와 시험조건, 외부 채점, 채점 방식의 해석에 주목한다. 표준화 압력은 평가 결과를 책무성 목적으로 사용할 때 특히 더 강하다(6장 참조). 만약 학교 간 평가 결과를 비교하고자 한다면, 모든 학교에 동일한 시험과 과제가 부과되어야 할 것이다. 지금까지 평가는 보다 체계적으로 타당한 방향으로 줄곧 고집스럽게 변화해 왔는데 이때 모두가 관심을 기울인 것이 바로 표준화였다. 이런 까닭에 시험에 관련된 '역사적 연구'는 공통되는 정책 문건을 다루는 것으로 축소된다.

---

14 그 당시 학생들은 물체가 왜 물에 떠다니는지, 그리고 왜 물에 떠다니지 않는지에 대해 설명해야 했다. 더 복잡한 것은 '통합' 과제였는데, 물냉이를 키우고 서로 다른 조건 하에서 물냉이의 성장 과정을 측정하는 것(과학과 수학), 그리고 마지막으로 그것을 시식하고 그 경험에 대해 서술하는 것(국어)을 포함했다.

세 번째는 *예측가능성(predictability)의* 압력으로 이는 앞의 두 압력과 관련이 있다. 시험이나 검사는 모두 사회적 제도이기 때문에, 시간이 지나도 동일하게 유지하라는 공적 압력을 항상 받았다. 특히 시험이 책무성 목적을 위해 활용될 경우 더욱 그러했다. 이전의 지필 시험 전통은 이러한 압력을 잘 반영하였다. 왜냐하면 과거의 지필 시험(시험은 항상 …에 관해서의 형태이다)은 시험 문제의 다양성이 예상되었으며, 어떤 내용은 시험에 잘 나오지 않는다는 이유로 전혀 가르쳐지지 않았다. 훌륭한 시험 대비 수업은 시험에 나올 법한 것들을 성공적으로 찍어주는 것이었다. 최악의 경우, 이것은 도어가 목격했듯이 시험에 대비한 암기학습법을 의미한다. 개리슨 케일러(Garrison Keillor)는 그의 와비건 호수[15]의 나날들(Lake Wobegon Days)에서 풍자적인 예를 들었다.

> 여러 해 동안 상급반 학생들은 '필레오폴리스(Phileopolis)'를 읽고 그 의미 등에 대한 질문에 답을 해야 했다. 교사들은 그렇게 하라는 요구를 받지 않았으나, 쿼스트 선생님이 제공하는 정답에 따라 채점해야 했으며, 정답지는 다음을 포함했다. (1) 모든 인간에게 문명과 종교의 혜택을 확대하기 위해, (2) 아니오, (3) 플라톤, (4) 일단 자각하게 되면, 황무지는 미와 학습에 대한 열망을 만족시켜줄 수 없다. 테스트는 해마다 똑같았고 선배들이 답을 찾아서 후배들에게 전해주자, 더 이상 누구도 필레오폴리스(Phileopolis)를 읽지 않았다.

---

15 [역주] 개리슨 케일러(Garrison Keillor, 1942년생. 미국 작가이자 라디오 진행자)가 '모든 여성은 강하고, 모든 남성은 잘생기고, 모든 아이는 평균 이상'인 마을을 상상한 것에서 유래했다. 성적이나 급료 등의 숫자 면에서 한 집단의 모든 구성원을 평균치 이상으로 대우하는 경향을 의미하며, 일반적으로는 자신의 능력을 평균 이상으로 과대평가하는 경향으로 통용된다.

더 좋은 시험 만들기

좋은 시험을 만들기 위해서는 역류 효과가 교수학습에 긍정적 영향을 미치는 총괄평가를 개발해야 한다. 어떤 점에서 이것은 합의된 교육과정이 지켜지도록 하는 것만큼이나 단순할 수도 있다. 합의된 교육과정은 이전에 능력을 충분히 발휘하지 못했던 일부 학생들을 위한 형평성 차원에서 출현했다.

시험의 굴레가 없어진다면, 개발도상국의 수업이 어떻게 변화될 수 있을 것인가에 대한 도어의 설명은 다소 이상적이었다. 그는 시험을 없앨 수 있다면 교사들이 창의적으로 가르칠 수 있을 것이라고 생각했다. 나는 많은 교사들이 창의적인 수업에 필요한 심도 있는 과목 지식이 부족하고, 시험이 기본적인 구조를 제공해 준다는 것을 경험했다. 좋은 시험이 중요한 것은 학습이 전략적이고 수업이 '시험에 대한 것'이라 하더라도, 좋은 시험은 여전히 구성적인 학습 경험을 만들어낼 수 있기 때문이다.

다섯 가지 원칙을 통합하고 압력 요인을 고려해서 더 좋은 시험을 만들기 위한 네 가지 실제적인 단계를 다음과 같이 제안한다.

목적과 학습 요구를 명확히 하기

성취도 검사는 전형적으로 교육과정, 교과목, 기술에 대한 평가이다. 처음의 '왜 시험이지?'라는 질문은 목적과 시기에 관한 것이다. 이에 대해 '왜냐하면 시험이 모듈/코스/핵심단계의 마지막이니까.'는 부분적인 답일 뿐이다. 우리는 시험을 실시하는 목적과 시험 결과가 어떻게 활용되는지를 검토해야 한다. *평가 목적과 형식을*

결정해야 하는 것은 코스의 교육내용보다는 목표이다. 존 화이트 (John White, 2004)는 영국에서 교과중심 국가교육과정 프로그램을 개발하면서 교육과정의 공표된 목표와 가치에 얼마나 관심을 기울이지 않았는지를 밝혔다. 교과 목표가 호기심과 협동학습을 촉진하는 것인 반면, 교육프로그램들은 과도하게 내용에 관한 것이었다. 이러한 경향은 일관성을 약화시켰으며, 이는 제한적인 평가로 인해 훨씬 더 약화되었다. 예를 들어, 수학과 과학의 응용 분야, 영어에서 말하기와 듣기 분야 시험은 실시되지 않았다.

*학습 요구*는 더 광범위한 평가 목표에 대한 관심을 반영한다. 어떤 수준의 지식이나 기술이 이 의도에 맞을까? 어떤 평가 제도는 1956년에 발표한 블룸(Bloom)의 *교육목표 분류체계*를 활용한다. 이 분류체계는 이해, 적용, 분석, 통합에 따른 지식에서부터 평가까지 인지 요구 위계로 구성되어 있다. 이것은 비판받기도 하지만 일반적으로 유용한 기본 체계의 역할을 해왔다. 그리고 이것을 활용하는 테스트 분석은 얼마나 많은 문항들이 최하위 수준에 있는지를 밝힐 것이다. 최하위 수준은 이해를 하도록 하기보다는, 지식을 암기하게 한다.[16] 첫 번째 실제적인 단계는 흔히 시험 구성에서 가장 중요한 내용의 범위에 대한 것이기보다는, 평가가 교육과정의 학습 의도와 목표를 어떻게 충족시키는가에 대한 것이다.

평가의 형식에 따라 학습 요구를 규정하는 경향이 있는데, 예를 들어 논술은 선다형 시험보다 어려운 것으로 간주된다. 닐 바움가르트(Neil Baumgart)와 크리스틴 할츠(Christine Halse)는 호주, 일본,

---

16 다른 테스트의 틀은 다음의 웹사이트에서 볼 수 있다. CRESST 웹사이트(http://www.cre.ucla.edu). 캘리포니아 BEAR 프로젝트(http://www.bearcenter.berkely.edu). John Biggs(1999)의 SOLO 분류는 학습 목표를 평가와 연결하는 데 유용하다.

타이 학생들의 학습법과 그들이 치르는 시험 요구에 관한 비교연구
를 통해서 그런 가정에 이의를 제기했다. 연구자들은 태도에 있어
서 몇 가지 놀라운 차이를 발견했는데, 일본 학생들은 정형적으로
'수동적'이라고 예상했던 것보다 능동적인 학습법을 취했다. 그리고
학생들이 치른 서로 다른 시험을 분석했는데, 일본 학생들이 치른
선다형 시험은 호주 학생들에게 친숙한 개방형 문항들보다 더 부담
이 크다는 결론을 내렸다. 그 이유는 일본의 문항이 더 능동적인
인지 활동을 포함하고 있기 때문이다. 비록 선다형이기는 하지만
그 문항들은 정답을 선택하기 위한 추론에서, 학생들의 사전 지식
과 그 지식의 사용을 요구했다. '국제 비교 성취 연구에서 드러나는
것처럼, 아시아 학생들이 평가 상황에서 학습의 성공적인 전이와
높은 성취를 이루는 것은 이런 유형의 평가에 대한 성실한 준비 때
문인 것 같다.'(1999: 6). 반대로 호주 학생들은 '찍어주는 것'이 용
인되면서, 단답형 문항에 대해 가장 많은 정보를 가지고 있었다.
개방형 문항들이 주로 준비된 주제를 암기하는 연습이 될 것임을
충분히 예견하게 했다.

예측이 쉽지 않은 문항을 통해 '원칙적' 지식 장려하기

학생들이 그들의 이해를 활용할 수 있도록 시험에 생소한 문항
들을 포함시킨다는 제안은 좋아 보인다. 하지만 실제로는 방해 요
인(관리가능성, 표준화, 예측가능성)들이 급격히 활성화될 것이다. 과
거의 지필 고사에서는, 예측가능성에 심하게 의존했었다. 시험 준
비의 대부분은 '네가 이것을 이해할 때 …'에 대한 것이었다. 그것
은 단서 찾기를 강조하는 것과 준비된 정답을 암기하는 것으로 변
화되었다.

　*'이럴 때는 …'*에서 *'…이라면 어떨까?'*로 준비가 변화되는 것이
나의 목표이다. 교수－학습의 차원에서 이것은 보다 능동적 학습을
이끄는 문제 중심 접근을 장려할 것이다. 일본과 미국의 수학 수업
을 비교해보자. 제임스 스티글러(James Stigler)와 제임스 히버트
(James Hiebert)는 국제적 비교 시험에서 일본 학생들의 높은 성취
를 이해하기 위해서, 일본 교실에서 무슨 일이 일어나고 있는지를
살펴보았다. 일본에서는 선생님들이 수업 시간에 자주 문제를 내준
다는 것이 의미 있는 결과 중 하나였다. 조별로 문제를 해결하도록
하는데, 때로 두 가지 다른 해결 방법을 찾아야 하기도 한다. 그 과
정에서 좌절과 혼동을 경험하는 것은 자연스럽다. 교사는 도움이
될 만한 수학 공식을 알려주기 전에 그들이 문제와 씨름할 때까지
기다린다. 학생들은 해결할 문제가 있다는 것을 알 때, 더욱 효과
적으로 학습했다. 그리고 문제를 해결한 집단은 다른 집단에게 문
제를 내게 하였다.

　반대로, 미국의 수학 수업은 문제를 푸는 데 필요한 '단편적인'
기법들을 제공한다. 학생들이 그 기법들을 연습한 후에야 문제가
제시된다. 학생들 각자는 이 기법을 활용해 문제를 해결하고, 교사
는 어려워하는 학생에게 어떤 기법을 적용해야 할지 설명함으로써
학생들에게 즉각적인 도움을 준다. (일본 교사들이 미국 교사들보다 협
력적인 수업을 준비하고, 수업 준비에 더 많은 시간을 들이지만, 채점에는
시간을 덜 사용한다는 것이 유익한 차이점이었다.) 일본의 수업모델은
'능동적 학습'이 가능한 이상화된 교실의 모습이지만 학생들이 아는
것을 융통성 있게 도출해내고 생소한 소재를 극복 가능하도록 만드
는 시험에 대한 바람을 이해할 수 있게 해준다. 이것의 시작은 교
실에 있는 교사의 평가이다. 교사는 무엇을 가르쳤는지 알고 있고,

따라서 학습자가 생소한 형태나 맥락에서 그것을 얼마나 활용할 수 있는지 확인하는 문제를 고안할 수 있다. 이것은 '원리를 중시하는' 지식(새로운 상황으로 전이 가능한 지식)을 테스트하는 것만이 아니라, 예상 가능한 '암기'에 의한 답변에서는 부득이 밝혀지지 않을 오개념에 대한 피드백도 제공하는 것이다. 여기서 중요한 원리는 교실 기반 시험은 외부 시험을 계속해서 모방할 필요가 없다는 것인데, 외부 시험은 항상 더 제한적일 가능성이 있다. 과정 내내, 교사는 다양한 방식으로 원리를 중시하는 지식에 다다를 수 있다. 모든 것을 기말 고사처럼 보이게 만들겠다는 아이디어는 도어가 경멸했던 음울한 역류효과를 초래할 것이다. 학생들은 특정한 시험 기술과 형태를 연습할 필요는 있겠지만, 모든 과정의 모든 시험에서 이것을 할 필요는 없다. 6장에서, 고부담 책무성 시험이 이런 방식으로 수업을 어떻게 제약하는지 살펴볼 것이다.

예전 동료들이 '실재', '중압감', '그가 잃어버린 것'에 대해 곁눈질하며 불평하는 모습을 시험위원회와 정부평가기관에서 일했던 사람으로서 상상할 수 있다. 시험에 있어서는 뜻밖의 일들이 환영받지 못한다는 것을 잘 알고 있다. 그래서 어떤 변화든 신중하게 준비되었다는 근거가 필요하다. 문제를 만들기 위한 기초로 다른 시나리오와 자극적인 소재를 사용하는 지금의 테스트와 시험에는, 상상력이 풍부한 문제와 자극이 되는 문제 그 어느 것도 없다고 생각한다. 나는 단서 찾기와 암기로는 충분하지 않은 평가 문화를 발전시키고 싶다. 그래서 교수-학습에 영향을 미치는 평가의 역류에 의해, '원리를 중시하는' 지식을 기반으로 하는 융통성 있는 문제 해결법이 촉진되었으면 한다.[17]

---

17 제임스 플린(James Flynn, 2006)에 따르면 지난 100년 동안 IQ 점수가 극적으로 증가했기 때문에, 고차원의 추상적 사고와 문제해결력의 유연성이 결합되었

가능한 참평가하기

시험의 역류 효과가 의도한 기술의 개발을 돕는 교수--학습의 실천으로 이어지기를 원한다면, 시험이 더욱 직접적으로 이 기술을 평가할수록 그 기술들은 더 촉진될 가능성이 있다. 우리가 처음에 내린 시험의 정의처럼, 시험은 기술을 재현하는 것이다. 따라서 시험이 기술을 철저하게 반영하면 할수록, 타당도는 더욱 더 증가할 것이다. 불행히도, 관리가능성과 표준화 압력은 기술의 평가를 지필 시험의 모조품으로 격하시켜서 이 의도를 망가뜨릴 수 있다.

위험은 진짜가 아닌 시험 점수가 실제로 기술을 수행할 수 있는지보다 더욱 중요해진다는 것으로, 이는 앨런 한슨이 조작된 시험의 질이라고 부르는 것이다. 그는 다음과 같이 주장한다.

> 조작하는 과정은 수행보다는 선행적인 잠재가능성이라 불릴 수 있는 것을 따라 작동한다. 시험이 수많은 교육프로그램과 훈련프로그램의 문지기 역할을 하기 때문에 … 누군가가 어떤 일을 할 수 있을 가능성은, 시험에 의해 결정되기 때문에, 실제로 그것을 하는 것보다 더 중요해진다. 사람들은 시험으로 측정된 충분한 잠재가능성을 보여주기만 하면 프로그램, 직업, 활동에 참여할 수 있게 된다(p. 288).

이것은 도어의 주장에 공감하게 하지만, 한슨은 적성검사에는 어떤 장점도 없다고 보았다. 왜냐하면 적성검사는 어떤 목적을 위한 수단이기보다는 그 자체로 목적이 되기 때문이다. 실제로 그것을 하는 것보다 뭔가를 하기 위해 졸업장을 취득하는 것을 더 중시

다고 본다(이 책의 2장 참조).

하기도 한다. 예를 들어, 실제로 연구를 하는 것보다 연구 보조금을 따낸 것이 더 영광스러운 경우가 있다.

만약 그런 조작과정이 일어나고 있다면, 우리는 시험을 실제로 '행하는 것'에 더 근접하게 만들 필요가 있다. 이것이 참평가(authentic assessment)를 위한 근본이다. 참평가는 수행이나 기술에 관한 직접적 평가를 아우르는데 사용되는 용어이다. 음악이나 연극 같은 수행 기술은 정당화되는 것이 상당히 간단할 것이다. 음악에서 어떤 성적을 받은 사람은 누군가에게 무엇인가를 연주했어야만 한다. 공부하고 있는 외국어를 말할 수 있는지도 명확해 보이지만, 어떤 졸업장으로는 평가되지 않는다. 이것이 수많은 직업 평가에서 일반적인 관행이지만(누가 순전히 이론적으로 훈련된 치과의사를 원하겠는가?), 학문적 평가에서는 진척을 증명하는 것이 매우 힘들다. 교육과정이 '역사적 조사', '지리학적 연구', '사업제안서 발표'와 같은 응용기술을 요할 때, 관리가능성, 표준화, 예측가능성이라는 세 가지 방해요인이 영향을 미치기 시작한다. 참평가에 대한 독려는 학생들이 그들의 적용능력을 보여주게 할 것이다. 예컨대 직접 가서 역사적 증거를 찾아오기와 같이 말이다. 신뢰도에 대한 우려는 시험을 더 형식에 맞게 만들며 그 가치를 떨어뜨린다. 형식에 맞는 시험은 지역적 특성에 맞게 만들어지기보다는 모든 사람에게 동일한 과제를 수행하도록 한다.

이런 압력은 이해할 수는 있지만 그렇다고 꼭 필요한 것은 아니다. 호주의 퀸즐랜드에서는 30년 전부터 교사의 평가가 시험을 대신하여 학교 졸업이나 대학입학을 위한 자료로 사용되어 왔다. 관리가능성의 측면에서 쟁점은 교사 평가가 비용이 더 적게 들고 교사의 전문성 개발에 더 도움이 된다는 것이다. 이는 부분적으로 교사들이 규칙적으로 참여하는 표준화되고 중도적인 프로그램 때문이다. 이런 접근은 지역과 연관된 주제를 선택하는 데도 더 많은 자유를 준다. 고부담 특성으로 인해, 학교 수준에서 성취도를 관리하는 것이 제도의 일부가 되었다.[18] 퀸즈랜드는 인구가 비교적 적고, 다른 국가처럼 대학 입학에 치열한 경쟁 요소가 없기 때문에 이 모든 것이 가능할지도 모른다.

　이는 현재 영국의 움직임과 대조되는데, 영국에서는 국가시험에서 교사 평가의 총량을 축소하고자 한다. 그 이유는 수업활동의 신뢰도에 대한 확신이 사라졌기 때문이다. 부분적으로는 인터넷에서 자료를 다운 받는 것이 가능해졌다는 이유도 있었다. 역설적으로, 이에 대한 비난을 주로 받고 있는 것은 표준화에 관한 압력이다. 학생들이 동일한 수업 과제를 하고 매년 똑같이 과제를 반복하기 때문에, '정답 표본'을 인터넷에 게시하는 것이 상업적으로 가치 있는 일이 되었다. 실제로 중등교육자격시험(GCSE[19]) 수학 수업 활동 과제의 경우 5,000건 이상의 다운로드가 있었다고 한다. 그래서 중등교육자격시험 수학 수업 과정은 가장 인기가 있었다. 예상 가능한 과제는 수업 활동을 '과거의 지필' 연습으로 축소시킨다. '우리는 과제를 알고, 어떻게 점수를 받는지를 알아요. 여기에 그 방법이 있어요.'[20]

　반대로 다음은 그런 경우가 아니다. 국제 바칼로레아(IB)는 고

---

18 커밍과 맥스웰(Cumming & Maxwell, 2004) 참고하기.
19 [역주] 중등 교육 자격 검정 시험(General Certificate of Secondary Education)으로 잉글랜드와 웨일스 등의 국가에서 보통 16세 된 학생들이 치름.
20 GCSE 과학에서, 수업 과제는 이제 일상이다(예를 들어, '전선의 전기 저항을 조사하기'). 의회 선발위원회(Parliamentary Select Committee)는 그것을 '학생과 교사 모두에게 지루하고 따분한 활동'으로 칭했다(과학기술 선발위원회, 세 번째 보고서, 2002).

부담이며 수준이 높은 학문적 자격시험으로, 전 세계 대학에서 입학자격으로 사용될 수 있다. 필수 요소 중 하나는 '논문'으로 어떤 주제를 선정해서 학생 스스로 연구해야 한다. 이는 교사에 의해 채점되고 외부적으로 중재된다. 이는 측정하고자 하는 기술을 직접적으로 권장하기 때문에 참평가에 대한 좋은 사례를 제공한다. 즉, '실제' 고유의 연구를 하는 역사학자들은 심화된 역사 연구를 하도록 권장될 것이고 역사 연구에 이 기술을 취할 것이다.

신뢰성(Dependability)

특정 과목이나 자격을 참되게 평가하고자 한다면 특정한 분석 도구가 필요하다. 이때 신뢰성은 도움이 되는 개념일 것이다. 왜냐하면 두 가지 타당도 요소(구인타당도와 신뢰도) 사이에서 최적의 상호작용에 관한 탐색을 할 수 있도록 하기 때문이다. 이에 따라 한 과제에서 구인타당도(문제가 그 기술을 입증하는지)는 높지만, 신뢰도는 낮을 수 있다. 왜냐하면 합의할 수 있는 평가 계획이 없기 때문이다. 마찬가지로 선다형 시험은 채점에 관해서는 높은 신뢰도를 가질 수 있지만, 만약 그것이 성찰적 글쓰기를 평가한다면 구인타당도가 거의 없거나 전혀 없을 것이다. 두 사례 모두 낮은 신뢰성을 가진다.

우리가 기대하는 것은 과제의 구인타당도가 신뢰도 때문에 지나치게 문제되지 않도록 하는 것이다. 이때 관리가능성이 문제된다. 우리는 고도로 신뢰할 수 있는 평가를 만들 수 있지만, 비용이 너무 많이 들어서 실행하기 힘들다. 모든 학생을 개별적으로 평가하는 외부 사정관 제도가 그러한 예이다. '바늘이 하나인 시계'(<그림 5.1>)는 이런 균형을 잘 보여준다. 만약 우리가 구인타당도, 신뢰도, 관리가능성을 시계 전면에 20분 간격으로 배치한다면, 바늘이 어디를 가리키기를 원할까? 높은 구인타당도와 신뢰도(0-20분)는 관리가능성의 면에서 비용이 들 것이다. 반면에 타당도와 관리가능성은 신뢰도를 비용으로 치러야 할 것이다(40-60분). 우리가 시도해야하는 것은 평가를 신뢰할 수 있고 관리 영역(20-40분)에서 벗어나게 하는 것이다. 그런데 이 영역에서 종종 평가가 이루어진다. 이 영역은 우리가 평가하길 원하는 기술의 매우 약한 지표이고, 제한된 구인타당도를 가진다. 하지만 그것은 비용이 적게 들고('효율적임') 신뢰할 수 있기 때문에 채택된다. 20-40분 영역은 부정적 역류 효과를 만들어낼 가능성이 가장 높다.

서로 다른 목적들은 시계바늘의 위치를 다르게 정할 것이다. 나는 내 비행기 조종사가 비용에 무관하게 '10분이 지난 곳'에 위치했으면 좋겠다. 즉, 현실적인 실제 상황 훈련과 실제 비행경험 모두를 갖추고, 이에 더해 이것들에 관한 엄격한 평가까지 거친 사람이었으면 좋겠다. 국가수학시험은 '20분이 지난 곳'에 위치시키고 싶다. 이것이 응용 기술을 누락시킬 가능성은 있지만 말이다. (솔깃한 생각은 엄격한 지필평가를 염두에 두고, 수학시험을 '30분'에 위치시킬 것이다. 하지만 이는 전형적인 수학 교육과정의 타당도에 관한 논의가, 왜 그렇게 없는지에 대한 논쟁을 들추어낼 것이다.)[21] 만약 영어가 표현적 글

---

21 수학교육협회에서 '학교 수학'이 다루어야 하는 것(구인타당도)에 대한 치열한 논의가 있다. 하지만 이것은 수학 교육과정에 거의 반영되지 않는다. 어떤 이는 우리가 실제로 수학의 기본 공식만을 사용한다는 이유로, 수학에 부여된 중요성을 문제 삼는다. 물론 이는 복잡한 맥락이 존재한다. 폴 어니스트(Paul Ernest)는 이 문제를 화이트(White)(2004)에서 논의한 바 있다. 조이 커밍(Joy Cumming, 2000)은 국제적 생활기술 조사(International Life Skills Survey)와 PISA 연구가 '실제 생활에서 필수적인 것의 학습'을 고려하는 반면, 우리는 대수와 삼각법을 '필요한 학습'으로 하는 교육과정을 가지고 있다고 지적했다(당신은 언제 코사인 공식을 마지막으로 사용했는가?).

쓰기를 포함한다면, 우리는 '관리 가능한 진정성'을 강조하고 신뢰도가 약간 위험하다는 것('45분이 지나는 위치?')을 인정할 것이다. 이것이 눈을 가리고 하는 '당나귀 꼬리 붙이기 게임[22]'처럼 느껴지기 시작한다. 예술은 어디에 위치하고, 지리학은 어디에 위치하며, 체육 교육은 어디에 위치할까?

그림 5.1 바늘이 하나인 시계

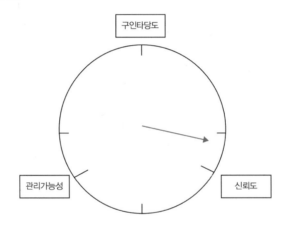

유용한 평가의 개발은 교실 총괄평가를 외부의 시험과 반드시 동일한 방향을 가리키는 '그림자'로 생각하지 않는다. *기말고사의 신뢰도는 국가시험보다는 덜 중요할 수 있다.* 그래서 목적과 예측 불가능성에 대한 논의와 관련해서, 더 참된 평가가 이루어질 수 있다. 여기서는 구인타당도가 강조된다. 교수−학습의 결과가 더 중요하기 때문에 외부의 평가를 모방할 필요는 없다. 이에 따라 사업

---

22 [역자] 생일파티 등에서 아이들이 하는 게임. 벽에 꼬리가 없는 큰 당나귀 그림을 붙여 놓고, 눈을 가린 상태로 막대와 유사하게 생긴 꼬리를 벽에 가져다 붙여 본래 꼬리의 위치와 가장 유사한 곳에 꼬리를 붙인 사람이 승리하는 게임.

제안 발표는 개인적이고 지필 기반적인 활동이기보다는 구술적인 집단 활동일 수 있으며, 역사는 지역 연구를 포함할 수 있다.

그 결과는 원리를 중시하는 학습일 수 있다. 하지만 외부의 평가가 이 접근법에 대해 전략적인 지지를 제공하기에 충분한지 아닌지에 대해 관심을 가져야 한다. 우리가 4장의 람스덴(Ramsden)의 연구에서 본 것처럼, 전략적 접근법을 가진 학습자들은 시험이 찍어주기와 암기를 포함하는 표층적 학습과 다름없다고 규정할 것이다. 이는 시험을 20-40분 영역에서 벗어나게 하는 것과 관련이 있다. 교사들이 원리를 중시하는 수준에서 충분한 자신감을 가지고 외부 시험의 편협한 흉내를 피하는지 아닌지가 중요해진다. 만약 시험이 합당한 타당도를 가진다면 시험이 잘 운용되고 있다는 증거가 된다.[23] 하지만 책무성 측정의 도구로 시험 결과를 사용하는 많은 교사들에게 이것은 과거의 지필 고사가 그랬던 것처럼 매우 큰 위협이 될 수 있다.

시험을 공정하게 만들기

시험의 공정성은 응시자가 시험에서 요구하는 것의 의미를 파악할 수 있느냐에 달려있다. 이는 주로 가독성을 둘러싼 시험의 제시(presentational) 문제로 간주되지만, 그것 이상의 중요한 쟁점이 있다. 타당도가 그 중심에 있는데, 타당도는 시험 응시자들이 '아는 것, 이해하는 것, 할 수 있는 것'을 보여줄 수 있는지, 아니면 그것을 방해하는 요인이 있는지에 관한 것이다. 이는 시험에서 시작되지 않으며, 그보다 앞서 자원과 교육과정을 둘러싼 형평성 문제와 관련이 있다.[24] <표 5.1>은 그것들을 정리한 표이다.

---

23 맥도날드와 바우드(McDonald & Boud, 2003) 참조.

표 5.1 형평성과 관련된 물음: 접근성, 교육과정, 평가

접근성 문제들	교육과정 문제들	평가 문제들
누가 배우고 누가 가르치는가?	누구의 지식이 가르쳐지는가?	평가되고 성취로 간주되는 지식은 무엇인가?
활용할 수 있는 자원은 집단에 따라 차이가 있는가?	어떤 지식이 특정 집단에게 특정한 방식으로 가르쳐지는 이유는 무엇인가?	평가의 형식, 내용, 방식은 다양한 집단과 개인에게 적합한가?
자신의 문화에서는 무엇이 포함되었는가?	어떻게 유색인종과 여성의 역사와 문화를 확실하고 책임 있는 방식으로 가르칠 수 있는가? Apple(1989)	문화적 지식은 성취의 정의에 반영되는가? 문화적 지식은 평가 구성물을 바꾸는 과정에서 평가에 대한 개인의 반응을 어떻게 중재하는가? Gipps and Murphy (1994)

출처: 스토바르트(Stobart, 2005).

접근성이나 교육과정에 대한 관심은 시험 결과의 공정성에 직접적으로 영향을 미칠 것이다. 1장에서, 시험의 접근과 관련해서 공정성 개념이 역사적으로 얼마나 편파적이었는지를 다루었다. 시험이 후원을 통한 불공정한 선발의 돌파구로 간주되었지만, 종종 많은 인구의 일부(예를 들어, 여성)를 배제시켰고 그들을 포함하는 문화적 가정이나 편향을 반영하지 못했다. 이는 어떤 사회적 집단은 시험이 '면제'되는 것처럼 위장되나 결국 그들은 다른 기회로부

---

24 스토바르트(Stobart, 2005) 참조.

터 배제되며, 그 기회는 그들을 배제한 이들에게 돌아갈 것이다(대학을 졸업한 사람이 대학을 졸업하지 않고 적은 돈을 버는 이들에게 학위를 따는 것은 가치가 없다고 말하는 것처럼 말이다).

이제 우리가 인정하는 것은 평가되는 것이 무엇이든, 평가나 선발에서 문화적 중립은 존재하지 않는다는 것이다. 조이 커밍(Joy Cumming)은 어떤 평가든 '탈문화적'인 것으로 묘사하려는 시도는 잘못이라고 강조한다. '탈문화적 지식은 뚜렷한 문화적 근원을 가진다. 이는 우리의 평가기준과 시험 절차에 특권을 부여하는 지식이다.'(2000, p. 4). 그녀는 <표 5.1>의 내용과 관련해서 두 가지 중요한 질문을 제기한다.

1. 평가기준과 평가내용을 결정할 때, 우리는 그것이 정말로 필요한 지식이라고 확신하는가?
2. 우리는 실제로 지배 문화를 유지하기 위해 특정 지식에 특권을 부여하고 있는가? 그리고 그렇게 함으로써 형식교육에서 성공적이었던 사람들이 계속 특권을 담보하는 나쁜 짓을 하고 있는가?

조이 커밍에 따르면 우리는 쓸모없는 수많은 문화적 유산을 가지고 있으며, 학생들은 그것을 배우도록 요구받는다. 그런데 그것들은 학생들의 삶에 그다지 적절하지 않으며, 심지어 중요한 것들을 제외하기도 한다.

더욱 공정한 시험

접근성을 더욱 확대하고 교육과정에 의문을 제기하는 것은 시험을 둘러싼 맥락의 일부이다. 시험 개발자들은 자신들이 할 수 있는 권한이 제한되어 있다는 것을 느낄 것이다. 그렇다면 시험이 공정해지고 접근 가능해지기 위해 보다 직접적으로 기여할 수 있는 것은 무엇인가? 첫 단계는 시험 내용의 선정이 시험에 응시할 다양한 집단들에게 공정한 기회를 제공하는지를 검토하는 일이다.

> 우리는 검사/시험 개발자들에 의해 개발된 평가의 구성요인을 보다 확실하게 구분할 필요가 있다. 구인 타당도는 시험 응시자와 사용자에 의해 검토될 수 있다. 시험 개발자들은 집단 간 차이와 교육과정의 경험이 어떻게 상호작용하는지에 대한 증거와 관련해서, 응답양식의 맥락과 유형을 포함하는 것이 타당함을 보여줄 필요가 있다(Stobart & Gipps, 1998, p. 48).

성찰적 시험의 개발

19세기의 시험관들은 순진하게도 표준화된 조건 아래 치러지는 시험이 본질적으로 공정하다고 생각했다. 그러나 오늘날 우리는 그렇게 생각하지 않는다. *우리는 결코 공정한 평가를 이룰 수 없을 것이다. 하지만 더 공정하게 만들 수는 있다.* 더 풍부하고 더 열린 논의는 이런 과정의 일부다. 캐롤라인 깁스(Caroline Gipps)는 이렇게 말한다.

> 개방성은 공평하지 못한 평가를 저지하는 최선의 방어이다. 시험의 설계, 구성, 채점에 관한 개방성은 시험을 디자인 하는 과정에서의 가치와 편향을 보여줄 것이다. 아울러 시험에 미치는 문화적·사회적 영향을 논의할 기회를 제공하며, 평가자와 학습자의 관계가 개방적으로 변화할 것이다. 이런 개발은 가능하지만, 정치적 의지를 필요로 한다(1999, p. 385).

평가 칵테일

특정 평가 형식이 수험자들에게 차별적인 영향을 준다면, 평가를 공정하게 하는 한 가지 방법은 다양한 형식의 평가를 실시하는 것일지도 모른다. 그러면 평가에서 불이익을 받는 수험자들은 자신들의 전문 지식에 대한 대안적 증거를 제공할 기회를 가질 수 있다. 이것이 영국의 자격제도 수업활동, 미국의 '수행평가', 스웨덴과 독일의 교사 평가가 존재하는 한 가지 이유이다. 물론 이런 대안적 접근에 편향이 없다는 것을 의미하는 것은 아니다. 에바 베이커(Eva Baker)와 해리 오닐(Harry O'Neil)은 미국의 수행평가에 대한 소수민족의 반응을 분석한 연구에서 난처한 결론에 다다랐다.

> 수행 기반의 평가 개혁은 혜택을 받지 못하는 아이들의 발전을 저해하려는 주류 사회의 창작물이라고 단언한다(1994, pp. 13-14).

어떤 평가 방식이 특정 집단에 불이익을 주는지 아니면 성취를 촉진하는지를 확인할 수 있는 점이 평가 칵테일식 접근의 강점이다.[25]

결 론

이 장은 평가가 교수-학습에 어떻게 영향을 주는지에 관한 것이다. 로널드 도어의 졸업장병은 학력주의가 학습을 저해하는 방식

---

25 이 장이 시작되었던 졸업장으로 돌아가서, 영국에서 GCE A-수준의 개혁에 관한 톰린슨(Tomlinson)의 제안은 졸업장으로 귀결되는 시험, 수업, 학교외부 활동과 관련해서 평가 칵테일을 권장하고자 하였다. 하지만 정치적 압력은 더 편협한 시험을 강조함으로써, 그것을 보류하게 했다.

에 대한, 특히 신흥개발도상국의 상황에 대한 이의 제기였다. 학교교육은 졸업장이 나타내는 학습을 위한 것이기보다 좋은 졸업장을 획득하기 위한 것이 되었다. 그래서 학습은 도구적인 것이 되고, 수업은 영혼 없는 시험 준비가 된다. 중요한 것은 졸업장이지, 학습이 아니다. 도어는 시험이 교수-학습을 어떻게 피폐하게 할 수 있는지 예리한 분석을 했고, 어떻게 심층적 학습이 가능한지에 대해 지속적인 관심을 가졌다. 계속해서 추가 교육을 받을 학생 선발에 있어 학교교육을 제한하고 능력 테스트를 활용하자는 것이 졸업장병에 대한 그의 해결책이었다.

도어의 분석은 상당 부분 인정하지만, 그의 문제해결은 도움이 되지 않는다고 생각한다. 선천적인 지능과 능력 테스트의 공정성에 대한 관점에 따라, 그는 능력을 성취의 한 형태이기보다는 성취의 근본적 원인으로 간주한다. 학습과 동기에 관한 그의 관점은 시험을 포함하여 외부 요인의 역할에 대해 충분히 설명해내지 못한다.

나는 성취도 검사의 질 개선을 골자로 하는 대안을 제시하고자 한다. 이는 심도 있는 학습에 대한 접근을 가능하게 할 것이다. 도어 역시 이를 원했지만 시험이 불가능하게 만든다고 가정했다.[26] 개선된 시험은 다음을 포함한다.

- 어떤 평가든 *목적*을 더 분명히 할 것(축소된 시험을 도입할 수도 있음)
- 어떤 평가든 실제로 측정하고 있는 것에 역점을 두고, *목적적합성*

---

26 이것은 능력 테스트의 내용을 일반화된 학업 성취도 검사의 일부로서 포함한다. 이것은 단순히 단어만으로 검사하지 않는다. 그 변화는 구성(일반화된 성취에 대비되는 본질적인 능력)과 결론으로부터 도출되는 추론(더 일반화된 학습의 적용에 대비되는 학교교육과 독립적인 재능)을 모두 바꾼다. 두 가지 모두 타당도 논의와 주요하게 관련된다.

을 면밀히 살필 것. 즉, 타당도 문제임
- 결과를 모니터할 것, 특히 교수-학습에 대한 역류효과에 대해
  모니터할 것

더욱 타당도 있는 평가('참평가')를 어렵게 만드는 요인들은 제도 안에 존재한다. 예를 들어, 표준화에 대한 요구가 그것이다. 그럼에도 더욱 풍성한 수업과 학습을 지원하는 평가는 가능하다. 특히 교사들이 행하는 교실 평가라면 더욱 그렇다. 이는 평가 목적을 더 명확하게 만들고 이를 수업과정의 목표와 연결하는 것을 포함한다. 그리고 이는 흔히 내용보다는 기술과 더 관련된다. 그것들은 예상이 더 어려운 질문과 문제의 활용을 통해, '원리를 중시하는' 지식을 더 권장할 것이다. 이 질문과 문제는 '만약 당신이 …라면'과 같은 과거의 지필 고사에서 '만약 …이라면 어떻게 되는가?'의 수업으로 변하는 것이다. 어떤 평가를 진정한 평가로 유지하는 것이 목적이라면, 그 평가가 측정하고자 하는 바로 그 기술을 권장해야 한다. 마지막으로 그런 평가는 우리가 할 수 있는 한 최고로 공정해야 한다. 이는 평가가 구성되는 방식뿐 아니라, 접근과 교육과정에 대한 논쟁도 불러일으킨다.

이러한 요구는 어렵기는 하지만 가능한 것이다. 학습을 더욱 효과적으로 만드는 데 있어서 가장 큰 위협 중의 하나는 교사와 학생이 책무성을 목적으로 설정하고 자신들을 시험 결과에 맞추는 것이다. 이는 교수-학습을 시험을 준비하는 것으로 축소할 수 있다. 이제 우리는 이 위협에 대해 살펴볼 것이다.

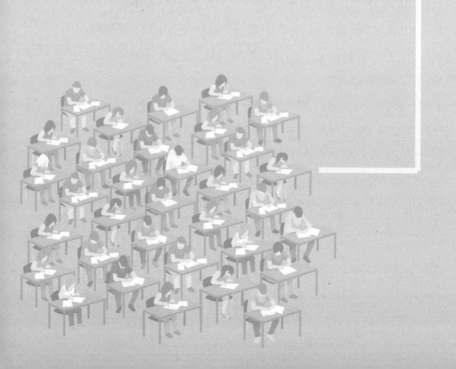

Testing Times

시험과 책무성

:그 긴 그림자

제6장

시험과 책무성: 그 긴 그림자

굿하트(Goodhart)의 법칙:[1] 측정 그 자체가 목적이 될 때, 정확한 측정은 이루어지지 않는다. 관찰된 통계적 규칙성은 그것을 조정할 목적으로 인위적 압력을 가하면 사라지는 경향이 있다.

찰스 굿하트(Charles Goodhart)

굿하트의 법칙은 양자 물리학에서에서 하이젠베르크가 주장한 불확실성 원리의 사회학적 유사물이다. 시스템을 평가하는 것은 항상 그 질서를 어지럽힌다. 평가가 정교해지고 기간이 짧아질수록 혼란의 에너지는 커지고, 그 결과는 더욱 예측 불가능해진다.

마이클 매킨타이어(Michael McIntyre, 2001)

---

1 여기에 있는 굿하트의 법칙은 메를린 스테턴스(Marilyn Statherns)의 재서술이다. 본래, 영국중앙은행(BOE)의 수석고문이었던 찰스 굿하트(Charles Goodhart)의 경제학에서 고안되었는데, '정부가 특정한 금융자산을 규제하려고 시도하자마자 이들이 불확실해지는 경제적 경향의 지표'를 말한다. 이는 '금융기관이 … 금융자산의 새로운 유형을 고안할 수 있기' 때문이다.
http://www.atm.damtp.cam.ac.uk/people/mem/papers/LHCE/googhat.html

이 책의 핵심 논제 중 하나는 평가가 학습을 촉진할 수도 있지만 그 기반을 약화시킬 수도 있다는 것이다. 우리는 개인들이 노동시장에서 경쟁하기 위하여 평가 그 자체가 하나의 목적이 될 수 있음을 5장에서 살펴보았다. 즉, 중요한 것은 평가의 결과이다. 따라서 평가의 질은 별로 관련이 없는 것이다. 이 장에서는 평가의 결과를 끌어올리기 위한 책무성 압력이 어떻게 학습에 영향을 미치는지를 살펴볼 것이다. 여기에서는 학생이 목표에 도달했는지를 판단하기 위해 시험 점수와 같은 단순한 평가를 사용하는 것을 비판적으로 바라본다. 목표 도달의 실패는 재정적, 직업적 차원에서 심각한 결과를 초래할 수도 있다. 그래서 시험은 고부담(high–stakes)인 것이며, 결과는 시험에서 가장 중요한 것이다.

제한된 측정과 신속한 향상을 강조하는 고부담 책무성 시험은 단기적인 편익을 제공할 수 있지만, 그에 상응하는 속도로 수준은 낮아지고, 부정적인 효과가 초래된다. 나아지 경제학에서 유래한 굿하트(Goodhart) 법칙은 제한적인 척도를 선택하고 또한 진행 과정을 왜곡하는 이러한 특성을 정확히 포착하고 있다. 나는 영국과 미국에서 현재 실시되고 있는 시험기반 책무성 평가가 학습에 강제하고 있는 다양한 압력들을 검토하고자 한다. 그것들은 가히 이 세계에서 가장 가혹한 두 개의 평가 시스템이라고 할 수 있다. 물론, 우리에게 책무성은 필요하다. 그렇다면 미래지향적인 건설적인 책무성은 무엇인가? 나는 그에 대한 답으로 *지적 책무성*을 이상적 모델로 제안한다.

우리는 삶의 다양한 영역에서 책무성에 익숙해진 나머지 그것을 정확하게 정의하지 않았다.[2] 여기서는 책무성을 특정한 활동의

---

2 허먼과 하르텔(Herman & Haertel)의 『교육적 책무성과 개선을 위한 자료의 이용과 오용-(*Uses and misuses of data for educational accountability and*

효율성을 판단하는 일상적 의미로 사용하겠다. 특정 활동은 의료 서비스처럼 광범위할 수도 있고 무단결석 줄이기 같이 구체적인 계획으로 한정될 수도 있다. 그 초점은 병원, 대중교통 시스템, 학교와 같은 조직이지, 이런 서비스를 제공받는 개인이 아니다. 이때 책무성은 일반적으로 자원의 사용을 포함한다. 그래서 돈을 투자한 사람들은 그들의 투자가 만들어내는 차이를 알고 싶어 한다. 서비스를 극적으로 향상시켜야 하는 곳에는 보상책과 불이익을 섞어 사용한다. 이는 필요한 충격효과를 초래할지 모르지만, 일반적으로 평가된 성과에서의 향상은 의도치 않게 시스템을 왜곡시키는 비용을 치르게 한다. 여기서는 대중 교통수단과 병원에서의 대기시간이라는 두 개의 제한된 예를 들어보겠다.

정시성 목표(punctuality targets)

대부분의 영국인들은 대중교통의 정시성 목표와 기차 연착률에 따라 철도회사들이 받게 되는 재정적 불이익에 익숙할 것이다. 철도 이용객들은 동일한 운행 구간에 걸리는 시간이 점차 길어지는 기차 시간표 변경에 익숙한데, 이는 연착을 예방하려는 것이다. 장거리 승객들은 뒤에 오는 기차들이 통과하도록 '붙잡혀서' 매우 심하게 연착되는 기차에 탑승한 경험이 있을 것이다. 철도회사들은 기차가 연착할 경우 승객들에게 보상을 해야 하기 때문에 뒤에 배차된 기차가 연착되지 않도록 하려 한다. 심지어 나는 운행 스케줄

---

improvement)』(2005), 383쪽에 의하면, 책무성에 대해서 단 하나의 형식적 정의를 제공할 수는 없다고 한다. 즉, 우리가 정의하는 것은 추정된 것이다.

에는 있었으나 실제로는 취소되어서 연착되지 않은 '취소된' 서비스
를 이용한 적도 있다. 이와 같은 왜곡을 ≪가디언(Guardian)≫지는
정확하게 요약하였다.

점점 더 많아지는 도로 교통량에 맞춰 버스들은 어떻게 제 시간에
운행할 수 있을까? 리즈(Leeds)의 한 버스 회사가 이 문제를 해결
한 것 같다. … 리즈시의 교통통제관은 버스 운전기사들에게 교통
체증이 심할 때는 승객들을 태우지 말라고 지시했다. 버스회사는
'그날의 나머지 시간 내내 버스시간표가 지켜질 수 있도록 버스를
조정하기 위한 것이 그 지시의 유일한 목적이었다.'라고 언급했다.

병원 대기시간

병원 대기시간은 또 다른 중요한 예를 제공한다. 정부는 수술
대기시간이 길다는 '불명예'를 해소하기 위해, 진료 후 수술까지 얼
마나 기다려야 하는지를 목표로 설정하였다. 이는 얼마간 기대했던
효과를 거두었지만 다소 기대하지 않은 효과 또한 얻었다. 그 중
하나는 진료 상담 후부터 시간을 측정하기 때문에, 진료를 받기까
지 오래 기다려야 한다는 것이다. 다른 하나는 시간이 집중적으로
많이 소모되는 중요한 수술을 하기 전에 단순하고 덜 심각한 수술
을 배치함으로써 잔무를 줄이는 것이었다.

이처럼 웃기는 사례 중 압권은 응급실에 배치된 초진 간호사가
진찰하는데 걸리는 시간 지표가 좋지 않은 병원이었다. 목표는 5분
이었지만, 많은 환자들이 이것보다 더 오래 기다려야 했다. 병원
관리자는 그 이유가 병원이 시 외곽에 위치하기 때문에 환자들이
한 시간에 한 번 배차되는 버스를 타고 한꺼번에 도착하기 때문이

라는 것을 알아냈다. 그래서 간호사들은 모든 환자를 5분 내에 진
찰할 수 없었던 것이다. 그렇다면 해결책은? 병원은 버스 회사와의
미팅에서 승객들이 병원까지 걸어올 수 있도록 버스 정류장을 병원
아래쪽으로 옮기기로 합의했다. 다리 다친 사람은 손 다친 사람보
다, 나이든 사람은 젊은이들보다 늦게 걸을 것이기 때문에 환자들
의 도착 시간은 분산되었다. 대기 시간은 현저하게 줄었고 병원은
이 지표와 관련된 실적을 개선할 수 있었다.[3]

학교 책무성

책무성은 학교와 대학들이 시험 결과의 향상을 목표로 설정할
때 직면하게 되는 압력이다. 정책 입안자들은 평가가 교육개혁의
강력한 도구로 사용될 수 있음을 깨달았다. 특히, 시험이 중요한
결과를 초래한다면, 시험 내용이 무엇을 어떻게 가르칠 것인지를
결정한다. 따라서 시험은 인내를 가지고 교육과정과 교수법을 발전
시키는 것보다 더 직접적인 경로이며, 상대적으로 적은 비용으로
더 분명한 결과를 가져다준다. 책무성 모델은 무엇이 수지맞는 투
자인지를 알아보기 위해 단순한 지표를 선호하는 경제주의자들의
요구에도 맞아 떨어진다.

책무성과 관련하여 특별히 새로운 것은 없다. 1장에서는 이미
시험이 역사적으로 책무성 목적을 위해 사용되었음을 살펴보았다.
캠브리지 대학의 입학시험 도입은 학생들의 연구 수준을 향상시키

---

3 이 예는 과거 영국일반의사협회(GMC)의 정책건강기획관이었던 이사벨 니스벳
  (Isabel Nisbet)에 의해 제공되었다. 더블린에서의 교육평가협회(AEA – Europe,
  2005)의 연례 회의에 제출되었다.

려는 시도였는데, 그것은 마치 중등학교 시험이 '중산층' 사립학교의 교육을 향상시키려는 방법과 같았다. 1840년경 미국 보스턴에서 학급과 학교의 비교를 위해 시험을 본 적이 있다. 영국에서의 가장 좋은 예는 공립초등학교에서 3R(읽기, 쓰기, 수학)을 가르치도록 격려하기 위한 로버트 로우(Robert Lowe)의 '성과급(payment by results)' 계획이다.

　이런 책무성은 재정을 지원하는 자들이 부과한 목표 달성을 새롭게 강조하고 있다. 문제는 이것들이 경험적이라기보다는 열망의 반영이라는 데 있다. 목표 달성은 아이들이 하고 있는 것보다 더 잘할 수 있으며, 그것을 성취하기 위해서는 시스템에 보다 많은 것을 요구해야 한다는 사회적 신념에 근거하고 있다. 책무성 발생의 동기는 변화에 대한 일반적인 공교육 분야의 명백한 머뭇거림에 대한 정치적 조급함이었다. 그리고 종종 그 동기는 '당근과 채찍'과 함께 '변화의 지렛대'로서 '야망에 찬 목표'라는 정치적 수사를 동반한다. 영국에서의 목표 달성은 정부도 그 평가대상에 포함되었고, 2002년에는 교육부 장관이 11세의 문해력과 수리력 목표 도달 실패에 책임을 지고 사임하기도 하였다.[4]

---

4 이들 목표, 예를 들어 11세의 85%가 도달해야 하는 2004년 목표는 최종기한이 2006년으로 옮겨졌음에도 불구하고 여전히 도달되지 못했다. 2007년 영어에서 80%가 4등급에 도달했고 수학에서는 78%가 4등급에 도달했다. 2007년 목표 도달의 실패에도 불구하고, 2009년을 위해 새롭고 보다 어려운 목표가 세워질 것이다(Times Educational Supplement, 2007년 7월 6일, p. 8).

책무성 평가:
미국의 아동낙오방지법과 영국의 국가수준 교육과정 평가

이 장에서 활용하고 있는 미국과 영국의 책무성 평가의 사례들은 다른 많은 나라들에서 벌어진 사례들 중 가장 극단적인 형태로 볼 수 있다.

*시험 기반 책무성*의 주요 특징은 다음과 같다.

- *목적:* '표준'으로 제시되며, 성취도의 기대 수준을 나타냄.
- *목표:* 요구되는 성과 수준은 연간 향상도와 장기적인 목표로 명기됨.
- *측정:* 성취는 시험에 의해 판단됨. 이들 시험은 다른 목적 혹은 다른 주된 목적이 없는 특정한 책무성 테스트에 기인함.
- *결과:* 결과는 보상과 처벌로 연결됨. 바로 이것이 학교의 미래를 결과가 결정하도록 해서 시험을 고부담으로 만듦.

아동낙오방지법

미국의 교육 정책은 본질적으로 주정부의 책임으로, 이러한 원칙은 비교적 엄격하게 지켜졌다. 이런 맥락에서 중앙의 통제는 거의 없었으며 연방정부는 매우 적은 교육비를 부담한다. 일반적으로 국가 차원의 프로그램은 소외계층의 교육 기회 신장을 위한 타이틀(Title) 1을 근거로 시행되었다. 2002년 아동낙오방지법이 시행된 것도 이를 근거로 한다. 이 법은 모든 아동들이 높은 수준의 성취를 얻도록 규칙적인 향상을 보여줄 것을 학교에게 요구하였고, 2014년까지 모든 아동들이 그렇게 되는 것을 그 목표로 한다. 3학년에서 8학년 사이의 모든 학생들이 매년 시험을 치를 뿐 아니라, 고등학교 1학년은 영어, 수학, 과학 시험을 본다.

이 법은 주정부의 고부담 책무성 평가로부터 얻은 경험에서 도출되었다. 중등학교에서의 특별히 중요한 사례는 이른바 '텍사스의 기적'이었다. 텍사스의 10학년 학생들에게 TAAS(Texas Assessment of Academic Skill)를 보게 한 후, 목표에 미달할 경우 낙제 시킨 결과 소수인종 학생들의 성취가 극적으로 향상되었다. 당시 텍사스 주지사는 조지 부시(George W. Bush)였고, 휴스턴의 교육감은 나중에 교육부 장관이 된 로드니 페이지(Rodney Paige)였다. 이것이 기적인지 신기루인지는 의문이다.

아동낙오방지법에서 성취기준(standards)의 제시와 그에 따른 평가는 주정부의 책임이다. 모든 학군과 주정부는 각각의 하위집단(인종, 성, 제2언어로서의 영어사용자, 장애인, 경제적 약자)에 대해 2014년 목표를 향한 연간 적정 향상도(AYP[5])를 보여주어야 한다. 따라서 연간 적정 향상도는 2014년 주정부가 100% 숙달이라는 향상을 위해 구상한 연간 설정 목표인 셈이다. 이들 목표는 편협하게 숫자로 제시되었기 때문에 임의적으로 다루는 것이 가능했다. 이는 우리가 다룰 주제이기도 하다. 주 정부들은 2014년까지 낙오자를 없애기(숫자 0) 위해 서로 다른 길을 선택했다. 어떤 주는 점차적으로 적당히 향상되다가 마지막 해에 거의 기적처럼 향상되는 방식을 선택했고, 다른 주들은 규칙적인 연간 향상을 설계했다. 그러나 해를 거듭하는 과정에서 향상을 보인 불리한 학교와 관련하여 공정성 문제가 대두되었다. 불리한 학교는 낮은 수준에서 출발했기 때문에

---

5 연간 적정 향상도(Adequate Yearly Progress).

임의적으로 설정된 수치 목표를 달성하기 어렵다는 것이었다.

연간 적정 향상도의 목표 달성에 실패하자 진보적인 '수정안'이
만들어졌다.

1. 2년 연속 연간 적정 향상도를 달성하는 데 실패한 학교는 '개
   선이 필요한 학교'로 분류된다. 그리고 학생들에게 다른 공립학
   교를 선택할 권리와 그 학교에 다닐 교통비 지급과 함께 기술
   적 지원을 제공한다.
2. 3년 동안 연간 적정 향상도를 달성하는 데 실패한 학교는 저소
   득층 자녀들에게 보충수업 기회를 제공해야 한다.
3. 4년 동안 실패하면 학교 직원 교체, 학교 밖의 전문가 지정, 수
   업일수 혹은 수업연한의 연장, 학교 내부 조직의 개편 중 하나
   를 해야 한다.
4. 5년 동안 실패하면 그 학교는 반드시 구조조정을 해야 한다.
   차터 스쿨로 재 개교, 모든 혹은 대부분의 학교 직원 교체, 주
   정부의 학교 인수 혹은 학교 지배구조의 개편 중 하나를 포함
   해야 한다.

2년 연속 연간 적정 향상도를 초과한 학교는 주정부가 학력성취
상을 수여하고, 가장 높은 성취를 이룬 학교에게는 '명문 학교(disting
uished school)'로 지정되는 보상이 뒤따른다. 아울러 해당 학교의
교사에게는 금전적 보상이 주어진다.[6]

정책적 관점에서 보자면, 하위집단에 집중함으로써 전반적인 향
상을 보여주는 통계에서 소수집단의 부진은 묻힐 수밖에 없기에 부
당하지만, 공정하게 보인다. 이러한 결과에 대한 압력은 전례 없는

---

6 니콜스 외(Nichols et al., 2005: 7)에서 인용.

것이었고, 로버트 린(Robert Linn, 2005)의 추정과 같이 이전에는 결코 볼 수 없었던 개선율을 보여준다.

영국의 국가수준 교육과정 평가

교육과정과 평가에 대한 지역적 접근으로 유명한 영국에서 1988년에 도입한 국가수준 교육과정은 상전벽해와 같은 변화였다. 이는 국가수준 평가와 함께 도입되었는데, 이 평가는 영어, 수학, 과학의 표준화된 시험으로 변화했다. 이 시험은 7세, 11세, 그리고 14세에 보아야 하며, 16세가 되면 국가수준 GCSE[7]와 연결된다. 다른 학년은 연간 향상도를 모니터할 수 있도록 시험을 '선택'할 수 있었다. 국가수준 교육과정의 시험은 전통적인 평점기반(mark-based) 평가로(준거지향평가를 만들기 위한 형편없는 몇몇 시도 후에) 학생들은 등급을 받는데, 이 등급이 국가수준 교육과정에 대한 그들의 성취도를 나타낸다. 16세의 성취도는 GCSE 시험 등급으로 평가된다.[8]

관리적 접근의 원리에 따르면(p. 15), 국가수준 교육과정 평가결과는 주로 책무성을 위해 사용된다. 각 초등학교별로 4등급 이상을

---

7 [역주] GCSE(The General Certificate of Secondary Education)는 영국의 중등교육자격시험으로 중등 교육을 제대로 이수했는지를 평가하는 국가 검정 시험이다. O-Level과 CSE의 문제점을 보완하기 위하여 1986년 9월 도입, 1988년에 첫 시험이 시행되었다. GCSE 성적은 등급으로 발표되며, 등급은 A*부터 G등급까지 나누어진다. 영어·수학을 포함한 GCSE 5개 과목에서 평균점 이상을 얻어야 한다.

8 7세 학생에게는 1-3등급을 기대한다. 11세 학생은 3-6등급이어야 하고, 14세는 4-8등급이어야 한다. 단일 등급은 2년간의 향상과 2, 4와 5/6인 세 '주요 단계'의 끝인 전형적인 등급을 재현하려는 것이다. 그것은 10등급이지만 16세까지 통과해야 한다. 국가수준 교육과정의 핵심 4단계(14-16세)는 기존의 시험조직에 동화되어야 했고, GCSE 성적으로 기록되었다(A*-G, 핵심 목표로서의 5등급 A*-C).

받은 11세 학생의 비율이 성취표로 공개되는데, 언론은 이를 재빨리 '순위표'로 바꾸어 학교를 서열화 한다. 중등학교의 경우는 '부가가치' 측정값(value-added measures)이 함께 도입되었지만, 16세 학생들의 5등급 혹은 GCSE에서 A*-C 등급을 받는 비율이 가장 중요한 지표로 이는 단계별 교육과정 사이의 향상을 의미했다. 좋지 못한 결과는 나쁜 평판과 함께 감사를 받아야 한다. 좋은 결과를 얻는 데 실패한 학교들은 '위기에 처한' 학교로 간주되었다. 감사팀은 위기에 처한 학교의 수업에 직접적으로 영향을 미치는 '특별 조치'를 취했다. 학교가 이러한 특별 조치에서 벗어나지 못하면 폐교되거나 새롭게 조직되어야 했다.

이러한 예들은 모두 책무성 시험과 관련된 것들인데, 시험 결과에 따라 학교는 재정적 그리고 경영적 영향을 받았다. 이러한 정책의 의도는 분명했다. 학교가 폐교 등의 특별 조치를 피하고 싶다면 더욱 잘 해야 한다는 것이었다. 물론 이러한 정책은 긍정적인 측면이 있지만, '더 좋은 수업'을 넘어 학교에 더 많은 것들을 개선하도록 요구한다는 부정적 측면도 있다. 이제부터 우리가 살펴볼 것은 그와 같은 책무성 평가의 어두운 점이다.

의도한 결과와 의도하지 않은 결과

책무성 평가의 결과를 중심으로 그것이 어떻게 교수-학습에 영향을 미쳤는지를 검토하고자 한다. 책무성 정책의 의도는 교육내용과 교수방법에 영향을 미침으로써, 교사, 학생, 학교, 교육 행정당국이 목적 달성을 위해 더욱 열심히 노력하도록 동기를 부여하며, 그 결과 성취 수준을 '끌어올리는' 것이다. 만일 성취 결과가 향상된다면 '당근과 채찍'은 효과를 발휘한 것이다.

그러나 책무성 평가의 실제는 매우 엉망이었다. 댄 코레츠와 동료들(Dan Koretz et al., 2001)은 교사들이 고부담 책무성 평가에 대한 반응을 일곱 가지로 유형화하였다. 여기서는 이들 유형을 중심으로 논의를 전개할 것이다.[9] 유형 중에서 *과목 시수 늘리기, 더 많은 교재를 다루기 위해 열심히 일하기, 보다 효과적으로 일하기* 등의 세 가지는 대체로 긍정적인 것이었다. 속이기 유형은 부정적인 것이었다. *나머지 수업시간을 재분배하기, 수업을 평가기준에 맞추기, 시험에 맞게 지도하기*는 상황에 따라 그 의미가 달라졌다. 이것들은 명확하게 구분되지 않고 서로 중복되었다. 나는 일반적으로 이들 유형들이 교수-학습에 영향을 미치는 방법들 때문에, 이들을 긍정적으로 보지 않는다. 코레츠의 일곱 가지 반응 방식을 *동기부여, 우선 순위* 그리고 *극대화*라는 명칭으로 정리했다.

동기부여

교사들은 더 열심히 더 효과적으로 일한다

이 정책은 공무원들을 더욱 열심히 일하도록 만들기에 정치인의 눈을 번쩍 뜨게 만든다. 이 정책은 다양한 투자에도 불구하고 향상은 거의 없고 시스템은 해이해진다는 가정을 암묵적으로 전제하고 있다. 교사들이 능력 있는 아이들만 채근한다는 소리를 들었

---

9 코레츠 외(Koretz et al., 2001). Towards a Framework for Validating Gains Under high-stakes Conditions, CSE Technical Report 551.

을 때, 로우로 하여금 성과급 정책을 도입하도록 한 것도 마찬가지
였다(1장). *아동낙오방지법*은 소수민족과 사회적으로 불리한 환경의
학생들이 학교에서 거의 성장하지 않는 것에 대한 정책적 반응이었
다. 학교는 2차 세계대전의 전함에 비유되었다.

> 거대하고, 강력하고, 다루기 복잡하고, 선원이 많은. … 경로 변경을
> 명령했을 때 그렇게 하려고 시도는 하지만, 명령한 방향과 다른
> 방향으로 가고 있는 배 사이에는 심각한 지연이 존재한다(Graham,
> 1995, p. 3).

정책 입안자들은 평가라는 방향키를 재빨리 움켜쥐었고, 그것이
교육제도가 '도약하도록' 하는 방법임을 깨달았다. 학교와 교사들은
더욱더 열심히 일했다. 그러나 자신들이 하는 일을 생산적인 것으
로 여기지 않았으며, 특히 증대된 관료주의 때문이라고 비난했
다.[10] 그러나 수업 일수를 늘리고, 방과 후 보충 수업을 만들고, 또
는 실제 수업 일수를 더 많이 배정하는 것은 일반적으로 긍정적 효
과로 간주되어야 한다.

이러한 압력이 영국에는 도움이 되었다고 생각한다. 학교가 해
마다 개선되어야 한다는 기대가 그 핵심이다. 이것의 중요성은 2장
과 능력에 대한 *유연하고 고정된* 이해 사이의 대조와 다시 연관된
다. 교사들이 많은 학생들에게 기대가 낮은 이유는 고정된 능력의
일상 심리학 때문이다. 만약 학생이 11+ 시험에 실패한다면, '능력
이 없다.'라며 학문적으로 거의 기대되지 않는다. 그래서 해를 거듭
해도 대다수의 중등학교에서는 학문적인 성취가 거의 없었다(80%의

---

10 예를 들어, 데이 외(Day et al., 2007)의 교사문제에 관한 VITAE 프로젝트에서
　교사에 관한 설명이나 해밀턴(Hamilton, 2003)의 설명을 참조.

학생들이 11＋ 시험에 실패한다). 왜냐하면 '할 일이 별로 없기' 때문
인데, 비네(Binet)가 비판한 것이 바로 이 점이다. *책무성 평가의 역할
은 향상이 기대된다는 신호를 보내는 것이었다.* 모든 학생들이
2014년(NCLB)까지 일정한 수준에 도달해야 한다는 것은 심히 비현
실적이지만, 적어도 유연한 메시지를 보내는 것이다. 그 메시지는
학교가 모든 학생들의 학업 성취도를 개선할 수 있다는 것이었다.
'할 일이 별로 없다.'라는 주장은 더 이상 받아들여지지 않는다. 이
것은 적절한 보상과 결합하여, 현재는 당근보다 채찍이 많지만 어
쨌거나 학교는 더 열심히 일한다.

더 효과적으로 일하기

학교는 노력만으로는 성취도를 개선할 수 없기 때문에 '보다 영
리하게 일하는 것'이 필요했다. 학교가 해야 하는 일은 결과를 극대
화하는 것인데, 이는 더욱 명확하게 실적 향상에 집중한다는 긍정
적인 면이 있다. 그러나 이 접근 방법은 효과적인 학습은 거의 고
려되지 않은 채 냉소적으로 '제도를 가지고 놀기'에 빠질 수 있다는
위험이 있다. 책무성 평가의 긍정적 측면은 학교 전체가 학생들을
준비시키고, 평가 대상 학급에 최고의 교사를 배치하며, 부모와 학
생들로 하여금 열심히 노력하도록 만든다는 점이다. 영국에서는 국
가수준 평가 결과가 학생들에게 직접 영향을 미치지 않아서 상대적
으로 부담이 적었음에도 불구하고 이런 일들이 일어났다. 그 이유
는 성취도 평가가 중등학교 선발과 GCSE 선발에 *앞서* 실시되기 때
문이었다. 고부담 시험의 결과는 교사와 학교를 대상으로 하는 것
이었지만 보다 나은 성취를 하도록 교사와 학교에 가해지는 압력이
종종 학생들에게도 전해졌다.

전략적 접근의 부정적 경우는 평가 결과가 학습과 관계없는 방

법으로 향상된 때이다. 이때 중요한 문제는 누가 어떤 평가와 시험을 보는지(*극대화 부분 참조*) 그리고 누가 특별한 도움을 받는지이다.

우선순위

수업시간 재배치

코레츠와 동료들은 수업시간의 재배치를 다양한 해석이 가능한 반응들 중 하나로 보았다. 영국의 국가적 차원의 문해력과 수리력 전략은 중앙 통제의 중요한 사례이다. 중앙 정부는 초등학교 영어와 수학 시간에 무엇을 가르쳐야 하는지와 관련된 사항을 상세히 기술하였을 뿐만 아니라, 언제 얼마나 많은 시간을 할애해야 하는지를 명시하고 있다. 이에 따라 개별 학교는 읽기, 쓰기 시간과 산수 시간을 편성한다. 이러한 전략을 분석한 결과, 이전에 자신의 수업에 자신감이 없었던 교사가 담당하는 수학 시간에 특히 긍정적 영향을 미치는 것으로 나타났다. 그러나 이 전략을 분석한 캐나다 연구팀은 시험 점수를 액면 그대로 받아들이는 경향이 있었다[11](아래 참조).

수업시간의 재배치는 특정 과목과 그 과목에서 집중해야 하는 부분에 더 많은 시간을 배정하는 것을 말한다. 우리는 영국에서 초등학교 마지막 학년으로 '평가 대상이 되는' 6학년의 경우, 교육과정을 시험 과목에 집중시켰던 사례를 알고 있다. 빌 보일과 조안나

---

11 하비 골스타인(Harvey Goldstein, 2001)은 캐나다의 평가자들이 점수 향상을 기본적인 기준의 개선으로 아무런 의심없이 받아들이는 것을 비판했다(Earl, 2003a 참조). '평가자 평가하기' 참조.
http://www.cmm.bristol.ac.uk(2007. 11. 16. 접속). 피터 팀스(Peter Tymms, 2004)의 비평도 참조.

브래그(Bill Boyle & Joanna Bragg)는 1996년~2004년 사이에 영어와
수학 시간이 얼마나 많이 늘어났는지를 연구하였는데, 이 두 과목
을 가르치기 위해 다른 아홉 과목의 시수를 줄였고, 그로 인해 이
두 과목이 교육과정에서 차지하는 비중이 절반 이상으로 증가했음
을 밝혔다. 이처럼 교육과정을 어리석고 편협하게 편성하는 것에
대한 유사한 비판이 있었으며, 심지어 학교 장학관도 비판했다. 정
부는 이에 대응하기 위해 학교가 폭넓은 교육과정으로 교수와 업무
를 통합하는 것을 목적으로 하는 수월성과 즐거움(DfES, 2003) 정책
을 수립했다. 2005년까지 6학년 교사들을 4년 동안 추적 조사한
VITAE 프로젝트[12]의 증거에 의하면, 교사들은 5월 시험 전까지는
가르쳐야 하는 것에 지속적으로 제한받았으며, 5월이 지나서야 비
로소 '즐거운' 교수-학습, 이를테면 미술, 수영, 인문학을 다시 가
르치기 시작하였다.

이런 현상은 미국도 매우 유사하다. 미국의 교사에게는 단지 5월
이 아닌 다른 달일 뿐이다.

이제 나는 시험에 대비해 가르치는 것이 두렵지 않다. 나는 내가
가르쳐온 방식이 학생들에게 학습에 대한 사랑뿐만 아니라 더 나
은 기초를 제공하리라는 것을 안다. 요즘 나는 3월까지 기다릴 수
가 없어서 마지막 두 주나 반 달 정도 내가 원하는 방식으로 가르
치는데, 이는 아이들이 더 신나는 방식이다(Darling-Hammond &
Rustique-Forrester, 2005, p. 299).

---

12 데이 외(Day et al., 2006). 『교사의 교직생활과 효율성에서의 변화(*Variations
in Teachers' Work Lives and Effectiveness*)』. 데이 외(Day et al., 2007).
『교사 문제(*Teachers Matter*)』.

연습 시간

시험에 대비하여 가르치는 것은 시험 보는 연습을 수반하는데, 그 연습은 과목의 여분 시간에 한다. 미국은 저부담 시험을 치르는 주들에 비해 고부담 시험을 실시하는 주(州)일수록 시험 연습에 더 많은 시간을 할애하고 있다. 고부담 시험을 준비해야 하는 교사들 또한 시험이 있는 해에는 연습을 매우 일찍 시작하고, 주에서 시행하는 시험과 유사한 유형의 교재를 더 많이 사용한다. 노스캐롤라이나(North Caroline)에서는 수업시간의 20% 이상을, 애리조나(Arizona)에서는 과정의 100시간까지 시험 연습에 사용한다고 추정된다.[13] 최근 영국의 정부 출연 연구에 따르면, 6학년 수업은 '국가수준 시험을 집중적으로 준비하는 일로 지배되었다'는 것이다.[14] '시험 준비'를 위한 학습의 질에 관심이 있었으며, 효과적인 학습보다 시험 잘 보는 기술에 엄청난 시간을 쓰고 있었다.

과목 내에서의 재배치

보충수업 시간이 있는지 여부와 관계없이 그 과목 내에서 가르쳐야 하는 것의 재배치가 있을 것이다. 시험에 나올 법한 것들을 가르치는 시험을 대비한 수업이 얼마나 교육과정을 협소하게 만들었는지에 대한 광범위한 증거가 있다.[15] 영국의 국가수준 영어 시험은 국가수준 교육과정의 세 기준에 해당되는 말하기와 듣기가 포함되지 않는다. 따라서 6학년 수업에서는 읽기와 쓰기를 강조한다(교사들이 말하기와 듣기에 대한 평가를 하지만, 공식적 결과에 포함되지 않기 때문에 중요하게 다뤄지지 않는다). 비버톤과 동료들은 이것을 '수

---

13 해밀턴(Hamilton, 2003: 35).
14 비버톤 외(Beverton et al., 2005: 5).
15 예를 들어, 마다우스(Madaus, 1988), 해밀턴(Hamilton, 2003), 비버톤(Beverton, 2005)과 린(Linn, 2000) 참조.

업은 더욱 형식적이 되고, 국가수준의 시험이 요구하는 것에 집중하게 된다. … 시험에 대비해야 한다는 필요가 적어도 6학년 교실 활동의 대부분을 차지하고 있는 것은 분명하다.'(p. 7)로 요약했다. 연구자들은 국가 문해 전략에서 요구하는 대로 가르치는 수업 장면을 보여주었다. 이 수업 장면에서 교사들은 학생들이 더 이상 할 수 없을 만큼 반복 연습을 시키고, 지체 없이 찾고 있는 '창조적인' 답을 제공한다. 학생들은 매우 잘 훈련되었다.

> 교사: 내가 이 이야기에서 어떤 것을 중요하게 채점 할 것 같나요?
> 학생: 맞춤법과 구두점이요.
> 교사: 내가 찾아야 하는 중요한 것은 무엇이지요?
> 학생: 과거 시제, 문단의 시작, 직유법이요.
> 교사: 나는 완전한 이야기를 찾을 예정이에요. 이제 무엇이 중요하지요?
> 학생: 흥미 있는 도입부요.
>
> (Berverton et al., 2005, p. 74)

이런 현상은 미국의 연구에서도 찾을 수 있다. 작문 교사의 수업을 예로 들자면 작문 시험 형식의 결과로서, 교사들은 학생들에게 작문을 시키기보다는 작문에 있는 오류 찾기를 더 강조하게 된다. 에세이가 시험에서 요구되지 않는다면 가르칠 필요가 없는 것이다.[16] 또한 텍사스에는 '다섯 문단 에세이' 시험이 있는데, 이 시험은 학생들이 길게 쓴 에세이를 다섯 문장에 맞춰 재정리하라고 요구한다. 다섯 문장으로 이루어진 다섯 문단을 쓰면 합격점을 받을 수 있다. 데이비드 허쉬(David Hursh)는 다음과 같이 관찰했다.

---

16 해밀턴(Hamilton, 2003: 35) 참조.

문화적으로 유리한 중간계급과 상위계급은 시험 합격을 위해 그들의 문화적 자본에 의존할 것이다. 그렇기에 문화적으로 불리한 학생들은 추가적인 학습을 받아야 한다. 불행히도, 다섯 문장으로 다섯 문단을 쓰는 학습은 그 시험을 넘어, 학교 밖에서의 문해(literacy)로 전환되지 않는다. 불리한 학생들은 기대를 덜 받음으로써 훨씬 더 뒤처지게 된다(p. 614).

부정적 변화

최근 영국과 미국에서 실시되고 있는 책무성 시험은 수업시간 재배치의 '모호한' 성격을 부정적으로 변화시킨 것으로 보인다. 수업시간의 재배치는 교육과정과 시험과목에서 다루어야 할 것을 협소화했다. 물론 재배치가 늘 부정적이라는 것은 아니다. 5장에서 보았듯이 한 과목에 가르칠 내용이 적거나, 교사가 매우 제한된 교과지식을 가지고 있거나, 교육과정이 정해진 주제를 다루기에 지나치게 분화가 덜 되었을 경우에 재배치는 긍정적이다. 르완다가 긍정적 사례가 될 수 있는데, 이는 덜 가혹한 책무성 환경에서 가능한 것이다.

극대화: 조정과 코칭(그리고 부정행위?)

굿하트의 법칙은 시험에 대한 부담이 너무 크고 측정이 매우 편협하다면 시스템은 왜곡되고 타락하게 될 것이라고 예측했다. 우리는 책무성 평가의 사례에서 모호한 것에서 확실히 부정적인 것에 이르기까지 다양한 반응을 보았다.

성취기준에 맞추기

이는 특히 미국에서 발견되지만, 국가적으로 합의된 교육과정이 없는 다른 나라들에도 적용가능하다. 원래 교육과정과 교수방법은 해당 지역의 책임이기 때문에, 역사적으로 주정부와 연방 재정지원 기구는 교육과정과 교수방법에 제한적인 통제를 행사해 왔다. 이러한 상황에서 평가는 교수 내용과 요구된 성취기준에 맞추게 하는 중요한 지렛대 역할을 하였다. 이러한 성취기준은 특정 교육과정 내용의 달성 수준으로 이해되었는데, 일반적으로 수학, 영어, 그리고 간혹 과학의 '기본'에 관한 것이었다. 이 정책의 논리는 명확했다. 시험을 잘 보기를 원한다면, 시험에 나오는 것을 가르쳐야 한다.

이에 관한 초기 사례는 1970년대 '기본으로 돌아가자' 운동에서 파생된 *최소역량시험(Minimum Competency Testing, MCT)*이다. 최소역량시험은 성취도가 계속해서 떨어지고 있다는 인식의 결과였다. 이 시험은 더 좋은 수업자료나 새로운 교수법 같은 '투입'에 기반한 개혁이라기보다 '산출'에 새로이 초점을 맞추었다. 읽기와 수학 시험이었으며, 학교를 졸업하기 위해서는 이 시험을 보아야 했다. 이 시험은 절대평가로 특정한 성취 수준에 도달해야 한다. 평가 기준은 주 단위에서 결정되었고, 각 주들은 기초 역량에서 실패한 것처럼 보이고 싶지 않았기에 합격률은 해마다 전년 대비 급속하게 높아졌다. 그렇기에 졸업자격을 부여하는 역할도 전반적으로 동반 약화되었다. 1985년 33개 주가 학생들에게 최소역량시험 테스트를 요구했으나, 단 11개 주에서만 이것을 고등학교 졸업 자격으로 요구했다.[17] 이러한 제한적인 접근과 그에 수반되는 시험 준비는 고차원 기술을 장려하는 변화 속에서 큰 반발을 초래했다. 그 결과는

---

17 하르텔과 허먼(Haertel & Herman, 2005: 13-14).

단기적인 수행평가 운동이었는데 그것은 좀 더 복합적이면서도 자유로운 평가 방식들을 사용했다.

　최소역량시험과 유사한 형태를 아동낙오방지법 시험 제도에서도 발견할 수 있다. 시험 준비를 위한 제한된 수업 형태는 유사하였으나, 학생 개인이 아니라 학교에 책무성의 초점을 두는 것으로 그 방향이 바뀌었다.[18] 연방의회가 협소한 선다형 시험의 문제를 인식하고 다양한 평가 방식을 함께 사용할 것을 권장했지만, 대부분의 주는 여전히 선다형에 의존하고 있다. 왜냐하면 그것이 보다 단순하고 믿음이 가며 예산도 적게 들기 때문이다.[19] 이것은 부정적으로 변화된 징후였다. 시험 범위가 되는 광범위한 영역('시험에 대한 수업')보다는 시험에 나오는 것('시험을 가르치는 것')이 성취기준을 만족하기 위해서는 중요하기 때문이다. 주로 소수민족 학생들이 시험을 통과하기 위해 더욱 노력한다는 증거가 있다. 그 결과 다른 학생들에게는 보다 풍부한 교수와 학습 경험이 주어지는 반면에, 이들에게는 제한된 교육과정과 상투적인 시험 요령만 제공될 뿐이다.[20]

코칭: 과외지도

　코칭은 고부담 시험의 전 세계적인 특징이다. 과외지도를 통해 얻게 된 이점은 종종 중간계급의 문화자본 형태로 나타난다. 브라질과 같은 나라를 예로 들면, 시험이 학교 교육과정과 관련되지 않는 곳에서의 코칭은 학교제도와 독립적으로 운영되는 입시 학원의 형태를 띤다. 그러나 학교 책무성과 관련해서, 학생들이 학교에 도

18　허쉬(Hursh, 2005) 참조.
19　하르텔과 허먼(Haertel & Herman, 2005) 참조.
20　달링 하몬드와 루스티크 포레스터(Darling−Hammond & Rustique−Forrester, 2005).

움이 되는 결과를 거둘 수 있도록 코칭을 제공하는 곳은 학교이다. 학교에서의 과외지도는 학생들이 교사로부터 더 많은 도움을 받는다는 긍정적인 점이 있지만 부정적인 측면도 크다. 데이비드 길본과 데보라 유델(David Gillborn & Deborah Youdell, 2000)은 제한된 자원을 특정 집단에게 배분하는 것을 교육적 선별(educational tri-age)이라 불렀다. 의학적 선별과 달리, 교육적 선별은 가장 많은 지원을 받는 이들이 가장 도움이 필요한 사람이 아니다. 오히려 합격의 경계에 있는 학생들이 추가적 도움을 받아 더 열심히 공부하도록 내몰린다. 미국에서는 이들을 '버블 키즈(bubble kids)'라 부른다.

영국의 과외지도는 정부가 학교에 '보충 학습반'을 운영하도록 재정을 지원하기 때문에 보다 체계적이다. 교사들은 국가 교육과정에서 정한 성취 기준 바로 아래에 있다고 판단되는 학생들을 대상으로 추가로 사전에 시험 관련 과외지도를 제공한다. 중요한 것은 과외지도가 교육적 필요에 따라 학생들에게 자원을 배분하는 것이 아니라, 국가적 목표에 따른 성적의 향상을 위해 실시된다는 점이다. 만약 목표에 도달되지 못하였을 경우, 그 책임 정도에 따라 장관이 교체될 수도 있다. 그래서 정부는 과외지도가 성취도를 향상시켰다고 주장하기 위해, 그리고 더 좋은 결과를 얻기 위해 비용을 지불하고 있다.

이와 관련된 윤리적인 쟁점은 핵심 기초 수준에 도달하지 못할 것으로 보이는 학생들이나 무난히 기준을 충족할 학생들을 제외하고 자원을 할당하는 것이 정당한가 하는 점이다. 이런 식으로 정부는 보충 수업에 막대한 자원을 제공했다. 2005년 시험 전에 정부는 교사들이 시험 결과를 최대로 높이기 위해 어떻게 준비해야 할지를 정확하게 설명한 328쪽짜리 '보충수업 지도안'을 발행했다. 이 지도

안의 3/4 분량은 4/5등급 '경계선' 학생을 지도하기 위한 상세한 내용으로 채워져 있고, 문제를 훑어 읽는 방법에 대한 조언과 모범답안을 제공하고 있다. 모범 답안의 하나는 셰익스피어의 ≪헛소동≫ 1막 1장과 2막 3장에 관한 것으로, 학생들은 '이 인용문에서는 사랑의 아이디어를 어떻게 분석하는가?'라는 질문에 대한 4쪽짜리 모범 답안을 받았다. 그런데 2005년 국가수준 평가에서는 '이 인용구에서 베네딕트의 사랑과 결혼에 대한 태도에서 우리가 배울 수 있는 것은 무엇인가?'라는 문제가 출제되었다.[21]

이것은 교육적으로 보이기보다는 냉소적인 생각이 들게 한다. 이 책의 중심주제는 평가가 효과적인 교수-학습을 약화시키는지 아니면 독려하는지를 묻는 것이다. 학습을 풍성하게 하기보다 특정한 결과를 얻기 위한 과외지도는 우려스럽다. 이러한 상황에 대한 도어(Dore)의 격한 고발로 돌아가 보자.

부정행위

코레츠와 동료들에게, 이것은 하나의 분명한 부정적인 반응이다. 이것은 학생들에게 잘못된 성적을 주는 교묘한 조작을 포함한다. 교사들은 정답의 힌트를 주거나, 정답을 알려주고 답을 고친다. 눈속임은 교사들이 눈썹을 올리는 것부터 답안지를 수거한 후 체크하고 조정하는 것까지 다양하다. 타임지 교육편 부록(Times Educational Supplement) 2006년 9월 1일자에 의하면 2002년에서 2005년 사이에 시행된 국가단위 시험에서 248명의 영국 교사들이 '과도한 도움/과도한 코칭' 혐의로 조사를 받았다. 이들 중 최소 한 명의 교장이

---

21 워릭 맨셀(Warwick Mansell) 'Test Tips Equal Three Hundred Pages of Pressure', Times Educational Supplement, 2005년 7월 1일, p. 6.

답을 고친 죄로 감옥에 갔다.

제도의 허점 이용

정말로 염려되는 눈속임은 이러한 유리된 '지원'이 얼마나 많은 지가 아니라, 합격률을 높이기 위해 일부 학생들을 시험에 응시하지 못하게 하거나 또는 시험 결과를 과장하기 위해 '전략적으로' 응시하도록 하는 것처럼 제도의 허점을 이용하는 회색지대이다. 데이비드 허쉬(David Hursh)는 미국과 같은 높은 책무성 시험 체제에서 학교가 성공했음을 주장하기 위해 많은 증거들이 제시되지만, 그것들만이 성공하게 한 모든 요인이 아니라고 주장했다. 예컨대, 허쉬는 '텍사스의 기적'의 상당 부분은 행정가들이 학교를 그만둔 학생들을 창조적으로 '재분류했거나', 그들을 시험을 치러야 하는 학년보다 한 학년 아래에 붙잡아두었기('유급') 때문이라고 생각했다.

중 퇴

허쉬에 따르면, 당시 휴스턴 학구는 높은 중퇴율 때문에 학구인가가 취소될 상황에 있었다. 당시 교육감이었던 로드니 페이지는 교장들에게 학생들이 학교를 떠나는 것을 다르게 해명(예를 들면, '다른 학교로 전학')하도록 지시했다. 결국 휴스턴 학구는 2001년~2002년 사이 중퇴율이 현저히 감소된 1.5%를 기록했으며, 이로인해 우수한 학구로 상을 받기도 했다. 나중에 페이지는 텍사스의 전 주지사 조지 W. 부시의 교육부 장관이 되었다. 그러나 나중에 고등학교 16개교를 대상으로 실시한 연구에서는 학교를 떠난 5,000명 중 중퇴로 보고되어야 하는 60%가 그렇게 보고되지 않았다는 사실이 밝혀졌다. 어떤 교장은 자신의 학교가 중퇴자가 없는 학교로 인증되었을 때의 놀라움을 보고하기도 했는데, 그 학교는 첫 해 1,000명에서 마지막 해 300명으로 점차 줄어들었고 '내몰린 학생들

대부분은 위험에 처했으며 그들은 또한 소수민족'이었다(Hursh, 2005: 615).

유 급

유급은 텍사스학업능력평가(TAAS)를 치러야 하는 바로 아래 학년인 9학년에 학생들을 잡아두는 전략이다. 월터 하니(Walter Haney)에 따르면 1996년~1997년 사이 전체 18%의 학생들이 9학년에 유급되었고, 이들 중 1/4의 학생들이 흑인과 히스패닉으로 추산되었다. 흑인 학생의 58%와 히스패닉 학생의 52%만이 4년 후 졸업 학년인 12학년에 남았다. 또 다른 전략은 보다 많은 학생들을 특수교육이 필요한 학생으로 분류하는 것인데, 이는 그들이 TAAS를 치르기는 하지만 그 결과가 보고되지 않기 때문이다. TAAS가 치러진 처음 4년 동안 특수교육이 필요한 학생들의 비율은 4.5%에서 7.1%로 증가했다. 이런 말도 안 되는 전략이 학교에는 도움이 될지 모르지만, 우리가 누구인지를 만드는 평가의 관점에서 보자면 개인을 무능력하게 만드는 것처럼 보인다. 하니에게 텍사스의 기적은 그저 '텍사스의 신기루'일 뿐이었다.

입학 조건

영국의 GCSE 시험은 회색지대 전략의 또 다른 사례를 제공한다. 의무교육의 마지막 단계에서 치러지는 이 단일 과목 시험의 책무성 목표는 다섯 개 과목에서 A*-C 등급으로 통과하는 것이다(통과 등급은 A*에서 G 등급까지이지만 실제로는 평균점을 고려해야 하므로 C 등급 이하는 실패로 본다). 성적표는 A*-C 등급을 받은 16세 학생의 비율에 따라 학교별 순위가 만들어진다. 학교들은 목표 달성에 도움이 되는 학생들에게 시험을 보게 할 방법을 찾기 위해 쥐와 고양이처럼 끊임없이 뒤쫓고 달아나는 식의 규제 게임을 벌이고 있으며, 정부는 빠져나갈 구멍을 막기 위해 노력하고 있다.

일반국가직업자격(GNVQ)[22]의 중간 자격은 학문적 자격과 직업적 자격이 동등하다는 이유로 GCSE의 네 과목 C 등급과 동일한 것으로 인정했는데, 이는 빠져나갈 구멍을 이용한 제도의 허점 이용하기의 대표적 사례이다. GNVQ 중간 자격은 의무교육 이후 성인교육대학에 참여하고 있는 17세 학생들을 대상으로 한 전일제 과정이었다. 이 과정은 비즈니스, 건강, 사회 복지 등의 영역에 걸쳐 광범위한 직업 입문 과정을 제공한다. 그러나 한 기업체의 기술전문학교는 GNVQ가 결과를 최대화하는 데 이용될 수 있다는 것을 인식했다. 그 학교의 모든 학생들은 정보통신기술 분야의 GNVQ 과정에 입학했고, 이들은 요구조건인 A*-C 등급을 받기 위해 오직 한 과목의 GCSE만 들으면 되었다. 그리고 토마스 텔포드 학교 (Thomas Telford school)는 지역에서 가장 성취도가 높은 종합중등학교(A*-C 등급 100%)로서 수상과 교육 관료들이 참석한 기념행사를 개최했다. 이야기는 여기에서 멈추지 않는다. 그 학교는 정보통신기술 국가직업자격(ICT GNVQ)관련 프로그램을 다른 학교에도 확산시켰다. 매우 인기가 좋아서 국가장학기구(national awarding bodies)도 이 계획안을 채택했으며, 이를 통해 토마스 텔포드 학교는 수백만 파운드의 수입을 벌어들이는 학교가 되었다. 이제는 학교를 탐방하는 방문객들에게도 비용을 받고 있다. 부모들은 자녀가 그 학교에 들어가길 바라며, 학교의 전반적인 학업성취도는 여전히 높다.

점점 더 많은 학교들, 특히 어려움에 처한 학교들이 이 전략을 채택해서 '가장 향상된' 학교 목록에 오르기 시작함에 따라, 또 다

---

22 [역주] GNVQ(General National Vocational Qualifications)는 16세 이후 직업을 원하는 학생들을 위한 과정으로, 폭넓고 일반적인 내용의 직업교육과정이다.

시 쥐와 고양이 게임과 같은 규제 게임이 시작되었다. 일부는 이렇게 좋은 결과는 기초적인 과목인 영어와 수학에 대한 합격이 없기에 얻어진 것이라고 비판했다. 그래서 2006년부터는 영어와 수학이 A*−C의 5등급에 포함되었고, 당시 응시자의 절반은 그 과목을 통과하지 못했다.

이는 지엽적인 이야기에 불과하지만, 그래도 이 사례는 평가 결과를 최대화하려는 회색지대가 가질 수 있는 조직적이고 담합적인 특징을 보여주고 있다. 만일 학교와 정부 양자가 국가수준의 목표를 가지고 시험 결과의 지속적인 개선을 원한다면, 우리는 이런 식의 왜곡을 보게 될 것이다. 내가 이러한 사례에 대해 격분이 아니라 흥미를 보이는 이유는, 국가직업자격(GNVQ)의 개발에 관여했으며 그것이 가진 많은 장점, 이를테면 '우연히' 학생들이 잠재적으로 흥미 있는 학습 경험에 노출될 수도 있다고 생각하기 때문이다.

부풀린 결과들

고부담 책무성이란 학교와 교사, 지역교육청 그리고 정치인들이 매우 간편하게 향상도를 측정하는 데 활용해 왔던 시험의 결과를 향상시키는 데 깊은 관심을 가지고 있다는 것을 의미한다. 우리는 그 반응과 결과를 살펴보았다. 다음에서는 시험 기반 책무성이 그들이 측정하고자 하는 학습을 진정으로 개선했는지 여부를 살펴보고자 한다. 이 문제가 중요한 까닭은 정치인과 정책입안자들이 적어도 공개적으로는 시험 결과를 액면 그대로 받아들일 의지를 가지고 있다는 점 때문이다. 시험 결과가 올라가면 성취수준이 올라간 것으로 받아들인다.[23] 이는 그들이 자신의 논리에 사로잡혀 있기 때문이다. 그들은 책무성이 시험 결과에 근거하고, 그래서 시험 결과는 직접적으로 성취기준을 나타낸다고 생각한다. 뿐만 아니라 시험 결과가 학생들이 시험을 얼마나 잘 치렀는가를 직접적으로 나타낼 뿐이지, 반드시 그 과목의 근본적인 성취기준을 의미하는 것이 아니라는 점을 진지하게 생각하지 않는다. 다음에서는 고부담 시험이 실제 학습된 것을 얼마나 나타내지 못하는지 몇몇 구체적인 예를 통해 알아볼 것이다.

와비건 호수 효과

개리슨 케일러(Garrison Keillor)의 와비건 호수(lake Wobegon)라는 가상의 마을에는 '남자들은 모두 잘생겼고 여자들은 모두 강하고 아이들은 모두 평균 이상'이다. 웨스트버지니아 출신의 존 캐널(John Cannell) 박사는 이 만화같은 라디오 공동체를 와비건 호수 효과라고 이름 지었다. 그는 1987년 미국의 모든 주가 학생들이 표준화된 시험에서 평균 이상이라고 주장했다는 것을 밝혔다. 이 같은 시험 결과는 각 주들은 자신의 학생들이 시험에 응시한 다른 학생들보다 시험을 잘 보았고, 그렇기에 자기 주가 다른 주보다 성취도가 더 좋다는 추론을 하게 한다. 그러나 이는 통계적으로 불가능하다. 성취기준을 개발할 때 시험에 참여한 학생들보다, 나중에 실

---

23 국가수준 교육과정 검사 점수가 바로 성취수준(개선된 결과)으로 간주되는 것이 영국에서의 모순적인 상황이다. 하지만 시험은 그렇지 않을 수도 있다. 정부는 교육과정평가원을 통해 직접적으로 이 테스트를 책임이 있다. 그러나 GCSE와 GCE 시험은 독립적이고 경쟁적이며 발급기관에 책임이 있다. 이제 통과율의 증가는 개선으로 환영되지만 시장 점유율에서 개선을 시도하기 위해 발급기관은 낮아진 성취수준(시험 요구)을 비판해야만 한다. 주 단위 테스트의 상대적인 질을 넘어서 미국에서도 유사한 우려가 있다.

시된 시험에서 학생들의 점수는 더 좋아졌다는 것이 사실이다. 1993년 월터 하니와 동료들은 놀랄만한 일은 아니지만, 원래 학생들의 시험 준비는 반드시 무엇을 공부할 것인지와 시험 형태의 익숙함 등이 아니었다고 지적하였다. 학교장인 캐럴이 시험 기관을 방문하였을 때 다음과 같은 조언을 들었다. 가난한 학군의 점수가 평균점수보다 높기를 원한다면, 개발된 지 오래된 시험을 이용해라. 그렇게 하면 매년 점수가 올라갈 것이다.[24]

점수 인플레이션

로버트 린(Robert Linn, 2000)은 미국에서 지난 50년에 걸친 *고부담 책무성 시험 운동*의 또 다른 효과를 확인했다. *점수는 시험 시행 첫 4년 또는 그 이후까지 계속해서 오르다가 정체된다.* 댄 코레츠(Dan Koretz)와 동료들(1991)은 점수가 향상된 4년이 지난 후에, 학생들이 예전의 시험으로 새롭게 시험을 치르면, 자신들이 새 시험 첫 해에 거둔 점수로 떨어졌음을 밝혔다. 따라서 점수의 향상은 본질적으로 시험 안에서만 점점 좋아지는 것이다.

이와 관련하여 고부담 시험 점수가 극적으로 향상되는 반면, 그와 유사한 저부담 평가에서는 그렇지 않다는 것이 또 다른 증거이다. 피터 팀스(Peter Tymms)는 영국의 11세 학생들이 보는 국가수준 시험의 점수가 1995년~2000년 사이에 급격하게 향상된 이후에는 안정상태가 되었으나, 그 기간 동안 유사한 저부담 시험 점수는 향상 정도가 훨씬 낮았다고 하였다. 그는 기본적인 표준은 단지 적당하게 향상되었는데, 이는 학생들이 시험에 응시하도록 훈련받은 결과라고 주장했다. 정부는 팀스의 주장에 강하게 이의를 제기하였

---

24 하니 외(Haney et al., 1993), 와일드(Wilde, 2002).

으나, 독립적 통계 위원회(independent statistic commission)는 팀스의 증거를 검토한 후 그의 주장을 지지했다.[25]

점수 부풀리기에 대한 해석

점수 부풀리기는 고부담 책무성 시험에서 확고하게 나타나는 현상이다. 점수 부풀리기는 시험 결과로부터 도출된 의문스러운 추론을 끌어내기 때문에 시험의 타당도를 위협한다. 이런 해석의 중심인물은 사뮤엘 메식(Samuel Messick)으로, 그는 타당도에 관한 주요 위협을 *구인 과소 반영*과 *구인 무관 변인*, 두 가지로 구분했다. 여기에서는 '타당도 문제'를 시험 점수 부풀리기와 관련지어 다룰 것이다.

구인 과소 반영(Construct under–representation)

이 문제의 핵심은 시험이 측정하고자 하는 지식과 기술을 얼마나 잘 반영하는지 여부이다. 고부담 시험은 일반적으로 쉽고 신뢰성 높게 측정할 수 있는 것으로 제한된다. 예를 들어, 영어 과목의 국가수준 교육과정 시험은 말하기와 듣기의 기준이 있음에도 읽기와 쓰기에만 초점을 두고 이것이 영어 과목 '구인'의 일부가 된다. 이런 식으로 특정 요인이 지나치게 중시되면, 수업은 이들 요인에 따라 좌우되고 구인은 왜곡된다. 이는 결과적으로 잘못된 추론을 이끈다. 읽기와 쓰기 두 영역의 점수가 상승한 것을 영어 실력이 향상한 것이라고 추론하게 된다. 말하기와 듣기 실력은 더 등한시되면서 점점 더 나빠질 것이다.

---

25 Statistics Commission Report, 23호(2005.2.23.).

구인 무관 변인(Construct irrelevance)

이 문제는 높은 시험 점수가 평가된 구인의 향상된 학습이 아닌 다른 것의 결과일 수도 있다는 방법의 다양성을 다룬다. 이는 시험의 구인과 결과의 신뢰도 두 개 모두를 포함한다. 이를테면 독해가 너무 어려운 문항처럼, 읽기 기술이 부족한 결과로 수학 점수가 낮을 때에도 수학이 약한 것으로 분류된다. 유사하게, 그 과목을 잘 알거나 기술을 가지고 있어서라기보다 다른 이유들로 점수를 얻는 것도 가능하다. 스티븐 고든과 메리안 리즈(Stephen Gordon & Marianne Reese)는 교사와 학생들이 어떻게 TAAS를 준비하는가에 대한 연구에서 사례를 제공한다. 그들은 시험 통과를 목표로 하는 교수법은 매우 효과적이라서 학생들이 충분히 시험에 통과할 수 있었음을 발견했다.

> 심지어 학생들은 시험에 나오는 개념에 대해 전혀 배우지도 않았다. 교사들은 이 과정에 너무나 익숙해서, 학생들이 적용, 분석 또는 종합의 기능을 개발하지 않았음에도 그 능력들을 측정하려고 *의도된* 시험에서 학생들이 정확히 답을 하도록 가르칠 수 있었다 (1997, p. 364).

이것은 고부담 시험의 심각한 문제로, 많은 시험 준비들이 어떻게 대답하는가에 관한 찍기(spotting cues)와 연습이 될 것이기 때문이다. 균형 잡기는 쉽지 않은 일로, 학생들을 시험에 준비시키지 않는 것이 이 위협을 증가시키기 때문이다. 학생들이 시험 관행('당신의 답을 설명하시오')과 시험 형태에 익숙하지 않아서, 요구한 것을 이해하지 못하여 점수를 잃기도 한다. 따라서 시험 준비는 시험 응시 요령이 의도된 지식과 기술을 대체할 때에만 타당하다.

신뢰도

대중들 생각에 신뢰도는 채점의 기본으로, 기계 채점의 다지 선택형 시험은 자동적으로 신뢰할 만한 것으로 여긴다. 시험의 신뢰도를 낮추는 데 영향을 미치는 많은 다른 요인들 때문에 시험 채점을 외부에 맡기는 것만으로는 신뢰도가 생기지 않는다. 시험 응시자의 긴장과 동기 수준, 특정 요소에 주어지는 채점 비율 등 모든 것에 영향을 받는 시험은 어떻게 관리되는가. 점수가 집계되는 방식과 등급의 경계가 결정되는 방식도 성적에 영향을 준다. 어떤 요소의 변화로도, 만일 시험을 다시 치르거나, 동일한 학생들이 동시에 응시하게 된다 해도 시험 응시자는 다른 결과를 갖게 될 수 있다. 따라서 기계가 채점하는 시험을 무조건 신뢰할 수는 없다.

또한 시험의 어떤 항목에 가중치를 부여하는 것 역시 핵심적인 신뢰도 이슈이고, 이것은 신뢰도가 완전히 분리된 개념이기보다는 *타당도의 일부*임을 암시한다. 우리는 구인 과소 반영이 구인을 불균형하게 표집한 결과로 인해 나타난 것임을 살펴보았다. 만일 한 요소가 시험 지침에는 나타나지만 시험 항목에서는 아주 미약하게 다루어진다면, 그 시험은 신뢰할 수 없게 된다. 이 요소에 대해 추론하기에 증거가 충분치 않을지 모른다. 이런 일은 몇몇 요소가 다른 요소보다 질문으로 만들기 쉬울 때 발생하고, 따라서 '좋은 질문'의 질적인 점검은 시험의 균형에 대한 편견을 갖게 한다. 이것은 학생들이 특정 요소를 어려워하고 낮은 점수를 얻었을 때 악화되는데(예를 들어 수학에서의 확률처럼), 특정 수행을 일반화하기에는 제한된 증거만이 있을 뿐이다. 이것은 성적이 좋으면 확률 개념을 이해했다고 보는 믿을 수 없는 추론을 하는 사용자에게는 명백하지 않을지도 모른다.

신뢰도가 낮은 시험

이처럼 신뢰도가 낮은 시험의 규모와 영향은 제대로 인식되지 않았다. 딜런 윌리엄(Dylan Wiliam, 2001)은 영국의 11세를 대상으로 한 국가시험의 신뢰도 수준이 학생의 약 30%를 잘못 분류해서 그들이 인정받은 등급보다 높거나 혹은 낮은 등급이 주어졌다고 추산하였다.[26] 이는 학교 차원에서 등급을 균등하게 하는 것이었다. 즉, 자신들이 받을 등급보다 더 높은 등급을 받은 학생들은 자신이 받을 등급보다 낮은 등급을 받은 학생들로 상쇄될 것이기 때문이다. 그러나 이것은 이어지는 '부가가치' 책무성을 측정할 때 문제가 되었는데, 부정확하게 높은 등급을 받은 학생들은 다음 핵심 단계에서는 제한된 향상만을 보이는 것으로 판단할 가능성이 있다. 이러한 문제는 2006년 국가시험에서 별난 사례로 보고되었다. 일부 교사들은 그들 학생이 자신들이 한 상세한 교사 평가에 비해 상대적으로 '너무나 잘했기'에 그 시험을 신뢰할 수 없다고 주장하였다. 한편, '이 학생들이 진학했을 때 실력향상을 이끌어 내야 하는 중등학교 교사들이 가엾다.'라고도 덧붙였다(TES, 2006년 7월 7일자, p. 2). 이는 학교장으로부터 '나는 어떤 시험도 100% 믿을 수 없다.' '어떤 날 학생들은 실제 자신의 등급보다 더 잘하거나 혹은 더 못할 수 있다는 것은 잘 알려져 있다'라는 흔치않은 인정을 받아냈다(p. 2). 시험에 대한 공적 신뢰가 훼손되지 않는다는 점에서, 신뢰도

---

26 윌리엄(Wiliam, 2001). 가드너(J. Gardner)(편), 『평가와 학습(Assessment and Learning)』, London: Sage, pp. 119-132. Black and Wiliam(2001)의 '평가의 신뢰도' 참조.

는 시험과 채점자보다는 학생의 문제라는 점에 주목해야 한다.

책무성 시험의 효력 반감기

고부담 책무성 시험의 부정적인 결과와 점수 부풀리기는 시험 점수와 같은 허술한 기반에 근거한 징벌적인 책무성 체제로 인해 조만간 역효과가 발생할 거라는 징후가 나타난다. 그와 같은 지표들은 어느 정도의 단기 충격요법을 줄 수 있으나, 앞에서 본 것처럼 곧장 제도의 허점을 이용하게 될 것이다. 이것을 '효력반감기' 원칙이라 부른다. 이는 방사성 동위원소의 분해 현상에서 따온 비유인데, 방사능의 효능이 원래의 절반이 되는 시간을 측정한 것이다. 이 원칙은 *고부담 책무성 시험이 그 안에서 동의된 한계에 집중한다면 단기적으로는 가치를 갖겠지만, 그 효능이 분해되고 감소하는 단시간의 '효력반감기'를 가진다는* 것을 의미한다. 이것은 학교 교육과정의 왜곡과 시험 과목들의 통합성 약화에서 발견할 수 있다. 이 효력반감기를 신중히 계산한다면, 역효과의 시작점은 린이 언급한 4년이 될 것이다. 그 정도의 시간이 지나면 제도에 헛점이 생기고 교사들은 시험에 익숙해진다. 아울러 학생들은 과거의 답안지에 기반해서 그들이 무엇을 해야 하는지 알게 되고 학습은 점수를 최대화하는 것으로 점점 평가 절하된다.

영국의 초등학교 과학시험에서 '효력반감기'의 사례를 찾아볼 수 있는데 과학 수업이 개선되도록 하는 국가수준 평가의 긍정적인 사례로 이용되길 원한다. 그러나 그 시험이 역효과를 낳느냐는 질문들이 제기되고 있다. 주도적인 과학교사 미셸 샤이어(Michael Shayer)는 피아제의 이론에 따라 아동의 과학 개념 발달에 대해 종단 연구를 수행했다. 그는 아동들의 개념추론 능력이 몇 년간 꾸준히 향상된 후 쇠퇴하는 경향이 있음을 최근 보고했다. 그는 이런 현상의 원인을 아동들이 질량보존의 법칙 같은 개념을 발달시키도록 도와주는 '손수'하는 과학 놀이가 결핍되고 있기 때문이라고 보았다. 왜 이런 일이 발생했을까? 시험은 그와 같은 실제 경험을 요구하지 않기 때문이다. 시험은 이제 역효과를 낳고 있다.

책무성은 사라지지 않으며 그렇게 되어서도 안 되지만, 앞으로의 과제는 그와 같은 단순한 지표에 의해 만들어지는 왜곡이 생기지 않는 책무성 평가의 형태를 찾는 것이다. 오노라 오닐(Onora O'Neil)이 2002년 리스(Reith) 강연에서 '지적 책무성'이라 부른 것의 가능성을 살펴볼 것이다.

지적 책무성

지적 책무성은 두 개의 핵심 특징을 가진다. 첫째는 최근의 접근방법보다 더 구성적이어야 한다, 둘째는 척도가 보다 정교해야 한다는 것이다. 오닐은 강연에 사용한 많은 자료들을 영국의 공공서비스 책무성 체계에서 가져왔다. 여기에서는 지적 책무성이 교육과 어떻게 관련되는지를 탐구한다.

구성적 책무성

더 많은 신뢰

오닐은 지금의 책무성 문화가 '제도적이고 전문적인 삶에 대한 보다 완벽한 행정 통제'를 목표로 한다고 주장했다(O'Neill, 2002, p. 46). 언론인인 사이먼 젠킨스(Simon Jenkins)의 정부 통제의 목록에 교육의 규모가 나타나 있다.

> 취임 이후로[1997], 교육부는 500개의 조례, 350개의 정책 목표, 175개의 효율성 목표, 700개의 안내지침, 17개의 계획과 26개의 개별적인 성과급 보장 체계를 발표했다. 2001년 한사드(Hansard) 는 영국의 학교에 발송되는 연평균 3,840쪽의 지침을 보고했다. … 그러나 하나의 목표가 그 모든 것을 지배하는데, 바로 시험 결과이다. 노동당에 따르면 시험을 치르는 데 드는 비용이 천만 유로에서 6천만 유로로 증가했다(Sunday Times, 2006년 9월 24일자, p. 18).

이 같은 감사의 급증은 재정의 세부적인 감독에서 전문적인 삶의 모든 양상으로 옮겨왔다. 이것의 문제는 공공 서비스에 대해서는 더 많은 확신을 제공하는 한편, 신뢰의 추락과 전문적 실천을 더욱 수세적으로 만든다는 점이다. 이론상으로 공개된 목표와 절차는 대중들에게 공공 서비스를 더욱 책임 있는 것으로 만든다. 그러나 오닐은 '실제 요구는 규제자, 정부부처, 자금투자자, 법적 기준에 대한 책무성이다. 중앙 통제가 책무성의 새로운 형식으로 부과되고 있다. 그러나 중앙 통제는 종종 상당히 이질적이고 상호 일관되지 못하다는 점'(2002, p. 53)을 관찰했다. 오닐에 따르면, 성취 지표들은 질을 정확히 측정하기 위한 것이라기보다 측정과 통제의 용이함 때문에 선택되었다고 주장한다. 시험 결과의 이용은 이러한 묘사와 정확히 맞아 떨어진다.

오닐은 이로 인해 불신문화와 방어적 문화를 초래할 것이라는 점을 염려하였다. 린다 달링 하몬드(Linda Darling-Hammond)는 이러한 접근방법에 대해 '근본 문제는 교육자의 역할을 변화시키겠다는 의지의 부족이라는 가정 하에 … 외재적 보상과 제재를 통해 변화를 유도하도록' 추구하는 것이라고 묘사했다. 이에 대한 오닐의 대안은 격려였다.

> 좋은 거버넌스에 대한 주의집중과 전체 통제에 대한 환상의 최소화. 좋은 거버넌스는 기관이 재정 체계나 보고 체계 내에서 그들의 특정 과업에 적절한 형태의 자치를 위한 여지를 가질 때에만 비로소 가능하다. … [그랬을 때 기관은] 일단의 수행 지표에 기죽지 않을 것이다. 설명을 요구받은 사람들은 그들이 한 일에 대해 설명해야 한다. … 실제 책무성은 기관의 업무나 전문적인 업무에 대한 실질적이고 정통한 독립적 판단을 제공한다(2002, p. 58).

최근 영국에 소개된 새로운 학교 장학 절차 중 일부에서는 이같은 전환의 징조가 나타나고 있다. 이러한 움직임은 학교들이 자체적으로 자기 평가 형식(self evaluation form, SEF)을 준비하고, 이론적으로는 학교의 독자적인 의견에 대한 외적 검열과 함께 학교의 성취를 재검토하는 것이다. 이것은 수년 동안 대학 평가에 사용되었던 모델이다. 시험을 통한 성취도 평가에서 보다 풍부한 학습과 수업으로 초점이 이동해야 한다는 점이 중요하다. 새로운 장학 제도의 절차는 학교로 하여금 판단의 기초가 되는 자체 평가를 하도록 한다는 점이다. 당시의 평가 과정은 과도하게 규제적이었고, 시험 점수 위주였다. 이것은 변화를 위한 대안적 관점을 모색하는 것인데, 개선에 필요한 지식을 함께 구축하는 것이다. 대안적 관점은 근본적인 문제가 의지 부족이 아니라 '변화를 위한 조직적 능력의 결핍과 이와 관련된 교수―학습의 가능성에 대한 지식 부족'이라고 주장한다(Darling―Hammond, 1994, p. 23).

가치 기반 책무성

고부담 책무성 시험이 초래한 결과 중의 하나는 마이클 건젠하우저(Michael Gunzenhauser)가 *교육의 디폴트(default) 철학*이라고 부른 것을 제공한 것이다. 이 철학은 '고부담 시험은 점수가 나타내는 성취보다 점수 자체에 과도한 가치를 두는 것'을 말한다(2003, p. 51). 이 디폴트 철학의 힘은 요즘 같은 풍토에서 교사들은 '교육자로서 학생들에게 실제 시험 훈련을 시키고, 평가되지 않는 내용은 무시하거나 삭제하고, 테스트를 위해 수업하는 등 자신의 비전에 미치지 못하는 일을 하고 있다고 생각할지 모른다.'라는 것이다(2003, p. 51).

여기서 벗어나는 건설적인 방법은 학교와 교사들이 자신의 가치와 목적을 똑바로 세우는 것이다. 그들 자신의 교육 철학이 모든 아동이 성공하길 바라는 목적과 유사하게 공유된다면, 그들은 분명 점수가 아닌 학습에 관심을 두는 다른 경로를 선택할 것이다. 그 첫 단계는 학교들이 *내적 책무성을 우선에 두고*, 책무성의 기본 양상에 대한 해답을 개발하는 것이다. '그들이 학생들에게 학문적으로 기대하는 것은 무엇인가?, 양질의 수업 실천을 구성하는 것은 무엇인가?, 누가 학생의 학습에 책임져야 하는가?, 개별 학생들과 교사들은 그들의 일과 학습을 어떻게 설명해야 하는가?' 등의 문제이다(Elmore and Fuhrman, 2001, p. 69).

이 접근 방법은 영국에서 발전했는데, *학교 자체 평가로*, 그들 중에는 『지적인 학교(*The Intelligent School*)』의 바바라 맥길크리스트(Barbara MacGilchrist)와 동료, 그리고 『학교는 스스로 말해야 한다: 자기평가 사례*(Schools Must Speak for Themselves: The Case for Self-Evaluation)*』의 존 맥비스(John MacBeath)가 있다. 그들은 학교

가 스스로의 가치를 성찰하는 것을 매우 중시하였다. 이것은 '학습
에서의 주도'를 둘러싼 수사학을 포함해서 정책 수준에서 채택되었
는데, '교수－학습' 역할의 측면에서 학교－관리 책임을 위한 재정
지원을 하였다. 그러나 영국에서의 시험 목표는 이 모든 것을 계속
해서 왜곡하고 있다.

　5장에서 다룬 시험의 구성 원리를 되풀이하는 것이지만, 나는
가치가 학습의 질과 사회적 성격에 기초해야 한다고 생각한다. 그
목적은 '원칙에 입각한' 학습을 장려하는 것인데, 이는 보다 깊이
있고 더 유연한 학습을 장려하는 능동적이고 수요를 고려한 접근을
필요로 한다. 학습은 획득한 성적이 아니라 그 자체로 중요한 보상
이라 여기도록 만드는 것이 중요하다.

보다 정교한 수단들

　시험 점수에 기반을 둔 목표에 대한 강박은 제도의 허점을 이
용하고, 학습된 것보다 결과에 관심을 두도록 조장한다. 지적 책무
성은 가능한 증거에 근거한 현실적 목표 설정과 측정 과정에 대한
보다 타당한 접근법을 제공하는 다양한 평가 수단을 포함한다. 또
한 지적 책무성은 변화에는 시간이 걸리며, 효과적인 평가 제도와
그 결과가 시스템으로 정착될 필요가 있다는 점을 인정한다. 다음
에서는 이 점을 살펴볼 것이다.

현실적 목표 설정

　사이먼 젠킨스의 논문에 눈길을 끄는 제목이 하나 있다. '어처

구니없는 목표를 세워라. 그러면 당신은 진짜로 미친 공공 서비스를
받을 것이다'이다. 이는 일말의 진실 그 이상을 전한다. 미국과 영
국 모두 학교교육을 지배하는 목표는 경험보다 열망에 근거하는데
그 목표들은 규제 과정에 의해 재현된 정치적 희망 사항이다. 아동
낙오방지법(NCLB)은 정말 어처구니없는 목표를 가지고 있는데, 그
것은 미국의 모든 아이들이 2014년까지 기본 성취 수준에 도달한
다는 것이다.

로버트 린(2005)은 국가학업성취도평가(NAEP)의 목표 달성을 위
해서는 1996년~2003년 사이에 4학년 수학 평가가 전체 증가율보
다 3.9배나 빨리 매년 개선되어야 한다고 추정하였다. 8학년 수학
점수는 7.5배 빨리 증가해야 한다. 이것은 이상한 나라의 엘리스보
다 더 이상한 것으로 연간 적정 향상도는 이 불가능한 목적을 달성
하기 위해 수행되어야 한다(일부 주에서는 몇 년 동안은 적당히 증가하
다가 2014년 직전에 기적적으로 향상되도록 설계되었다). 따라서 앞에서
살펴본 것처럼, 어떤 학교는 낮은 성취도의 학생들이 매년 훌륭한
향상을 보여주지만 여전히 연간 적정 향상도를 만족시키지 못한다.
반면 기본 수준 이상의 학생 비율을 가진 유리한 학교는 연간 향상
은 좋지 않으나, 여전히 연간 적정 향상도 목표를 달성한다.

영국에서 원하는 수치는 11살 아동의 85%가 영어와 수학에서
4등급에 도달하는 것이다. 그러나 2004년에 도달했어야 했던 그 목
표는 점수의 정체 상태로 여전히 충족되지 않고 있다. 이 백분율은
증거라기보다는 정치적 야망의 산물이다. 학교들은 연간 목표를 설
정할 때 매년 긴장하는데, 학교는 2학년과 6학년, 9학년에서 가능
하다고 생각한 근거를 기본으로 목표를 설정하고자 한다. 그러나
지역교육청은 전반적으로 열망하는 목표를 가지고 있다. 그리고 전

체적으로 균형을 맞추기 위해 학교와 협상해야만 한다('당신 학교는
79%까지 목표를 올릴 수 있나요?'). 그러나 보다 실현가능한 현실적 목
표를 잃어버렸을 때 좌절하게 된다.

그렇다면 현실적인 목표를 설정한다는 것은 무엇일까? 로버트
린은 '성취의 목적은 야망적이되 충분한 노력을 통해 실제로 성취
가능해야 한다.'라는 원칙에 근거한 모델을 제시한다(2005, p. 3). 그
는 가장 높은 성취를 보인 학교의 점수를 목표가 넘어서지 않는
것, 즉 실제로 증명될 수 있는 것(existence proof)이어야 한다고 주
장했다. 만일 학교들이 지난 몇 년 동안 매년 3% 향상했다면, 그것
이 바로 주 정부의 현실적인 목표가 되어야 한다.

이것은 열망과 대비하여 *경험적*이라고 부르는 것으로 목표가
실현 가능해야 한다는 것을 말한다. 경험적 목표 설정은 우리가 지
금 어디에 있으며, 얼마나 향상되었는지를 알고 있다는 것에 기초
한다. 예를 들면, 2000년도의 성취를 기준치로 설정할 수 있다. 그
리고 이것을 기초로 매년 향상 정도를 확인할 수 있으며, 연간 향
상은 많은 노력을 필요로 하지만 실현가능한 목표이다. 지적 책무
성 체계에서도 고부담 책무성 시험이 사용되면(반드시 그럴 필요는
없지만), 시행 초기에 점수 부풀리기가 일어날 수 있다. 그것은 우
리가 조기에 급속한 향상이 일어나기를 기대하기 때문이다. 그러나
린의 지적처럼 해마다 3% 이상 점수 부풀리기가 일어나다가 점점
줄어들 것이다. 그 이후에, 점진적 향상을 위해서는 훨씬 더 많은
노력을 기울여야 한다. 만일 점수에 변화가 없을 때에는 무슨 일이
일어났는지를 평가할 필요가 있다.

학생들의 향상을 상대적 수준이 아니라 절대적 수준으로 측정
할 때, 가장 많이 향상될 필요가 있는 성취도가 가장 낮은 학생들

이 성취도 향상에서 가장 더딜 것이라는 점을 인식해야 한다. 한 집단이 뒤처지기 때문에 근거가 없다면, 이는 보다 높은 향상 정도를 목표로 정할 수 있다는 것을 의미하지 않는다.[27] 읽기 능력 향상을 위한 학습에 개입하는 것은 허용되지만, 훈련과 시험을 위해 '기본' 교육과정에 개입하는 것은 허용될 수 없다.

소요시간 개선

열망으로 목표를 정할 때의 문제는 해마다 개선 목표치의 부족한 점수를 채우기 위해 훨씬 더 많은 정책 수단을 동원하는 등의 필사적인 정책적 히스테리[28]를 유발한다는 것이다. 이에 대한 가장 최근의 사례로 유년기에 읽기를 가르치는 방식을 바꾸라는 영국 정부의 명령을 들 수 있다. 일부 관료들은 분석적 파닉스에서 통합적 파닉스로 바꾸는 것을 읽기 점수를 향상 시킬 수 있는 마술처럼 생각한다. 이러한 변화가 도움이 되기 위해서는 일정한 시간이 필요하지만, 정치가들은 즉각적이고 드라마틱한 결과를 기대한다.

이것은 영국의 11세~14세를 대상으로 한 핵심 3단계 전략(the Key Stage 3 strategy)[29] 평가로부터 얻은 경험이다. 이는 초등학교의

---

27 이 정책은 향상이 더딘 학습자도 새로운 조치에서는 다른 학습자보다 빨리 학습할 수 있다는 점을 가정한다. 영국에서 좋은 향상 실현(2007)이라는 정책 자문 보고서에서는 기대 수준 이하의 학생들이 빨리 향상할 수 있도록 학교를 위한 재정 인센티브, 정례적인 연 2회 시험, 추가 코칭을 제공할 것을 제안했다. 이들은 단일 수준 시험으로 시범 실시되었다(http://www.qca.org.uk). 이런 식으로 정부 목표가 달성되었다.

28 이언 스트로나크(Ian Stronach)와 브레인 모리스(Brain Morris)(1994)에 의해 만들어진 용어이다.

29 [역주] 핵심 3단계 국가전략(the Key Stage 3 National Strategy)은 2001년 4월 11-14세 학생을 대상으로 성취도를 향상시킬 목적으로 영국 정부가 추진한 교육정책이다. 이 전략은 다음과 같은 4가지 원칙에 기초했다: 1. 모든 학생에 대한 높은 기대를 설정하고, 그것을 달성하도록 도전 목표를 세운다. 2. 핵심 2단계에서 3단계로의 이행을 강화하고, 교수학습의 향상을 담보한다. 3. 학

문해력과 수리력 전략의 '성공' 이후에 뒤따라오는 단계이다. 시범 첫해에 학교들은 7학년에 초점을 맞추었으나, 전략팀은 그 해 9학년의 시험 결과에 대해 깊이 우려했다. '왜 향상되어야 하는가?'라는 지적에, 정책입안자들은 더 많은 재정지원을 위해 장관이 즉각적인 개선을 기대한다고 반응했다(그것은 여하튼 11~14세의 전략이었다). 이 국가정책은 9학년의 교수–학습에 '강력한 영향'을 미칠 것이라 가정했다. 이것은 지적 책무성이 아니다.

'마음과 정신'을 얻어야 한다는 대규모 교육개혁을 실행하여 국제적 명성을 얻은 캐나다의 교육자 마이클 풀란(Michael Fullan)의 중요한 메시지 중 하나였다. 즉, 효과적인 변화는 실행하는 데 여러 해가 걸리며, 참여와 헌신을 유지하는 데는 훨씬 더 오랜 시간이 걸린다. 이에 대한 좋은 예는 루이즈 스톨과 동료들(Louise Stoll et al., 2003)의 *학습에 관하여(그리고 시간에 관하여)*에서 찾을 수 있다.

다중 척도

단일 척도에 의존하는 것은 그것이 제도를 왜곡하기도 하고, 그 제한된 타당도로 인해 결과가 영향을 받을 수도 있다는 문제를 낳는다. 이러한 점은 널리 알려져 있으며 다중 측정이 권장되기는 하지만, 언론이나 대중들은 단일 지표에 관심을 둘 것이다. 이미 살펴보았듯이 교육과 관련하여 언론은 시험 점수에 관심을 기울일 것이다. 시험 점수는 교사의 평가, 학생 만족도, 장기결석, 그리고 '부가가치' 향상도 측정과 같은 학교교육의 질을 측정하는 다른 방식들을 배제한다.

생들의 적극적인 참여와 동기를 부여하는 교수학습을 채택한다. 4. 교사 전문성 개발 프로그램과 실질적 지원을 통해 교수학습을 강화한다.

지적 책무성은 이들 다양한 데이터들이 보다 유용하게 사용되기를 바란다. 이를테면 교사의 판단과 시험 점수를 함께 고려하거나, 지역적 논의의 근거에 기반한 조정안 등이 그것이다(스코틀랜드에서는 요구에 따른 표준화된 과업이 유효하게 교사 평가에 사용된다). 예전에 영국에서는 교사에 의한 평가를 대체로 무시했기 때문에, 교사들이 하는 일이란 시험 결과를 기다렸다가 학생들에게 같은 등급을 주는 것이었다. 이러한 책무성 제도는 자신의 판단이 시험 결과보다 더 믿을만하다는 교사들의 자신감을 훼손시켰다. 지적 책무성은 교사들을 적이 아니라 파트너로 믿는 것이다.

이러한 접근은 최근 영국의 강경한 책무성 정책과 잘 맞지 않는다. 그러나 웨일즈와 스코틀랜드에서는 전국 단위의 시험 자료를 지역의 책무성으로 대체하였으며, 일단 학교 순위표가 없어지는 일부 가능성을 보였다.

국가성취기준에 대한 감시

전 지구적 시장에서 국가를 효과적으로 만들고 유지하기 위해서는 교육성취도를 높일 필요가 있다는 정치적 은유가 있다. 이러한 은유는 앨리슨 울프(Alison Wolf)가 『교육은 중요한가?』에서 지적한 바와 같이 교육과 부의 창출 사이의 관계를 지나치게 단순화하는 것이다. 정부는 스스로 성취기준을 높여야 할 책임이 있다고 생각하기 때문에 성취도 향상을 감독하는 것이 중요하게 된다. 우리는 고부담 시험 결과를 통해서 이 문제를 살펴보았다.

국가의 성취도를 감독하는 보다 건설적인 방법은 학생을 대표하는 표집을 하고, 해마다 동일한 항목을 묻는 저부담 평가를 실시하는 것이다(개인과 학교의 점수는 단지 샘플이기 때문에 보고되지 않는다). 이 방식은 준비하는 것이 쉽고 연간 비교도 더욱 믿을만 하다. 이것이 미국의 국가 학업성취도 평가(NAEP), 뉴질랜드의 국가 교육 모니터링 프로그램(NEMP), 스코틀랜드의 성취도 조사(SSA)에 담긴 논리이다.[30] 영국에서는 성취단위 평가(APU)가 국가수준 교육과정 시험 도입으로 폐지되기까지 비슷한 기능을 수행했다.

이들 프로그램들은 그것이 환상이 아니라 확실히 자리를 잡은 방법론임을 보여준다. 평가 전문가들 사이에 용인된 지혜는 이들 방법이 성취도의 향상에 대한 더욱 정확한 관점을 제공하고, 국가 수준의 책무성에 대해서도 훨씬 건설적인 접근이라는 것이다. 1961년부터 시행되었던 연방정부의 모니터링 프로그램인 NAEP는 워비건 호수 효과에 대한 해독제가 됨으로써 그 존재를 충분히 정당화했다. 각 주에서 시행하는 시험이 급속한 향상을 보일 때, 이러한 향상은 언제나 주와 국가의 NAEP 결과로 확인할 수 있었다. 예를 들어, 로버트 린(2005)은 2003년 콜로라도(Colorado) 주의 시험에서 8학년 학생의 67%가 수학에 능숙한 것으로 판단한 반면, 미주리(Missouri) 주의 시험에서는 21%만 능숙한 것으로 제시되었다. 그러나 NAEP 결과에 의하면 콜로라도는 34%였고 미저리는 28%로, 두 주에서 실시된 시험 결과는 잘못된 것이었다.

주목받는 뉴질랜드의 NEMP 조사는 또 다른 건설적 차원을 보여준다. 교사는 개방적인 집단 활동의 평가자로 학교를 방문하여 조사를 실시할 수 있다. 스코틀랜드에서도 사용되는 이 방법의 강점은 교사들이 학생들이 문제에 어떻게 접근하는지 그리고 성취해야 하는 성취도를 어떻게 생각하는지를 배움으로써 자신의 전문성

---

30 이것은 최근 명칭이 변경되었는데, 이러한 모니터링 형태에 대한 강화된 역할을 반영하여 테스트 자료의 국가 수집의 끝 무렵에 동반된 것이다. 헤이워드(Hayward, 2007) 참조.

을 개발할 수 있다는 것이다. 뿐만 아니라 교사들이 국가 감독 결과를 단순히 제공 받는 사람이 아니라, 자신을 국가적 모니터링의 일부로 간주함으로써 전문적인 신뢰를 높이기도 한다.

이러한 방식이 영국의 정책입안자에게 주는 메시지는 향상을 위한 보다 정교한 측정을 제공하면서도, 표집을 이용하기 때문에 비용을 절감할 수 있고, 학생들이 무엇을 알고 그들이 어떻게 생각하는지에 대한 풍부한 자료를 제공한다는 점이다. 이러한 접근은 '단순한' 시험 문항이 특성상 믿기 어렵다는 점에 주목하게 한다. 1980년대의 11세 아동을 대상으로 한 APU 수학 조사의 사례에서, 그들은 똑같은 질문을 세 가지 방식으로 물었고 매우 다른 등급의 정답을 얻었다.

14에 3을 더하면　　　(97%가 맞춤)

14보다 3 많은 수는?　　(67%가 맞춤)

14보다 3 큰 수는?　　　(54%가 맞춤)

국가수준의 시험은 오직 한 가지 방식으로만 질문할 수 있다. 그렇다면 시험 문제가 학생들의 덧셈 이해에 관해 무엇을 말할 수 있는가?

영국에서 새로운 방법을 받아들여야 한다고 제안했을 때, 처음에 정책입안자들은 당황스러워 했다. 그들의 충격적인 반응은 'APU는 언급하지 말라.'라는 것이었다. 이것은 피터 팀스의 연구에 대한 반응에서 보았듯이, 정책입안자들은 다른 방법을 성취도가 급속히 향상되었다는 워비건 주장에 대한 위협으로 받아들였기 때문이었다. 여기서 우리는 팀스가 했듯이, 교육과정 관련 자료를 체계적으로 해마다 표집한 것보다 더 믿기 어려운 다른 자료를 덧붙일 수 있다.

모두를 포함하기

우리는 이 장에서 시험의 압력으로부터 '관대하게 제외된' 불리한 집단이 그들을 이용하는 사람들의 사회적 자본을 어떻게 보호하는지에 관해 살펴보았다. 책무성 때문에 특정 집단이 목표에서 배제되고, 그 결과 그들은 모든 것으로부터 고려되지 않는다. *아동낙오방지법*의 가장 긍정적인 점의 하나는 이 법이 주변화된 모든 집단을 포함한다는 것이다. 딜레마는 평가를 얼마나 다르게 할 것인가 하는 점이다. 예를 들어, 집단별로 다른 평가를 사용할 것인지 아니면, 추가 시간, 대필, 번역 등을 '허용'하면서 동일한 시험을 치르도록 할 것인지 여부이다.

평가가 책무성 목적을 위해 사용될 때, 척도(measures)는 훨씬 다양해야 한다. 그렇게 함으로써 엄청 느리게 향상된다는 정도로만 기록하는 것이 아니라 훨씬 정확하게 측정할 수 있다. 지적 책무성은 조잡한 척도에 따라 향상이 거의 또는 전혀 없다는 식으로 쓸모없이 보고하는 것에 반대한다. 대신에 보다 정교한 척도를 가지고 훨씬 복잡한 기록을 하게 될 것이다. 예를 들어, 영국에서 8등급 P 척도(P scales)는 국가수준 교육과정에서 1등급에 미치지 못하는 학습장애와 같이 특수교육요구를 가지고 있는 학생을 대상으로 실시하기 위해 정부에 의해 개발되었다. 이 척도는 매우 복잡하지만, '조잡하고 단순한' 척도를 피하고자 하는 노력의 결과이다.

책무성 제도를 지속적으로 평가하기

굿하트의 법칙과 효과 반감기의 원칙이 지켜진다면, 그것들은 책무성 체제와 그 목표의 영향을 모니터할 때 중요한 역할을 할 것이다. 책무성이란 목표를 달성했느냐만이 아니라 교수-학습을 어떻게 수정했는지, 어떤 의도하지 않은 결과가 있는지를 살펴보는 것도 포함한다. 또한 효과가 빨리 반감되는 협소한 목표로부터 교육과정, 교수, 학습에서의 보다 지속가능한 변화를 향한 목표로 체계적으로 옮아가는 것이기도 하다. 이러한 변화는 책무성을 더욱 복잡하고 질적으로 접근하도록 자극할 것이다. 뿐만 아니라 평가제도의 신뢰성을 모니터하는 것이기도 하다.

이 접근은 만일 경험적 목표가 충족되지 않는다면, 보다 신중한 반응을 요구하는 것이다. 현재의 반응들은 정책적 히스테리의 한 부분으로서 점수를 향상시키기 위한 새로운 '지렛대'의 도입으로, 이것은 정책입안자들이 그 문제를 해결했다고 선언하도록 허용하는 것이다. 만일 우리가 혁신을 지속한다면, 우리는 하지 않은 것에 대해 책임질 필요가 없다. 우리가 그 문제를 해결했다고 단순하게 이동하고 선언하는 것이다. 지적 책무성은 공포를 유발하는 변화보다는 왜 이것이 작동하지 않는지를 이해하는 것에 더 많은 강조점을 둔다.

측정 오류 모니터링하기

미국교육연구회(AERA)가 제시한 *시험 기준* 조건 중의 하나는 다음과 같다.

교육적 상황에서, 점수 보고는 반드시 각 점수 혹은 등급 분류와 관련된 측정 오류를 명확하게 기술해야 하며, 점수를 해석하는 방법에 관한 정보도 제공되어야 한다(1999, 기준 13.14, p. 148).

최근 영국에서 시행된 국가수준 평가와 시험은 이러한 기준을 충족시키지 못하고 있다. 폴 뉴튼(Paul Newton)은 점수를 정교하고 정확하게 다루는 제도에서 측정 오류를 보고하는 것이 지니는 의미를 연구하였다. 예를 들어, 시험의 신뢰도가 주어졌을 때, 내 점수 45는 41과 49 사이 어딘가에 있는 '진짜 점수'(무용한 통계 용어)를 나타낸다. 문제는 45점은 4등급을 받을 수 있었지만, 44점은 그렇지 않다는 것이다. 바로 이 점이 딜런 윌리엄(2001)이 적어도 30%의 학생들이 국가수준 시험에서 등급이 잘못 분류되었다고 추정한 이유이다. 잘못된 분류는 제도 전체적으로는 등급 간 상쇄를 통해 균형을 이루지만, 교실과 개인 수준에서는 그럴 수 없다. 따라서 모니터링에는 점수를 해석하는 방법과 '신뢰 구간'이 제시되어야 한다.

의도하지 않은 결과 확인하기

만일 책무성이 교육적으로 학습의 개선을 뜻하는 성취도 향상에 관한 것이라면, 우리는 이것이 일어나고 있는지를 모니터링 할 필요가 있다. 이를 위해 학습을 개선한다는 것에 대한 개념을 공유할 필요가 있으며, 더 좋은 시험 점수를 학습의 개선으로 간주하지 않는 지표를 만드는 것이 필요하다. 책무성은 퇴로를 차단해버리는 필사적인 게임이 아니라, 다양한 지표들을 장려하는 교수-학습의 질에 관한 것이다. 미국에서 기초역량시험운동이 포트폴리오와 대안적 평가를 열광적으로 불러일으킨 이유 중 하나도 그것이 교수-학습을 손상하기 때문이었다. 시험 기준은 다음과 같은 것을 요구한다.

시험의 활용이나 점수의 해석을 시험이나 시험 프로그램에 따라 권고할 때, 점수 자체가 제공하는 정보의 유용성, 예측을 확실하게 만드는 근거에 더하여 일부 간접적 이점을 가져올 것이다. 간접적 이점에 대한 논리적 혹은 이론적 논의와 경험적 증거가 제공되어야 한다(1999, 기준 13.14, p. 23).

이 지침은 장황하지만 유용하다. 고부담 시험에 근거한 편협한 목표가 초래할 왜곡을 꼼꼼히 보기를 원한다면, 이에 대한 풍성한 논의가 이루어져야 한다.

책무성 평가의 어두운 그림자를 걷어내기

이 장에서는 고부담 책무성 평가는 제도나 기관이 목표를 명확하게 하기 위해 도입될 필요가 있지만, 그 과정이 빠르게 왜곡될 것이라는 점을 논의하였다. 우리가 신속히 도입할 필요가 있는 것이 바로 *지적 책무성*이다. 지적 책무성은 교수−학습의 질에 초점을 맞추고, 향상을 위해 노력하지만 실현 가능한 목표를 제시한다.

또한 이 장에서는 지적 책무성에 포함되는 것들을 살펴보았다. 지적 책무성은 자신의 가치와 목적을 위해 기꺼이 헌신하는 전문가들에 대한 신뢰를 중요하게 고려해야 한다. 지적 책무성 또한 측정이 필요하지만, 척도가 보다 정교해야 한다. 이때 핵심은 목표가 현실적이어야 하고 단일 척도가 아닌, 다양한 지표들을 고려하여 설정되어야 한다는 것이다. 어떤 평가가 사용되든 관계없이 측정 오류와 의도치 않은 결과들은 스스로 감독해야 한다. 국가수준의 성취기준은 미국과 스코틀랜드, 뉴질랜드에서 사용된 표집과 부담이 적은 평가 방법을 통해 모니터할 수 있다. 이 모든 것들은 지속 가능한 변화에는 시간과 인내가 필요하다는 것을 인식하는 사회적 맥락에서 실행되어야 한다. 그러나 지금은 시간과 인내 모두 충분하지 못하다.

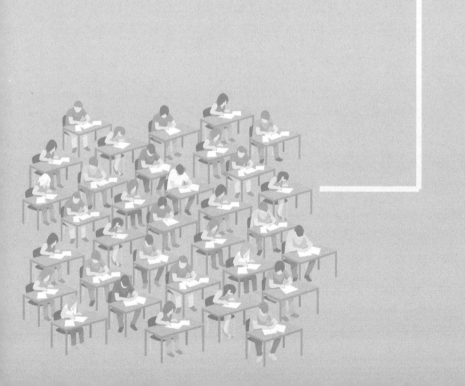

Testing
Times

제7장

환호할 만한 이유

:학습을 위한 평가

환호할 만한 이유: 학습을 위한 평가

> 가르치는 것이 말하는 것만큼 단순한 것이었다면, 우리 모두는 지금보다 훨씬 더 똑똑해졌을 것이다.
>
> 마크 트웨인(Mark Twain)

> 학생들은 배우기만 한 것에 대해서는 교사보다 아는 것이 적지만, 스스로 학습한 것에 대해서는 교사들보다 더 많은 것을 안다.
>
> 피터 엘보우(Peter Elbow)

　　이전 5장과 6장은 학습에 대한 평가의 강력한 영향력이 어떻게 구성되어 왔는지를 보여주고자 하였다. 학력주의나 책무성 평가와 관련하여 평가의 가장 우선적인 목적은 학습을 향상시키는 것으로 간주되는 평가의 결과를 확인하는 것이다. 흔히 우리는 이와 다른 사례들, 즉 그렇게 학습하지 않고도 시험 성적이 이전에 비해 향상되는 경우를 계속 목격해 왔다. *학습을 위한 평가(assessment for* learning)라는 개념은 평가를 학습 과정의 생산적인 부분으로 만들고자 하는 의식적인 노력이다. 그것은 교실에서 진행되는 평가를 효과적인 교수-학습의 본질적인 부분으로 만듦으로써 가능해진다. 따라서 학습을 위한 평가는 평가가 학습 자체와 학습자의 정체성을 적극적으로 구성하는 방식을 탐구하고자 하는 이 책의 핵심 주제를 직접적으로 다룬다.

이번 장에서, 나는 학습을 위한 평가가 교실에서 진행되는 여러 수업 활동과 학습 방법에 대한 이해와 밀접한 관련을 맺고 있다는 점을 개략적으로 설명할 것이다. 몇 가지 주요 수업 전략들은 잘 알려져 있지만, 우리의 관심사는 그 수업 전략들이 효과적인 학습을 가능하게 하는 이유를 이해하지 못하고 교사들이 수업 전략들을 실행할 수 있을 것인가이다. 이러한 문제는 앞서 학습을 위한 평가에서 일어날 수 있는 핵심적 딜레마로 간주했던 문제들을 만들어낸다. 그 딜레마들은 현재 일어나고 있는 학습의 종류, 명시적인 학습 목표들의 효과, 해결하기 힘든 고부담 총괄평가와의 관계, 효율적인 피드백에 대한 지식 등이다. 특히 피드백은 학습을 위한 평가에서 학습 향상의 열쇠로 생각되기 때문에 상당한 주목을 받는다.

나는 학습을 위한 평가에 깊은 관심을 가지고 있다는 사실을 분명하게 말하고 싶다. 그 이유는 우선 내가 평가 개혁 그룹(Assessment Reform Group)[1]에서 오랫동안 회원으로 활동하였고 동시에 교사들과 함께 작업한 저술 및 전문적 연구를 통해 학습을 위한 평가

---

1 [역주] 평가 개혁 그룹은 1989년 영국교육연구협회 산하 평가 정책 과제 그룹으로 결성되었던 연구자들의 자발적 모임이었다. 이후 1996년 평가 개혁 그룹이란 이름을 채택하였고 너필드 재단으로부터 자금 지원을 받았으며 2010년 해산하였다. 이 모임은 평가 정책과 실행의 모든 수준에서 관련 연구 근거를 고려하도록 하는 것이었다. 이를 위해 정부의 정책 생산자뿐만 아니라 교사 및 교사 조직과 더불어 평가의 역할, 목적, 영향에 대한 심화된 이해를 위한 다양한 활동을 하였다.

에 적극적으로 참여해 왔기 때문이다. 하지만 이 책에서는 다른 주제들을 다룰 때와 마찬가지로 비판적인 질문을 지속적으로 제기하고자 한다. 형성평가에서 일어난 다양한 발전에 익숙한 사람들에게 몇 가지 핵심 관심사들에 대한 검증(identification)은 사고와 실천을 명료하게 할 수 있도록 도움을 주기를 희망한다. 우리의 이해가 여전히 초기 단계라는 것을 고려하면, 몇몇 핵심 관심사들에 대한 검증은 형성평가의 발달에 익숙한 이들에게 사고와 실천을 명확하게 할 수 있도록 도움을 줄 것으로 기대된다.

개 관

학습을 위한 평가는 정교하게 체계화된 이론이라기보다는 교실에서 이루어지는 평가에 대한 다양한 접근법의 하나로 보는 것이 가장 바람직하다. 이러한 점에서, 학습을 위한 평가는 다중지능처럼 면밀히 설명된 체계라기보다는 학습양식이나 감성지능에 더 가깝다. 물론 이것은 학습을 위한 평가의 이론적 토대가 빈약하거나 부재하다는 것을 의미하지는 않는다. 간단히 말하면, 학습을 위한 평가는 아직 독립적인 이론으로 조직되지 않았으며 그렇게 될 필요도 없다. 학습을 위한 평가는 교육과정, 학교 문화 그리고 교수 방식을 결합하는 폭넓은 시스템의 한 가지 요소일 뿐이다. 이 용어가 사용된 시기는 상대적으로 최근이지만—'형성적인'이란 용어는 1967년에, '학습을 위한 평가'는 1990년대 중반에 만들어졌다. 하지만 일부 핵심 주제들은 훨씬 더 오래된 기원을 가지고 있다.[2]

---

2 이것은 모두 대안 교육에서 발견되는 교육적 이론 및 실천과 관련이 있다. 그

3장과 4장에서 살펴보았던 지능이나 학습유형과 관련하여 학습을 위한 평가가 차별성을 갖는 지점은 그것이 개별 학습자의 성향보다는 교실 내에서의 상호작용과 같은 *상황적인 것*을 강조한다는 것이다. 이것은 매우 중요한 차이다. *즉, 학습을 위한 평가는 현재 학습되고 있는 내용과 교실에서 일어나고 있는 상호작용 관계의 특질에 초점을 맞춘다.* 이러한 접근법에서, 평가는 좀 더 폭넓게 이해되며, 학습자가 현재 있는 위치에 대한 근거를 수집하고, 향상을 돕기 위한 피드백을 제공하는 활동이 된다. 또한 이 근거들은 좀 더 구체적인 결과물들뿐만 아니라 관찰(얼떨떨한 표정, '갑자기 생각나는' 순간들)이나 교실에서의 상호작용으로부터 나올 수 있다. 수험자의 응답들이 무엇이 이해되었고 무엇이 이해되지 않았는지를 확인하는데 사용되거나, 학습의 향상을 위한 행위로 자연스럽게 이어질 수 있다면 교실에서 치러지는 여러 시험들은 일정한 역할을 할 수 있다.

이 책의 핵심적 주장은 평가가 우리 자신을 학습자로 그리고 특정 집단에 속한 사람들로 여기도록 하는 방법을 구성한다는 것이다. 이와 같이 내가 학습을 위한 평가를 옹호하는 이유는 학습자의 능력이나 성향에 강조점을 두기보다는 학습 과정을 강조한다는 점에 기초하고 있다. 캐롤 드웩(Carol Dweck)의 용어에 의하면, 이러한 입장은 노력이나 역량의 향상을 강조하는 것으로 학습에 대한 점진주의적 접근을 취하는 것이다. 학습을 위한 평가는 학습이 실력에 기인한다는 실체적 접근과는 뚜렷이 대비되며, 성적과 비교를

예로는 미국의 존 듀이(John Dewey, 1938)의 활동 학습(active learning)에 대한 강조, 랄프 타일러(Ralph Tyler, 1971)의 명확한 학습목표에 대한 강조 등이 있다. 또한 유럽에서는, 몬테소리(Montessori)의 학습자 자율성에 대한 강조와 프레네(Freinet)의 자기 평가에 대한 강조를 포함할 수 있다.

통한 역량의 입증에 초점을 둔다.[3] 이것은 학습을 위한 평가를 학습의 진행 과정에서 자기조절적이고 자율적인 학습자 되기에 대한 강조와 연결시킨다. 또한 이러한 기술은 자기평가와 교실에서 일어나는 대화를 통해 발전된다.

학습을 위한 평가란 무엇인가?

학습을 위한 평가는 학습 과정에 배태되어 있는 평가로 이해하는 것이 가장 바람직하다. 여기에는 '믿기지 않을 정도로 간단한' 다섯 가지의 핵심적 요인들이 있다.

- 학습에 대한 학생들의 능동적인 참여
- 학생들에 대한 효과적인 피드백의 제공
- 평가 결과를 고려하여 수업을 조절하기
- 학생들의 자기 평가 가능성에 대한 요구
- 학습에 결정적인 영향을 미치는 학생들의 동기와 자존감에 평가가 매우 중요한 영향을 미친다는 사실에 대한 인식

(평가개혁그룹, 1999, pp. 4−5)

이에 따라 평가개혁그룹(ARG)이 내린 다음과 같은 정의가 폭넓게 사용되고 있다.

학습자가 학습 과정의 어디에 있는지 그리고 어디로 향해야 하며 그곳으로 가기 위한 최선의 방법은 무엇인지를 확인하기 위해, 학

---

3 이것은 크리스 왓킨스(Chris Watkins)의 유용한 구별이다.

습자와 교사들을 위한 근거를 탐색하고 해석하는 과정(2002a, pp. 2-3).

간단하게 이러한 접근은 좋은 수업으로 논의될 수 있으며, 특히 이 정의에서 '근거'라고 하는 것은 형식적 또는 비형식적 시험이라기보다는 폭넓은 범위의 정보로 이해될 수 있다. 그러면, 이것이 평가에서 강조되는 이유는 무엇인가? 대체로 나는 그것을 핵심적이고 위태로운 평가 목적을 복원하기 위한 평가 공동체 구성원들의 의도적인 움직임이라고 생각한다. 책무성이 강조되는 총괄평가가 지배하는 시대에, 학습을 위한 평가는 외부에 존재하는 학습된 내용을 확인하는 것이 아니라 그것을 학습 과정의 일부로 만듦으로써 평가에 대한 활용을 재조정하기 위한 시도로 볼 수 있다는 것이다. 그것은 평가에 있어서 특정한 순간에 알려진 것이 무엇인지에 대한 간략한 정보보다 더 많은 것을 제공한다.

흔히 학습을 위한 평가는 *형성평가*[4]와 비슷한 개념으로 사용되어 왔다. 학습을 위한 평가는 부분적으로는 '형성적'이라는 말이 만들어 낸 많은 오해 때문에 하나의 용어로 소개되어 왔다. 이것의 가장 큰 문제 중 하나는 학생들의 학습 진도를 확인하기 위해 사용

---

4 나는 학습을 위한 평가를 형성평가의 범위 내에서 특별히 강조된 것으로 다룬다. 학습을 위한 평가는 주로 상호적인 학생 학습에 관심을 가진다. 반면에 형성평가에 대한 어떤 접근들은 주로 학생 학습을 향상시키는 교수와 교육과정 변화에 이르도록 의도된 교사 학습에 관해 초점을 맞춘다. 반면에 일부 형성평가에 대한 접근법들은 주로 교사 학습에 대해 초점을 맞춘다. 그것은 학생 학습을 향상시키는 교수와 교육과정 변화로 이어지도록 의도된 것이다. 폴 블랙(Paul Black)과 동료들은 좀 다른 구분을 한다. 이것은 형성평가가 하나의 기능(function)인 반면 학습을 위한 평가는 하나의 목적(purpose)으로 보는 것과 관련되어 있다. 즉, 학습이 요구하는 것들을 맞추기 위한 교수 활동에 적합하도록 능동적으로 사용될 때, 평가는 '형성평가'가 된다(Black et al., 2002, p. I).

해 온 정기적인 교실 시험을 형성적인 것이라고 믿는 것이다. 그것
들의 목적을 고려해 볼 때, 이러한 것들은 작은 총괄평가로 여기는
것이 더 바람직하다. 왜냐하면, 수집된 정보가 직접적으로 교수와
학습을 조절하는 데 사용되지 않기 때문이다. 교실 학습의 결과에
대한 채점도 마찬가지인데 실제적으로 그것의 목적이 나중에 총합
적 판단을 위한 증거를 제공하기 위한 것일 때, 그것 또한 형성적
인 것으로 설명된다. 우리는 뒤에서 형성평가와 총괄평가의 관계가
분명하게 구분되지 않는다는 점을 알게 될 것이다.

  형성평가에 대한 프랑스 연구를 검토한 린다 알랄(Linda Allal)과
루시 로페즈(Lucie Lopez)는 평가 정보(assessment information)에 대
한 세 가지 형성적 반응(그들의 용어로는 조절) 간의 차이를 유용하
게 구분하고 있다.

상호작용적(Interactive)

  이것은 교수 활동의 다른 구성 요소들과(예를 들어, 교사, 다른 학
생들, 교수 자료들) 학습자 사이에 일어나는 상호작용에 근거를 둔
다. 이것은 일상적인 교실 활동에 스며들어 있다. 그 결과는 특히
피드백과 안내를 통한 학습에 대한 지속적인 적응이다. 이것은 학
습을 위한 평가라는 용어를 사용하면서 상호작용에 매우 많은 초점
을 둔다.

소급적(Retroactive)

  이것은 교수의 한 단계가 끝난 후에 시행되는 형성평가인데 흔
히 시험을 사용한다. 그리고 이것은 그 과정에서 확인된 여러 학습
곤란을 처리하는 것이다. 이러한 형성평가의 '시험 및 보충' 모델은

미국에서 여전히 지배적이다.

선행적(Proactive)

이것은 근거가 교수의 과정에서 미래의 변화로 이어질 때이다. 프랑스적 맥락의 '완전 수업(whole-class)'에 대한 접근에서, 주된 관심사는 학생들의 서로 다른 요구에 응하기 위해 여러 활동들을 차별화하는 것이다. 이에 대한 좀 더 넓은 해석은 현재 학생들로부터 나타난 증거에 대한 응답으로 교사들이 그 *다음* 교수를 조절하는 것이다. 예를 들어, 구체적인 시험 결과는 시험을 치르고 다음 단계로 넘어가는 학생들에게 너무 늦게 통지될 가능성이 있다. 하지만 그것들은 다음 집단이 배우는 내용과 방법에 변화를 줄 수 있다. 데이비드 카레스(David Carless, 2007)는 최근 '선제적(pre-emptive) 형성평가' 개념을 소개했다. 그런데 그것은 동일한 학생들과 함께 한 그들의 이전 경험에 근거를 두고 있어 교사들이 그것들을 발전시키기보다는 오히려 사전에 다양한 오인(misconceptions)을 하게 된다.

세 가지 형식 모두가 교사들의 형성평가의 레퍼토리를 구성할 수 있지만, 해석상의 차이를 초래하는 상대적인 중요도 차이가 있다. 이러한 문제의 핵심은 초점이 교사인가 아니면 학생들의 학습인가에 대한 것이다. 소급적인 접근과 선행적인 접근 모두에서, 교사들은 그들의 교수를 조정하는('자기조절하는') 주요한 학습자들이다. 상호작용적 접근의 경우, 초점은 학생들의 학습에 대한 것이다. 반면에 교사들의 역할은 학생들 자신이 자기-조절적인 학습자가 되어감에 따라서 학습의 통제권을 학생들에게 점진적으로 넘겨주는 것이다.

강조점에 따라 나타나는 그러한 차이는 긴장을 초래할 수 있다. 예를 들어, 영국의 정책 담당자들은 교사들이 정책의 대상이기 때문에 교사에 초점을 맞춘다. 따라서 강조점은 교사들이 자신들의 수업을 어떻게 조절해야 하는지에 대한 것이다(이러한 강조의 중요한 부차적 결과는 교사들이 학습 과정을 지배해야만 한다는 가정이다). 하지만 그러한 정책들은 학습을 위한 평가를 공식화하고 학습이라는 측면에서 교사들의 활동을 줄이고 학생들의 활동이 더욱 늘어나도록 하고자 하는 학습자 중심 접근을 억제할 가능성이 있다. 그 사이에, 상업성을 더 지향하는 접근들은 형성평가의 중심 내용을 보충용 시험으로 취급할 가능성이 있다. 그들이 여러 가지 진단 평가 도구를 시장에 내놓는 것도 놀랄 만한 일은 아니다.[5]

학습을 위한 평가는 현재 영국에서 뚜렷한 운동으로 취급될 만큼 충분히 체계화되었고 국제적으로도 점점 자리를 잡아 가고 있다. 이 용어가 약 15년 동안 사용되었지만,[6] 최근의 대중적 인기는 폴 블랙(Paul Black)과 딜런 윌리엄(Dylan Wiliam)의 『암흑상자 안에서(Inside the Black Box)』라는 작은 책자와 관련이 있다. 현재 이 책은 전 세계에서 50,000부 이상이 팔렸다. 이 책은 교실 평가에 대한 연구 근거에 대한 1998년 검토에 기반하고 있는데, 암흑상자가 되어 가고 있는 교실에서 무슨 일이 일어나고 있는지를 탐구하였다.[7] 그 이후로 평가 개혁 그룹의 학습을 위한 평가를 포함하는 일

---

5 예를 들어, 캠브리지 성취평가 도구(Cambridge Assessment's Achieve tool)는 '화면 기반 평가들, 진단적 보고, 개인 수준과 학습 수준의 목표와 계획 등을 제공한다… [그것은] 결과를 수집하고 분석하며 개인과 학습 그리고 집단에 대한 강점과 약점에 대한 개요를 알려주는 보고서를 생산한다.' (http://www.cambridgeassessment.org.uk/ca/Our_Services/Assessment/Assessment_for_Learning(2007년 11월 16일 접속)

6 이것은 1990년대 초 루스 서턴(Ruth Sutton), 캐롤라인 깁스(Caroline Gipps) 그리고 메리 제임스(Mary James)에 의해 독립적으로 사용되고 있었다.

련의 책들이 출판되었다. 『암흑상자를 넘어서*(Beyond the Black Box)*』와 같은 책은 폭넓은 독자를 확보했으며 '학습을 위한 평가'가 광범위하게 받아들여지는 데 큰 역할을 하였다. 이러한 관점의 중요성은 영국과 다른 나라의 국가 교육 정책에 포함되어 있는 핵심 아이디어로 입증된다.[8]

학습을 위한 평가는 무엇을 포함하고 있는가?

중등학교에 초점을 맞추어 왔던 블랙(Black)과 윌리엄(William)의 연구나 주로 초등학교에 영향을 준 셜리 클라크(Shirley Clarke, 1998, 2001)의 연구에 익숙한 사람들에게, 형성평가는 특정한 교실의 교수 행위(teaching practice)와 동일시되어 왔다.[9] 이 연구들은 다음과 같은 내용을 포함하고 있다.

---

7 블랙과 윌리엄(Black & William)의 리뷰는 교육 평가(Assessment in Education)의 특별 이슈로 출판되었다(Assessment in Education: principle, Policy and Practice, 1998, 5 (1): 7-74). 그 이슈는 또한 그 리뷰에 대한 일련의 응답을 포함하고 있었다.

8 학습을 위한 평가는 현재 영국의 초등교육과 중등교육을 위한 국가전략에서 모든 학교에게 실시하는 정책이다. 스코틀랜드에서, 이것은 스코틀랜드 교육부의 '평가는 학습을 위한 것이다.'라는 새로운 계획의 중심에 있다. 뉴질랜드에서 이것은 국가 교수학습 전략의 일부다.(http://www.tki.org.nz/r/assessment; (2007년 11월 15일 마지막 접속))

9 국제적인 독자들을 위해 정보를 주자면, 미국의 릭 스티긴스(Rick Stiggins)가 ATI 재단에서 했던 연구(Stiggins, 2001); 루스 서튼(Ruth Sutton), 앤 데이비스(Anne Davies)와 로나 얼(Lorna Earl)이 캐나다에서 발표했던 연구와 뉴질랜드 정부 주도의 연구는 강한 가족 유사성을 공유하고 있다.

- **학습 의도와 성공 기준:** 무엇이 학습되고 있는지, 성공적인 수행은 어떤 모습인지에 대해 명확히 하고 '도달해야 할 곳'을 분명히 하기. 영국의 많은 초등학교 교사들은 셜리 클라크의 '우리는 학습 중(WALT, We Are Learning To)'이라는 만화의 인물을 즉시 알아볼 수 있다. 그 이유는 말풍선에서 학습 의도를 간결하게 설명하고 있기 때문이다.

- **질문하기:** 한 가지 실천 방법은 기다리기이다. 교사들은 학생들이 질문에 대한 답을 협력적으로 고민할 수 있도록 더 많은 시간을 주어야 한다. 이것은 교사들이 '학습자들이 학습 과정의 어느 지점에 있는지'와 잘못된 이해를 더 잘 드러낼 수 있도록 도움을 준다. 최근 들어, 질문만 하기보다는 대화의 중심성을 강조하는 방향으로 변화가 진행되어 왔다.[10] 교통 신호등은 동일한 역할을 한다. 이러한 것들은 학습자나 집단이 배우고 있는 내용을 이해했는지(초록색), 확실하지 않은지(황색/노란색), 이해하지 못했는지(붉은색)에 대한 신호 전달과 관련이 있다.

- **피드백:** 그 다음으로 피드백은 그 정의에 '도달하는 최선의 방법'에 도움을 주기 위한 핵심 기제로 보인다. 왜냐하면 이것은 학습자의 현재 위치와 도달하고자 하는 위치 간의 차이를 좁히려고 하기 때문이다. 우리가 알고 있다시피 피드백이 복잡하다는 인식, 그리고 피드백으로 간주되는 것이 어떻게 심층 학습에 도움을 주지 않는 것인지에 대한 인식이 점차 증가하고 있다. 로이스 새들러(Royce Sadler)의 표현에 따르면, 이후에 무엇을 할

---

10 이 측면은 닐 머서(Neil Mercer, 2000)의 '이야기 수업(Talk Lessons)'과 로빈 알렉산더(Robin Alexander)의 대화적 교수에 관한 좀 더 확장적인 연구와 연결될 수 있다.

지에 대해 정보를 주는 데 있어서 '지나치게 심층적으로 코드화된' 점수나 성적보다는 과제-기반 논평들이 실제로 강조되고 있다. 더욱 흥미로운 주장 중 하나는 과제보다 학생 자신(the self)('훌륭해', '너에게 실망했어.')에 초점을 둔 피드백은 별로 도움이 되지 않는다는 것이다. 이것은 예를 들면 형성평가에서 칭찬과 같은 '자아'-관련('self'-related) 피드백의 역할에 대해 문제를 제기하고 있다.

* **자기 평가와 동료 평가:** 학습을 위한 평가의 가장 중요한 목표는 학습자가 자기 자신과 타자의 학업의 질을 판단하고 동시에 효율적 학습을 위해 무엇이 필요한지를 이해할 수 있는 교실 문화를 점차적으로 발전시키는 것이다. 이에 대한 근거는 그들의 학업을 평가하기 위해서, 학습자들은 성공적인 수행이 어떠한 것인지('그들이 얻고자 하는 것이 어디에 있는지') 그리고 그들의 학습이 어디에 있는지를 분명히 알 필요가 있다는 것이다. 이러한 기술들은 자기-조절('상위인지')의 토대를 제공하며 그것은 효율적 학습의 강력한 요인으로 간주된다. 그것들은 교사의 역할이 학습자와 평가를 함께하면서 그들의 '동업자적 지식'을 계획적으로 공유하는 것이 되도록 한다. 이것은 '그 활동보다 이 활동이 더 나은 이유는 무엇인가?'와 같은 사례들의 실천들이나 교사가 피드백을 제공하는 방법을 모형화하는 것으로 종료된다.

교사들이 느끼는 매력(teacher appeal)

교사들에게 학습을 위한 평가가 인기 있는 이유는 그것이 실제적이며 교실에서 일어나고 있는 일에 초점을 맞추고 있기 때문이다. 교실에서 시도되는 몇 가지 테크닉을 여기에서 제시한다. 일부

는 전혀 혼란스럽지 않은데, 예를 들어 기다리기는 실제로 그것이
눈덩이처럼 커져가며 깊은 변화로 이어지게 될 수도 있지만, 그것
은 교실에서 쉽게 일상적으로 일어날 수 있다. 핵심은 효율적인 학
습을 촉진할 수 있는 교실에서의 다양한 상호작용과 그러한 학습
분위기다. 2007년에, 형성평가의 핵심 이론가인 테리 크룩스(Terry
Crooks)는 학습을 위한 평가에서 무엇을 주요한 요인들로 생각하는
지를 간략히 설명했다. 이러한 것들 모두는 교실 상호작용의 질과
관련이 있으며 교실에서 신뢰의 문화를 발전시키는 것을 포함한다.

　　여기서의 위험은 학습을 위한 평가에 대한 이해가 이보다 심도
있게 진전되지는 않으며, 그래서 교수와 학습에 대한 이론에 근거
한 접근보다는 오히려 일련의 '유용한 지침(handy hints)'이 되어 버
린다는 것이다.[11] 형성평가의 발전과 관련하여 영국에서 대규모로
진행된 '학습 방법에 대한 학습(Learning How to Learn)' 프로젝트를
수행한 메리 제임스(Mary James)와 동료들은 형성평가에 대한 진정
한 의미(the spirit)와 자구적 의미(the letter)에 관한 교사들의 다양한
반응을 분류하였다.[12] 자구적 의미는 그들이 표현하는 것에 대한
실질적 이해도 없이 기계적으로 기술들을 적용할 때이다. 반면에,
진정한 의미는 형성평가를 학습에 대한 더 넓은 관점의 표현으로 바
라보는 것을 포함한다. 결과적으로 이것은 기술들을 조절할 가능성
이 있다. 우리가 지금 돌아가는 곳은 이러한 이론적 토대인 것이다.

이론적 기초들

　학습을 위한 평가가 주로 대학 교수들에 의해 추진되어 온 것

---

11 블랙과 윌리엄(Black & William, 1998a)의 검토 논문(review article)은 약
　250여 개의 관련 연구 논문에 대한 분석에 기초했다.
12 마셜과 드럼몬드(Marshall & Drummond, 2006) 참고.

을 고려하면, 그 배경에 이론적 기초들이 매우 많이 존재한다는 사실은 놀랄만한 일이 아니다. 그 초점은 주로 실용적인 것이었으며, 연구들은 대부분 교실 평가의 효율적 실천 방법을 밝히는 데 기초를 두고 있다. 학습 방법을 명료하게 하거나 특별한 학습 이론과 학습 방법을 관련짓지 않고, 학습을 위한 평가가 학습 방법에 대한 여러 가정들을 만들어 왔다는 흥미로운 인식이 지속적으로 존재해 왔다. 이러한 사실은 그러한 실천들이 수월하게 몇 가지 접근법 내에 자리 잡을 수 있다면 옹호할 수 있는 전략이 될 수도 있다. 하지만 이것은 형성평가가 비이론적인 것으로 취급되거나 몇 가지의 교수와 평가 테크닉으로 간단하게 구성될 위험을 무릅써야 한다. 해리 토렌스(Harry Torrance)와 존 프라이어(John Pryor)는 다음과 같이 주장해 왔다.

> 형성평가를 이해하기 위한 시도는 심리학적이고 사회학적인 관점으로부터 도출된 다양한 통찰들에 대한 비판적 결합과 조정을 수반해야만 한다. 그것들 자체로는 그 어떤 것도 분석을 위한 충분한 토대를 제공할 수 없다(1998, p. 105).

교사들의 암묵적 학습(implicit learning) 이론을 다루는 것은 형성평가를 실시하는 데 있어 중요한 출발점(early step)으로 이해되어 왔다. 크리스 왓킨스(Chris Watkins)는 학습의 지배적인 모형이 여전히 '교수는 말하는 것이고 학습은 듣는 것'(2003, p. 10)과 같은 것들이며, 그것은 '지식의 축적(building knowledge)을 타자들과 함께 하는 활동으로 변화시킬 필요가 있다.'라는 점을 관찰하였다(p. 14). 이것은 현재 유행하는 학습을 위한 평가의 접근법과 잘 맞아 떨어진다. 학습을 위한 평가의 핵심 가정들은 학습의 성격을 다음과 같이 설명한다.

- 학습은 활동적이며 동시에 사회적인 과정이다.
- 학습은 바로 각 개인이 다양한 의미를 만드는 것이다.
- 학습은 이미 알고 있는 것을 기반으로 하여 최선의 실천을 하는 것이다.

이 각각의 요소들은 차츰 모습을 드러내고 있는 수많은 이론 꾸러미를 수반한다. 여기서는 단지 그것이 도달했던 곳에 대한 간략한 요점만을 제공한다.

신행동주의적 기원들

형성적으로 평가를 사용하고자 하는 생각('그들이 원하는 것을 향상시킬 수 있도록 돕는 것')은 1971년 미국에서 벤자민 블룸(Benjamin Bloom)과 동료들이 제안한 완전학습(mastery learning)에 대한 신행동주의 모델에서 유래한다. 여기서 예상했던 것은 하나의 단원이 일단 교수된다면, 학습이라는 것은 더 작은 단위로 나뉘는 것이다. 형성평가는 일반적으로 지필 시험의 형식으로 실시된다. 이것이 알랄(Allal)과 로페즈(Lopez)의 *소급적 조절*(retroactive regulation)이다. 이러한 결과에 기반하여, 교정적 조치(corrective measures)가 교수 목표를 달성하기 위해 취해진다. 그러므로 형성평가의 목적은 *학습의 어려움을 개선하는 것*이며 이러한 목적을 달성하기 위해 교사들이 그들의 교수적 접근들을 조절하는 것이 강조된다. 이것은 아직도 형성평가에 대한 미국적 이해에서 주류적 입장으로 널리 퍼져 있는 모델이다.[13] 예를 들어, 현재 보편화되어 있는 실행 방법은 다

---

13 이것에 대한 몇 개의 주목할 만한 예외들이 있다. 특히, 자신의 ATI 조직을 통

음과 같다. 우선 약 6주 정도 교육과정의 단원들을 가르치고, 다음
으로 상업적으로 만들어진 다지선다 시험을 치른다. 그리고 한 주
정도는 점수가 낮았던 부분의 주제에 대해 집중적으로 학습을 하게
된다. 이러한 1주일 정도 기간의 개선이 형성평가로 지칭된 것이다.

미국에서 행동주의는 주로 학습 방법에 대한 구성주의적 설명
으로 대체되어 왔다.[14] 이것은 '정신이 작동하는 방법'과 관련이 있
는데 그것은 행동주의가 기피하는 것이다. 여기서 강조할 점은 우
리가 새로운 정보를 이해하는 인지적 과정에 대한 것이다. 우리는
무(無)로부터 새로운 이해를 창출할 수 없다. 즉, 우리는 이미 알고
있는 것을 기반으로 하여 새로운 정보를 이해하는 것이다. 로리 쉐
퍼드(Lorrie Shepard)는 이것을 다음과 같이 간략하게 요약했다. 그
에 따르면 '의미는 학습을 더 쉽게 해 준다. 왜냐하면 학습자가 자
신의 정신적 틀(mental framework) 내에 두어야 할 위치를 알려 주
기 때문이다. 또한 의미는 지식을 유용하게 만든다. 왜냐하면 가능
성이 높은 목적과 적용이 이미 이해의 일부이기 때문이다'(1992, p.
319).

구성주의적 접근의 한계 중 하나는 상황적 요인들을 종종 중요
하지 않게 생각하는 것이다. 이러한 입장에는 두 가지 원인이 있는

한 릭 스티긴스(Rick Stiggins)의 연구와 영향력 있는 AREA 의장 연설에서의
로리 쉐퍼드(Lorrie Shepard)의 연구 등이 있다(Educational Researcher,
2000).

14 이 같은 접근을 적용한 국립 아카데미의 후원을 받은 두 권의 책은 브랜스포드
(Bransford, 2001)의 『사람들은 어떻게 배우는가: 뇌, 정신, 경험 그리고 학교
(How people learn: Brain, Mind, Experience and School)』와 펠르그리노
(Pellegrino, 2001)의 『학생들이 배우는 법 알기: 교육 평가의 과학과 디자인
(Knowing What Students Know: The Science and Design of Educational
Assessment)』이다. 두 권 모두 강한 인지적(구성주의적)접근을 취하며, 사회
문화적 접근 측면에서 강조하는 게 없거나 거의 다루지 않는다.

것으로 보인다. 첫째는 개인적 의미 형성에 초점을 두고 있다는 것이다. 그리고 둘째는 학습이 전이되는 방법에 대한 관심에서 볼 때 특히 수학이나 과학과 같은 좀 더 추상적 형태에서, 그것을 탈맥락화하는 경향이 있다는 것이다.

사회적 구성주의

현재 상황에서 학습을 위한 평가의 입장을 뒷받침하고 있는 학습 이론 접근법은 아마도 '사회적 구성주의'이다. 사회적 구성주의는 학습이 문화적 활동이며 동시에 개인적 의미 형성 과정이라는 균형적 관점을 유지하고자 한다. 여기에서, 학습은 특이한(idiosyncratic) 개인적 해석에 관한 것이라기보다는 사회적으로 창조된 지식과 의미에 대한 개인적 적응에 관한 것이다. 나는 나만의 수학적 체계를 창조하려는 것이 아니라 이러한 사회적 활동이 의미하는 것을 이해하려는 것이다.

이론적인 수준에서 사회적 구성주의는 논쟁적인데 그것이 로리 쉐퍼드가 '융합된, 중간 지대 이론(merged, middle-ground theory)'이라고 불렀던 것을 대표하기 때문이다. 그것은 '때때로 서로 투쟁하고 있는 진영'으로부터 다양한 기본 원리들을 차용했던 것이다 (2000, p. 6). 이것은 개인적 의미-형성을 강조하는 구성주의자 진영이나, 학습을 '실천의 공동체'에 참여한 결과로 보는 상황적 학습 진영에 있는 순수주의자들로부터 동의를 얻지 못하는 경향을 보인다.[15]

---

15 레이브와 벵거(Lave & Wenger, 1991)는 이 입장의 고전적인 설명을 제공한다. 이러한 접근법에서, 학습은 새로운 상황들로 이동했을 때의 개인의 정신적 조직이라기보다는 사회적 실천에 지속적으로 참여하는 것으로 보인다. 따라서 정신은 머릿속이 아니라 사회적 행위 속의 개인에 위치하게 된다. 이러한 '상황적' 학습의 예들이 빠르게 많은 돈을 빼고 더할 수 있는 —일을 위한 인지적 견습 기간의 일부— 브라질 거리 소년들이다. 그러나 그들은 같은 자료의 전통적인 학교 기반 산술 시험에 대해선 그렇지 못하다. 이것은 시험이 어느 정도

그러나 사회적 구성주의는 경합 중인 이들 이론들 사이에 일어난 최근의 종합으로 보는 관점보다 더 오래 된 역사를 가지고 있다. 메리 제임스(Mary James)는 개별 학습의 사회적 맥락에 대한 강조는 미국의 존 듀이와 그 이전의 윌리엄 제임스(William James) 그리고 러시아의 마르크스주의자 레프 비고츠키(Lev Vygotsky)까지 거슬러 올라 갈 수 있다고 주장해 왔다. 듀이의 기능주의에서, 중요한 강조점은 개인과 환경 사이의 상호작용이다. 비고츠키는 사회적 관계가 어떻게 학습에 선행하는지 그리고 행위와 사고의 상호작용을 강조했다. 이러한 두 가지 접근법 모두 학습의 사회적이고 문화적인 토대를 강조했다.[16]

그렇다면 이것은 우리가 어떤 입장을 갖게 하는가? 수학 교육자인 폴 콥(Paul Cobb)은 사회적 맥락의 범위 안에서 개별적 의미 형성을 이해하는 방향으로 나아갈 수 있는 유용한 방법을 제공했다. 이 책의 중심 주제와 비슷하게, 그는 우리가 사용하는 용어가 '현실에 부합하지' 않는다고 주장하면서도, 단순히 어떤 것이 다른 것보다 특정 어휘에서 더 잘 이해되며 그렇기 때문에 선호되는 어휘가 특정한 목적을 위해서는 가장 유용하다고 주장한다. 이것은 실용주의적인 입장으로 이어지며, 그 결과 하나 혹은 다른 접근법의 채택은 '그것의 해법이 학생들의 교육적 향상에 기여할 수 있는 문제를 다룰 가능성이라는 측면에서 정당화되어야만 한다'(1994, p. 18). 그는 학습을 활동적이고 개별적인 구성(인지적)과 사회문화적 과정이 함께 일어나는 것으로 취급한다. 전경(前景)과 배경(背景)의 이미지

맥락적인 관련성을 가지고 있기 때문이다.
16 개인적 의사소통. 메리 제임스(Mary James, 2006)는 가드너(J. Gardner, 1983)가 편집한 『평가와 학습(Assessment and Learning)』, London, sage에서 그녀의 서술 부분인 '평가, 교수 그리고 학습이론'에서 Afl과 관련된 학습이론의 정확한 요약을 제공한다.

를 사용하면서, 인지적인 것과 사회문화적인 것은 목적에 따라 위치(처지, 입장)를 바꾸게 될 것이다.

> 나는 사회문화적 관점이 학습의 가능성을 위한 조건에 관한 이론들을 만들어 낼 것이라고 주장한다. 하지만 구성주의적 관점에서 발전한 이론들은 학생들의 학습 내용과 절차 모두에 초점을 맞추고 있다(p. 18).

안나 스파드(Anna Sfard)의 영향력 있는 논문 '학습을 위한 두 개의 비유와 하나만 선택할 때의 위험에 대하여(On Two Metaphors for Learning and the Dangers of Choosing Just One)'는 유사한 생각을 드러내고 있다. 그녀는 습득(지식을 '소유하는 것')과 참여(타자들과의 행위를 통해 얻는 지식)라는 비유의 사용을 분석하고 동시에 어떻게 하나가 다른 하나를 넘어서 유익한 확인을 제공하는지에 대해 분석한다. 스파드(Sfard)는 통일적이고 동질적인 학습 이론보다 다양한 비유를 만들어내려는 연구일수록, 해당 연구에 자신들의 삶이 영향을 받을 가능성을 지닌 사람들에게 더욱 바람직하다고 주장한다(Sfard, 1998, p. 12).

학습을 위한 평가 연구를 통해 볼 때, 학습을 위한 평가는 평가가 많이 있는 곳에 존재하는 것으로 보인다. 만약 최근에 어떤 변화가 있었다면, 이것들은 좀 더 사회문화적인 것이 강조되는 방향으로 조금씩 움직여 왔다는 사실이다.[17] 이 변화는 효율적인 형성

---

17 알랄과 로페즈(Allal & Lopez, 2005)는 형성평가에 관한 프랑스 연구의 최근 경향을 지적했다. 그 경향은 레프 비고츠키(Lev Vygotsky)의 연구를 따르고 있으며 사회적 행위 특히 학습의 기초인 언어와 같은 사회적 활동을 강조한다. 이와 유사하게, 영국의 블랙과 윌리엄(Black & William, 2006)은 엔게슈트룀(Engeström)의 활동 이론에 근거한 형성평가 이론을 제공했다. 그것은 비고츠

평가 과정에서 교실 상호작용과 관계의 중요성에 대한 증가하는 인식을 나타낼 수도 있다. 현재 목적을 위해, 사회구성주의자의 입장이 제공하는 것은 학습이 의미 형성(의미화)의 사회적이고 능동적인 과정이 되는 것에 대한 강조이다. 여기서 유용한 개념은 의도적 학습에 관한 것인데, 그것은 학습자가 적극적으로 학습하고자 하며 교사가 그들을 돕고자 하는 것이다.[18] 이것은 주어진 문제를 해결하기 위해 쏟은 노력과 또 다른 문제에 대한 학습으로 전이되는 것을 수반한다. 대조적인 것은 익숙하게 '과제를 수행하는 것'에 대한 것이다. 그리고 여기서 해결책은 그 자체가 목적인 것이고, 행해진 것이 학습에 큰 영향을 주지 않는 것이다.

학습을 위한 평가와 효과적인 학습

학습을 위한 평가가 더욱 효과적인 학습을 가능하게 할 수 있다는 주장은 평가가 학습자들에게 다음과 같은 도움을 줄 수 있어야 가능하다.

키(Vygotsky)의 사회-문화적 전통에서 유래하였다. 학업 현장에 초점을 둔 엔게슈트룀(Engeström)은 학습이 일어나면서 발생하는 변화에 관심을 가진다. 그는 상호작용하는 요소들(예를 들어, 도구들, 역할들, 규칙과 결과들)의 복잡한 연속물과 관련한 '활동 체계'의 개념을 사용한다. 변화는 복잡한 상호작용의 결과로서 인식된다. 그래서 예를 들어, 학습은 학습자에게만 영향을 주는 것이 아니라, 학습자가 학습 가운데 재위치 지어지기 때문에 체계를 변형시키기도 한다. 이것은 학습이 확립된 실천의 공동체에 결합하는 일방적인 과정처럼 보이게 만드는 상황적 학습이론과는 다르다.

18 이 용어는 버레이터와 스카다말리아(Bereiter & Scardamalia, 1989)에서 왔다. 나의 설명은 블랙과 그 외(Black et al.)(2006)의 '학습법 학습하기와 학습을 위한 평가: 이론적인 탐구'라는 가치 있는 논문에 따른다.

- 학습되어야 할 내용과 도달해야 할 목표를 좀 더 분명히 하기
- 현재 그들이 이해하고 있거나 그렇지 못한 것을 인식하기
- 향상을 위한 최선의 방법을 이해하기

우리가 이미 본 것처럼, 이를 위한 메커니즘은 학습 의도와 성공의 기준을 명확히 하기, 이해한 것을 찾기 위해 질문하고 다른 정보를 활용하기, '차이를 좁히기' 위해 피드백 사용하기를 포함한다.

문제는 이러한 접근을 사용해야 하는 이유(*진정한 의미*)에 대한 분명한 이해 없이, 일련의 교실 테크닉들(*자구적 의미*)로 쉽게 축소될 수 있다는 것이다. 몇 가지 테크닉은 이러한 어려움들을 악화시켜 그 자체로 복잡해지고 잘못 해석될 수 있다. 따라서 학습양식이나 다중지능처럼, 교실 학습을 향상시킬 가능성을 가지고 있지만, 이러한 것들은 쉽게 왜곡할 수도 있다. 그러므로 우리는 실행 과정에서 중요한 긴장 상태에 있었던 것에 대해 관심을 돌릴 필요가 있다. 나는 그것을 4개의 주요한 영역으로 묶었다.

1. 무엇을 학습하고 있는가?
2. 명확성(clarity) 대 순응(compliance)
3. 총괄평가 풍토에서의 형성평가
4. 효과적인 피드백

학습 또는 학습 방법에 대한 학습?

이것은 두 가지 개념을 가지고 있는 또 다른 사례이며 하나만

을 선택하는 것은 위험하다. 학습을 위한 평가를 위한 과제는 어떤 것에 대한 직접적인 학습('습득')과 좀 더 간접적인 '학습 방법에 대한 학습'을 모두 제공하는 것이다. 특히 학습 방법에 대한 학습은 상위인지, 학습자 자율성, 자기조절 학습 등으로 다양하게 설명된다. 이러한 것들의 위험 중 하나는 과정에 너무 많은 관심이 투여된다는 것이다. 예를 들어 '학습에 대한 학습'은 결과보다는 과정이 중심이며 '무엇이 학습되어야 하는가?'라는 문제를 등한시한다. 학습은 진공 속에서 전개될 수 없는 것이며 중요한 것은 학습되어야만 한다. 이러한 과정적 접근은 협소한 교수 방법이라는 위험을 무릅써야 한다. 스파드는 다음과 같이 경고한다.

> 교육적 실천들은 모두를 위한 하나의 실천적 방안들에 대해 극도로 강력한 경향성을 보인다. *참여 비유(participation metaphor)* 와 밀접하게 관련된 최신 유행의 혼합체는 종종 '강의식 수업'은 완전히 추방되는 것으로, 모두를 위한 의무로서의 '협력 학습'은 강제적인 원칙으로, 그리고 실제 삶의 맥락에 처해있지 않거나, '문제−기반(problem−based)'이 아닌 것은 수업에 대한 완벽한 권위 실추(delegitimization)로 변형된다. 그러나 이것은 하나의 그릇 안에 좋은 것들을 너무 많이 담았다는 것을 의미한다(1998, p. 11).

'두 가지 모두에 대한 필요'의 중요성은 두 가지 사례를 통해 알 수 있다. 첫째 사례는 교실에서 형성평가를 실시했던 두 명의 수학 교사에 대한 앤 왓슨(Ann Watson)의 구체적인 연구에서 나왔다. 그들의 학생들이 특정한 문제를 완전하게 이해하지 못했을 때, 우선적으로 그들의 학습 과정에 대한 성찰을 피드백 한다. 그래서 학습 방법의 학습(learning to learn)에 초점을 맞출 때, 그 학생들은 그들에게 주어진 문제를 해결하는데 결코 구체적이고 충분한 도움을 받을 수 없었다. 이것은 부분적으로 교사들 스스로가 초래한 결과였다. 그 이유는 교사들이 첫째, 도움을 줄 수 있는 수학에 대한 충분한 '기술적 지식(craft knowledge)'을 갖추지 못하였으며, 둘째, 시험 결과와 (그들이 비판적이었던) 보고서들로부터 나온 피드백과 정보의 사용을 꺼렸기 때문이다. 그래서 그 학생들은 학습에 대한 자율권을 부여받았지만, 여전히 수학 문제를 풀 수는 없었다.

이와 대조적으로, 일부 수업은 학습한 것이 이후 추가적 학습에 거의 가치가 없을 정도로 너무 상세한 것일 수 있다. 이것은 훨씬 더 일반적인 문제이다. 미국 형성평가 시험에 근거한 이 교정 연구는 그것이 다지선다 시험에서 부정확한 항목에 기초한 '마이크로 교수(micro-teaching)'를 창출하기 때문에 종종 이러한 성격을 갖는다. 내용이 처리되는 동안에, 어떤 학습은 단지 유사한 항목들을 일반화할 것 같다. 그리고 새로운 맥락을 일반화하는 *의도적* 학습은 없었다.

학습을 위한 평가에 대한 도전은 그들의 학습이 어떠한 방식으로 진행되어야 하는지에 대한 성찰로 이어지는 학습자의 자기조절력 발달과 직접적 학습을 고무시키는 것 사이의 균형을 공격하는 것이다. 이러한 것들은 결코 분리된 활동들이 아니며 *자기-조절력*은 직접적 학습에 영향을 미치게 되고 순차적으로 자기-조절력을 발전시키게 될 것이다. 데이비드 보우드(David Boud)는 현재의 학습 프로그램을 지지하고 있는 이중적 의무라는 유용한 개념을 소개했는데 그것은 평가에 대한 학습자의 이해와 미래의 자기-평가 능력을 동시에 증가시키는 것이다. 그는 이것을 *지속가능한 평가*라고 부른다. 단순히 기준에 맞추는 것도 아니고 자기-조절 기술을

발전시키는 것도 그들 자신에게 충분하지 않다. 그것들은 모두 현재
적이어야만 한다. 그는 평가 활동에 대해 다음과 같이 이야기한다.

> 평가 활동은 즉각적인 과제와 알려지지 않은 미래의 평생학습에
> 학생들을 준비시키기 위한 결과들에 초점을 맞추어야 한다. 그들
> 은 과정과 실질적인 내용 영역 모두에 주의를 기울여야 한다
> (2002, p. 9).

이것의 시사점은 학습을 위한 평가라는 실천의 영향이 어떻게
평가되는지이다. 그러한 주장이 학습을 돕도록 만든다면, 이것은
어떻게 입증될 수 있을까? 암흑상자 안에서(Inside the Black Box)의
주장 중 하나는 그것이 우리가 기대할 수 있는 시험 결과에서의 극
적인 향상을 평가할 수 있다는 것이다. 하지만, 학업 성취와 관련
해서 학습을 위한 평가가 경험적으로 증가하지는 않았다.[19] 학습을
위한 평가는 단지 어떤 하나의 교실 안에서 진행되는 다양한 계획
과 변화 중에 하나로서, 행해지기가 어렵기 때문에 완전하지 못하
다. 이를 설명할 수 있는 통제 집단을 활용한 연구 설계는 많은 재
정 지원을 요함에도 불구하고, 일반적으로 채택되는 실행 연구법과
조화되지 못하고 있다. 반면, 학습의 향상에 대한 주장들이 믿을만
한 것이라면, 학업 성취에 미치는 영향에 대한 좀 더 많은 근거가
요구된다.

이것은 학습을 위한 평가 프로젝트가 검증되지 않았다는 것을
의미하지는 않는다. 그러나 그것들이 존재할 때, 그 초점은 참여라
는 부분(strand)에 놓이는 경향이 있다. 이것들은 전형적으로 교사

---

19 하나의 예외는 학생 학업성취에 관한 형성평가 실행 연구 프로젝트의 영향에
   대한 윌리엄 등(William et al., 2004)의 분석이었다.

들이 학생 태도와 참여에 대한 변화에 따라 어떻게 그들의 실천을
변화시키는지와 관련된다. 평가 혁신에 대한 분석과 검토(ARIA,
Analysis and Review of Innovations in Assessment) 프로젝트[20]를 지
원한 너필드 재단(The Nuffield Foundation)은 현재 교실 평가 조치
들의 영향을 검토하고 있으며, 이러한 조건에서 대부분의 보고서가
작성된다.[21]

명확성 또는 순응?

학습하고 있는 내용과 성공적인 학습의 모습 둘 다를 명확하게
강조하는 것이 학습을 위한 평가의 핵심 요소 중 하나이다. 이에
대한 이론적 근거는 간단하다. 여기서 학습은 교과에 대한 지식과
이해뿐만 아니라 자기-조절 기술도 포함한다. 교실 학습이 협력적
과정이라면, 교사와 학생 모두는 기대되는 것이 무엇인지 알 필요
가 있다. 하지만, 이러한 과정에서 명확성을 얻어내는 것은 줄타기
곡예를 하는 것과 비슷하다. 학습 내용과 (이유가) 그리고 성공이
어떤 모습인지 명확하지 않다면, 학습자는 여전히 곤혹스러운 상태
로 남을 것이다. 그것이 너무 엄격하게 상세화 되면, 그것은 순종

---

20 [역주] 영국의 학교교육에서 평가는 끊임없이 제기되는 논쟁적인 문제였다. 이
   러한 문제를 해결하기 위해 영국에서는 최소 15개의 계획이 추진되어 평가를
   통한 학습의 지원이라는 교사의 역할을 새롭게 통찰하도록 하였다. 문제는 그
   러한 활동이 개별적으로 진행되어 일관성 있는 종합의 부족으로 인해 많은 문
   제가 발생하였다. ARIA 프로젝트의 목적은 이러한 종합을 지휘하고 전파하는
   것이다. 또한 영국 전체를 관통하는 개별적 맥락 내에서 평가 개혁의 일관성과
   효율성을 극대화할 수 있도록 정책 생산자와 전문가들을 지원하는 것이다.
21 ARIA의 웹사이트 http://www.aria.qub.ac.uk를 참조.

적으로 실행되게 된다.

명확성의 부족은 15살 먹은 두 명의 학생이 말하고 있는 바와 같은 당혹스러움의 이유가 된다. 이들은 다음과 같이 말하고 있다.

저는 많이 배우지 않은 것이 아니에요… 저는 정말로 내가 무엇을 해야 하는지 몰랐을 뿐이에요(Harris et al., 1995, p. 253).

수학에서, 특히 (선생님은) 칠판에 있는 내용을 설명하는 것을 좋아해요. 그리고 저는 선생님이 무엇을 하고 있는지 이해하지 못해요. 하지만 책을 가져 와서 그것을 설명해야 해요. 그래서 저와 제 친구는 그 내용을 더 잘 설명하기 위해서 책을 서로 맞추어 읽곤 해요. 그리고 우리가 책을 다 읽었을 때 선생님은 다음 챕터로 넘어 가요. 우리는 우리가 무엇을 하고 있는지 잘 몰라요. 우리는 길을 잃어요, 그게 다예요(Rudduck, 1996, p. 42).

곤혹스러운 상황에 처한 학생의 가장 적절한 예는 <그림 7.1>에 있는 기하학 문제에 답을 했던 시험 응시자이다.

이 사례는 형성평가에서 가장 우수한 결과를 얻을 것으로 생각된 학생들이 낮은 성취를 얻게 되는 이유를 설명하는 데 조금은 도움을 줄 것이다. 학교의 문화에 익숙하지 않기 때문에, 그들은 요구되는 것의 최소한만을 이해할 것으로 생각된다. 높은 성취의 학생들, 즉 학교가 집처럼 익숙한 학생들은 명료하게 설명할 수는 없지만 이미 그들이 필요한 것들을 해결할 수 있도록 해 주는 자기-조절 기술을 발전시켰을 가능성이 크다.

그림 7.1 기하학 문제의 답

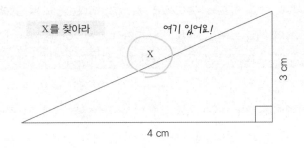

명확한 것의 위험성

배워야 할 것과 그에 수반되는 성공 준거를 명확히 하는 것은 마치 줄타기 줄에서 다른 쪽으로 추락할 위험을 무릅쓰는 것과 같다. 여기서 작용하는 힘은 점차적으로 세부적인 학습 목표로 향하게 된다. 그리고 그것은 요구되는 학업 성적을 구체화하고, 그것은 협의되지 않은 채 공표된다. 이것은 내가 특히 좋아하는 셔얼리 클락(Shirley Clarke)의 용어인 학습 의도들을 설명해 준다. 그 이유는 그것이 유연성과 관용이라는 두 가지 의미를 모두 시사하기 때문이다. 그것은 적응하고 심지어 포기하는데 필수적이므로 이러한 광범위한 목적들을 성취하기 위한 수업 계획을 뜻하는 학습에 관한 평가 정신에 중요하다. 예를 들어, 노엘 엔트위슬(Noel Entwistle)과 동료들은(2000) 대부분의 고등교육에 일어나는 학습 사태들이 무계획적인 전환들(diversions)에서 생겨났다고 결론지었다. 의도(intention)는 또한 학습이 항상 선형적인 것은 아니라는 주제와 화제에 적합하다. 수학에서는 어떤 특정한 개념을 완전히 이해하는 과정이 예

측가능하지만 영어와 미술과 같은 과목에서는 훨씬 더 많은 변수가
있다. 여기서 유용한 개념은 고정된 지점보다는 경계(horizon)라는
측면에서 다양한 의도와 목적들을 보는 것이다. 우리는 도달하고자
하는 수행의 기준을 알고 있다. 하지만 다양한 학생들은 이러한 경
계(horizon)의 다양한 곳에서 출현하게 될 것이다. 상상력이 풍부한
이야기는 많은 형태와 크기로 들어오게 되는데, 예를 들어 어니스
트 헤밍웨이(Ernest Hemingway)의 잊을 수 없는 6개 단어 이야기,
'판매: 아기 신발, 절대 찢어지지 않음'에 대한 반응의 방법과 같은
것이다.

　이러한 힘은 다양한 목표들이 고도로 구체화된 교육과정과 자
격을 통해 교사들에게 주어졌을 때 강화된다. 그래서 그것들은 단
지 고정된 목표들로 학습자들에게 제시되지 않으며, 교사들에 대해
서도 역시 마찬가지다. 그 다음으로 그 과정은 학습자가 교육과정
의 작고, 세부적인 부분을 완전히 익히도록 조장하기 때문에 점차
적으로 기계적인(mechanistic) 과정이 된다. 특히, 교사가 이러한 요
구들을 풀어내야만 하는 어떤 것이라면,[22] 학습자에게 명료한 학습
을 제공하려던 이런 분명함은 실제로 명료함을 조장하기보다는 자
율성을 축소할 가능성이 있다. 우리는 학습의 전이가 일어날 것 같
지 않은 접근법의 점수를 받거나(get the marks), 빈 칸에 표시하기
위해(5장과 6장) 학습으로 돌아간다. 이것은 의도적인 학습이 아니
라 '과제 수행하기'의 사례다. 캐서린 에클레스톤(Kathryn Ecclestone)

---

22 그로브(Grove, 2002)의 연구, '그들은 그 단어들을 읽을 수 있다. 하지만 그것
　들이 의미하는 것을 알고 있는가?'는 이해가능성에 대한 거닝 포그 지수
　(Gunning fog index, 역주: 내용을 이해하기 위해 필요한 교육 연수. 어려운
　글일수록 지수가 높아진다.)를 분석했을 때, 학습 기준(learning criteria)이 어
　떻게 비트겐슈타인(Wittgenstein)의 논리철학논고(Tractatus)보다 더 많은 것
　을 요구하는지를 보여 주었다.

은 이것을 절차적 자율성(procedural autonomy)만이 허용된 학생이라는 관점에서 논의한다. 이것은 학생들을 내용이나 절차적 측면의 심층적 참여 없이 정보의 사냥꾼이나 수집가로 남겨 놓는다(2002, p. 36). 해리 토렌스(Harry Torrance)는 이 특별한 압력을 포착하기 위해 *준거 순응(criteria compliance)*이라는 유용한 용어를 만들었다. 그는 다음과 같이 결론짓는다.

> 하지만 투명성은 도구주의를 촉진한다. 높은 성적을 받고 상을 받는 방법이라는 과제가 더 분명해질수록, 교사, 감독자 그리고 평가자에 의해 주어진 도움은 더 구체적이 되며, 시험 응시자들은 성공할 가능성이 더욱 커진다. 하지만 그것은 무엇에 대한 성공인가? 학습자가 도달하도록 돕기 위한 코칭과 실천의 광범위한 사용과 결합된 목적들의 투명성은 학습에 대한 도전을 제거하고, 학습의 질과 성취된 결과의 타당도를 저하시킬 위험에 처해 있다. 학습을 위한 평가라는 최근의 인기 있는 아이디어에서 우리는 우리가 학습으로서의 평가, 학습의 평가로 특징화했던 것의 변화를 확인했다. 거기서 평가 절차와 실행은 학습 경험을 완전히 주도할 수 있고, '기준에 대한 순응'은 '학습'을 대체하게 된다. 이것은 [탈−강제적인] 학습과 기술 영역이 직면한 가장 중요한 난제이다. 학습과 기술 영역은 학습 결과의 타당도와 유용도(worthwhileness)에 맞서 수업 과정에서 명료함이 자리 잡도록 해야 한다(2005, p. 2).[23]

---

23 학습으로서 평가의 이러한 사용은 로나 얼(Lorna Earl, 2003b); 루스 댄(Ruth Dann, 2002); 그리고 스코틀랜드의 '평가는 학습을 위한 것이다' 계획 등과는 다르다. 여기에서 그 용어는 학습을 위한 평가의 구성적인 과정으로 사용된다. 따라서 평가를 이해한다는 것은 학습을 향상시키는 것으로 간주된다. 반면에 토랜스(Torrance)의 용법은 학습을 대체하는 것으로 간주한다.

이것은 또한 학교라는 부문에 대한 하나의 도전이다. 이제 학교
는 점차적으로 상세한 결과에 기반한 다양한 설명서들이 교육과정
진술서(statement)와 평가 설명서 모두에 포함되는 장소가 된다.[24]

형성평가에 대한 핵심적인 우려는 세부적인 교육과정의 '전달'
을 더 좋게 하고 총합 평가를 준비하기 위한 메커니즘이 축소되는
것이다. 이러한 위협의 특수한 형식 중 하나는 학습을 위한 평가를
더 큰 책무성 시스템에 동화시키기 때문에 정책 입안자들에 의한
의미상의 미묘한 전환이 존재한다는 것이다. 그들의 논문인, '학습
결과의 문제(The Trouble With Learning Outcomes)'에서 트레버 허시
(Trevor Hussy)와 패트릭 스미스(Patrick Smith)는 고등교육에서의 문
제점에 대해 다음과 같이 주장한다.

> 적절하게 사용되든 아니든 학습 결과가 가치 있는 것이 되도록 할
> 수 있지만, 그것들은 관리적 과정을 촉진하는 교육 제도 내의 모
> 든 수준에서 폭넓게 오용되고 차용되어 왔다. 이것은 그것들의 왜
> 곡을 초래한다… 이러한 결과에 대한 적절한 해석은 맥락과 학생
> 들의 일반적인 활동과 경험들에서 나와야 한다(2002, pp. 220,
> 232).

학습 초점으로 시작한 것은 향상된 점수를 통해 설정된 목표에
도달하는 것으로 완전히 변형된다. 정책 입안자들은 향상된 점수와
향상된 학습의 차이를 인식하지 않기 때문에(6장 참조), 이것은 일

---

24 예를 들어, 영국에서 교육과정평가원(Qualifications and Curriculum Authority,
QCA)은 영어 과목에 대한 국가 교육과정의 문제점들을 정확하게 교수하도록
평가 요점을 개발해 왔다. 그것은 형성평가의 시험과 교정 모델이다. 세인즈버
리와 그 외(Sainsbury et al., 2006) 읽기 평가하기(Assessing Reading) 13장
을 보라.

종의 논리적인 조치이다. 하지만 결과와 학습은 등가물이 아니다. 따라서 이러한 과정은 학습을 왜곡하게 된다. 그러한 미묘한 변화를 효과적으로 보여 주는 사례는 영국의 학습을 위한 평가에 대한 해설에서 교육부 장관 데이비드 밀리반드(David Miliband)가 한 말이었다.

> 수업 계획과 교수 전략들에 반영되는 학습을 위한 평가에 분명한 목표를 설정하게 하고, 학생들이 거기에 도달하기 위해 무엇을 해야 할지를 분명히 제시해줘야 한다… 그리고 학생들의 진보에 관심을 가지고 있는 모든 사람들이 데이터와 기준(benchmark)을 최대한 사용할 때, 실제로 성취할 수 있을 것이다.
>
> David Miliband, 옵서버(Observer), 2003년 6월 1일

여기에서 '목표'라고 하는 것은 학습 결과(learning outcomes)가 아니라 수준, 등급처럼 숫자로 나타내는 것이다. 그래서 '도달점'은 쉽게 추가적인 점수를 얻기 위한 마이크로 티칭으로 자연스럽게 들어갈 수 있으며 특히 그것이 중심으로부터 촉진될 때에는 더욱 그러하다(6장 참조).

교육과정 중립성

학습을 위한 평가의 최근 버전과 관련된 취약점은 학습을 위한 평가가 무엇이 학습되고 있는가를 도외시하고 그것들 자체를 학습 향상과 관련짓는 경향이 있다는 점이다. 이미 주어진 것으로 교육과정을 취급함으로써, 이것은 포함된 내용과 기술에 대해 대체로 소극적인 응답으로 이어진다. 이와는 반대로 테리 쿡스(Terry Cooks)

는 학습자에게 교육과정을 유의미하게 만드는 것의 중요성을 지속
적으로 주장해 왔다.

학생들은 그들에게 별로 의미가 없고 중요하지 않은 것들보다는
그들이 관심을 가지고 있는 것에 대해 훨씬 더 열심히 배우려고 할
것이다. 교사들이 학생들을 평가하고 학습을 안내하기 위해 무엇
을 하더라도 학생들이 학습 자료나 기술들에 동기화되지 않는다
면 학습할 가능성이 훨씬 더 낮을 것이다(2007, p. 1).

교육과정이 권위적이지 않은 편인 뉴질랜드에서는, 선택권이 주
어질 때 이것이 더 쉽게 실현될 것이다. 반면에 동기 이론가인 제
러 브로피(Jere Brophy)는 더 규범적인 환경에서도 다음과 같다고
설명한다.

기초적인 동기 원리들은 교육과정이 포함되어야 하는 곳에는 모두
포함되어야 한다고 주장한다. 그 이유는 학습자에 의해 이해될 수
있는 근거들에 대한 학습이 가치가 있기 때문이다. 그리고 이러한
근거들은 내용을 소개하고 학습을 발전시키는 데 이용될 수 있는
활동들의 발판을 만드는 것이 강조되어야 한다(1998, pp. 5−6).

나는 이것이 학습 의도를 협의하는 데 매우 적합하다고 생각한
다. 그것은 단순히 학습 내용에 대한 것일 뿐만 아니라, 학습의 가
치에 대한 것이기도 하다. 딜레마는 그러나 그것이 또한 학습의 가
치일 수도 있다는 것이다. 딜레마는 '학교 교육과정의 많은 내용이
학습을 하는데 가치가 없지만, 이를 따라야 할 때 나타난다.'(Brophy,
1998, p. 11). 학습 내용의 타당도에 대한 주의를 기울이지 않을 때,

학습을 위한 평가는 좋은 등급을 받는 것이 목표인 도구주의적 태도에 이끌릴 것이다. 왜냐하면 그 자체를 위한 학습에 대한 인정이 거의 없기 때문이다. 마이클 애플(Michael Apple)이 지적했던 바와 같이, 그 안에는 사회-정의적 요소가 있다. 따라서 우리가 무엇을 가르치는가는 중요하다.

총괄평가 풍토에서의 형성평가

이중 임무(double duty)라는 보우드(Boud)의 아이디어는 폭넓게 응용된다. 즉, 그것은 학습을 위한 형성평가와 자격의 증명(certification)을 위한 총괄평가를 포괄한다. 단기간의 자격 증명 또는 책무성 목표를 충족시키면서 동시에 발전된 형태의 '지속가능한 평가'는 어떻게 보장할 것인가? 이것은 본질적으로 학습과 앞서 제시한 명확성 부분의 실제적인 표현이다. 즉, 그것은 개인 학업의 성적과 수준에 대한 압력을 받을 때와 정기적인 고부담 시험을 사용할 압력을 받을 때 잘 발달된다. 이와 같은 성적 매기기는 그 기능이 실제로는 총괄평가이지만(현재 내가 있는 곳을 요약적으로 보여주는 짧막한 묘사) 그것을 형성평가로 묘사하면서(그것은 도달된 진보와 표준을 알려주기 때문에) 종종 혼란을 감춘다. 이러한 평가 유형의 대부분은 좀 더 정확하게는 *상용 총괄평가(frequent summative assessment)*나 *미니 총괄평가*로 분류된다. 형성평가인지를 결정하는 것 —더 추가적인(further) 학습은 이뤄질 것인가?— 은 이러한 정보와 함께 이루어진다. 따라서 이러한 차이는 시기 선택의 문제라기보다는 목적에 대한 것이다.

여기에 복잡성을 추가하는 것은 형성평가와 총괄평가의 기능들이 서로 독립적인 것이 아니라 종종 순환 고리(loop)의 일부분이라는 것이다. 예를 들어, 자격 증명에서 교사에 의해 평가된 부분이 각 수준에서 구체화된 결과들을 상세히 알려 주었다면, 준비 과정은 형성평가가 될 수 있다. 현재 나의 학업이 이런 결과들보다 얼마나 많이 부족한 것이며 더 가까이 접근하기 위해서 나는 무엇을할 필요가 있는가? 이러한 결과들에 직면했을 때, 그 과정은 총괄적인 것이 되고 레벨이 정해진다. 오직 다음 레벨과 비교되어 사용된 이러한 정보를 알고 있을 때에 그것은 형성적인 것으로 전환된다. 여기서의 위험은 '지속가능한 평가'나 학습의 전이가 거의 없거나 아예 없을 때 나타난다.

나는 복잡한 형성적/총괄적 관계가 학습을 위한 평가에서 가장 어려운 실제적 문제들이라고 생각한다. 이것을 학문적으로 해결하려고 노력하는 동안,[25] 어려움의 실제적 증거는 시험에 대한 압력이 있을 때 형성평가가 종종 중단되는 방식으로 나타난다. 그 이미지는 여전히 형성평가는 '좋은 것'이지만, 시험을 위한 준비가 시작되자마자, 우리는 '실제적인 일'을 해 나갈 필요가 있다. 비록 자기－조절적인 학습자가 더 나은 성취를 보인다는 증거가 있지만, 이것은 상용 총괄평가와 시험 대비 수업을 의미한다.[26]

이는 빈번한 고부담 시험과 관련된 책무성 문화에서는 형성평가로의 진전이 더 어려워질 것임을 의미한다. 이러한 평가 문화에서는, 좀 더 확신을 가지고 있는 교사와 학교들만이 자기－조절적 학습과 자기 평가 및 동료 평가를 촉진할 위험을 무릅쓰게 될 것이

---

25 예를 들어, 하렌(Harlen, 2006)을 보라.
26 맥도날드와 보우드(Macdonald & Boud, 2003), 윌리엄 외(William et al., 2004) 참조.

다. 대부분 그 일은 교육과정을 포함하며 시험을 준비하는 것이다.
교사들이 해마다 이런 평가를 계속한다면 형성평가가 이러한 과정
에서 어떻게 도움을 줄 수 있는지에 대한 좀 더 설득력 있는 증거
가 필요하다.

효과적인 피드백

앤드류 모건(Andrew Morgan)은 형성평가의 피드백을 '선의의'
살인('good' murder)에 비유해 왔다. 효과적이고 유용한 피드백은 다
음 세 가지 요소에 달려 있다. (1) *동기*: 학습자가 필요로 한다. (2)
기회: 학습자가 사용을 원하는 시기에 받아들인다. (3) *수단*: 학습
자가 사용할 마음이 있다. 이 방식은 일부의 살인들과 같이 수많은
잘못된 선례들을 남겼다.

모든 사람은 피드백을 받기에, 피드백이 학습을 위한 평가에만
있는 것은 아니다. 하지만 피드백이 결과가 아닌 학습을 돕기 위한
것이기 때문에, 우리는 피드백이 자주 일어나는 것이 아님을 알고
있다. 실제로 그것은 학습을 방해할 수도 있다. 내가 학생들에게
삶의 어떤 영역에서 그들의 학습에 진정으로 도움을 주었던 피드백
의 사례에 대해 질문했을 때, 그들의 대부분은 하나의 사례를 찾는
것에도 고심해야만 했다. 반면에 학습을 방해했던 피드백에 대해
질문했을 때, 적합한 사례를 찾는 데 몇 초밖에 걸리지 않았다. 이
러한 것들은 대개 교사들이 학교와 관련되어 하는 말들이다. 합창
단에 들어 올 수는 있으나, 단지 입만 뻥긋할 수 있을 뿐 노래를
해서는 안 된다는 말은 음악적 발달을 돕지 못한다. 마찬가지로 '가

망이 없다.'라는 말 역시 수학에 있어 어떤 도움도 안 된다.

피드백이 항상 학습에 도움을 주는 것은 아니라는 이러한 인식은 연구 증거에 의해 뒷받침된다. 피드백에 관한 메타 분석 연구를 통해, 심리학자 아브라함 클루거(Avraham Kluger)와 안젤로 디니시(Angelo DeNisi)는 다음과 같은 결론을 내렸다.

> 연구 사례의 3분의 1 이상에서, 피드백을 통한 개입이 오히려 성취 수준을 낮추었다… 우리는 연구자들과 전문가들 모두 피드백을 통한 개입이 성취 수준을 높일 수 있는가라는 의문을 갖고 피드백이 바람직한 것인지에 대해 혼란스러움을 느끼고 있다고 믿는다 (1996, pp. 275, 277).

피드백은 현재보다 더 나은 성취수준으로 나아가고자 하는 형성평가의 핵심적 메커니즘이기 때문에, 피드백에 대한 보다 정확한 이해는 무엇보다 중요하다. 나는 학습을 위한 평가가 여전히 여기에 도달하지 못했다고 생각한다. 피드백에 대한 최근의 중요한 연구인 미국의 발레리 슈트(Valerie Shute)의 연구와 뉴질랜드의 존 해티(John Hattie)와 헬렌 팀펄리(Hellen Timperley)의 연구는 피드백 과정의 복잡성을 강조하고 있다. 피드백이 긍정적 학습 효과에 미치는 영향은 다양한 상호작용 요인들(동기 부여, 과제의 복잡성, 학습자의 전문 지식, 그리고 피드백의 수준과 질)에 달려 있다. 이것은 피드백을 매우 맥락적으로 만든다. 두 학습자에게 주어진 동일한 피드백이 정반대의 효과를 낼 수 있다. 피드백을 들은 초보학습자들은 단순하게 자신들의 학습이 잘못됐다며 다시 되돌린다. 그러나 열심히 하는 능숙한 학습자들은 같은 피드백을 듣고, 더 노력하고 전략을 변화시켜 충분히 얻어 갈 수 있었다.

그래서 달성의 어려움과 복잡성을 뛰어넘는 효과적인 피드백에 대해 알고 있는 것은 무엇인가? 우리는 피드백에 있어 주어진 맥락과 시기 선택이 중요하다는 것을 알고 있다(Morgan의 *기회*). 이것이 취하는 형식은 칭찬과 점수(marks)의 역할에 대해 의문을 제기하면서 그것이 어떻게 받아들여지고 행동해야 하는지에도 영향을 준다(*의미들*). 이러한 것들은 학습에 대한 그들의 태도에 밀접하게 연결되어 있다(*동기들*). 맥락, 형식과 태도는 철저히 내적으로 연결되어 있다. 그래서 여기에서 분리는 복잡성을 줄일 뿐이다.

맥락: 피드백의 장소와 시간

형성평가에 관한 1998년 블랙(Black)과 윌리엄(William)의 연구에 대한 필립 퍼리노드(Philipp Perrenoud)의 반응은 그 연구에서 제시하고 있는 피드백 모델이 단지 교실 안의 복잡한 상호작용의 작은 일면이었다는 점을 지적했다. 실제적인 피드백 상호작용의 '앞부분(upstream)'에 있는 것이 무엇인지에 대해 좀 더 고찰할 필요가 있었다. 그는 주로 교실 환경에 대해 생각하고 있었지만 '앞부분'은 교수와 피드백이 일어나는 문화로까지 유용하게 확장될 수 있다.

이러한 것들은 폭넓은 문화적 특성들로서 예를 들면 학생들에 대한 동기 부여 같은 것이다. 환태평양 국가들과 같이 교육에 높은 가치를 두고 있는 국가에서, 학습에 대한 동기 부여는 사회적으로 주어진 것일 수도 있고 교사에게 부여된 책임일 수도 있다. 영국과 미국의 많은 학교에서, 동기 부여는 학교에 의해 조성되어야 하는 것으로 종종 가정된다. 학생들이 학습에 대한 강한 열망을 가지고 학교에 가는 것이 아니다. 피드백은 그때 이러한 동기 부여의 일부가 되며 직접적으로 그것을 다루는 데 사용되기보다는 간접적으로 그 이상의 학습을 촉진하는 데 이용된다. 우리가 알고 있듯이 이러한 방식에서 칭찬은 중요한 문제가 된다.

또 다른 예는 문화적 기대가 교사주도나 교수중심적인(didactic) 활동으로 여겨지는 학습을 강화시킬 때이다. 이 때 자기평가와 동료평가를 사용한 피드백의 제공은 반감을 사게 된다.[27] 여기에서 저항은 학생들로부터 시작될 수도 있고 좀 더 일반적으로 사회로부터 나타날 수도 있다. 이것은 특히 규범적 교육과정과 고부담 시험이 있는 곳에서 나타난다. 우리가 이미 보아 왔던 것처럼 피드백은 종종 '내 성적을 올리기 위해 해야 할 일을 말해 주세요.'와 같은 요구를 어떻게 따를 것인가에 대한 사례가 된다.

교실이나 교수-학습 현장의 수준에서 효과적 피드백의 핵심 요인 중 하나는 *신뢰*와 *존경*의 풍토이다. 이것은 학습자가 어려움을 인정하는데 안정감을 느끼고 교사들이 건설적이면서 격려하는 지원적인 교실과 교수-학습 현장의 관계를 암시한다. 교실이 학생들의 성적을 비교하고 평판을 부여하는 ('전 과목 A인 학생') 경쟁적인 장소라면, 학생들이 어려움을 인정하는 것을 더 어렵게 만들 수 있다.

피드백의 시기

해티(Hattie)와 팀펄리(Timperley)는 피드백이 항상 두 번째로 일어나는 것이라고 강조한다. 그것은 항상 학습 맥락에서 다루어져야만 하는 것이다. '그것에 대한 이해가 근본적으로 결핍되어 있다면, 빈약하게 이해된 개념에 대한 피드백보다는 지도를 통해 상세한 설명을 제공하는 것이 더 좋다'(2007, p. 104). 그것은 카레스(Carless,

---

27 데이비드 카리스(David Carless, 2005)는 홍콩의 학교교육에 나타나고 있는 이러한 압력에 대한 글을 써 왔다.

2007)가 말한 '선제적 형성평가(pre-emptive formative assessment)'와 잘 어울린다.

피드백의 시기에 관한 복합적 연구가 존재하는데, 여기서 피드백은 단순한 처방을 초래하지 않는 정보이다. 발레리 슈트(Valerie Shute)는 즉각적인 피드백이 오류를 교정하는데 효과적이고 또한 즉각적인 이득을 만들어 낼 가능성이 있다고 주장한다. 하지만 지연된 피드백은 학습의 속도가 늦추어질 수 있음에도 불구하고 더 나은 학습의 전이와 관련된다. 학습자가 새롭고 어려운 과제를 수행할 때는, 처음부터 즉각적인 피드백을 사용하는 것이 바람직할 수 있다(좌절과 난관을 줄이기 위해). 하지만 좀 더 간단한 과제에 대해서는, 피드백이 지연되는 것이 더 좋다('피드백 침해'의 느낌을 막기 위해). 그리고 이것은 물론 학습자가 과제에 실제로 몰두하고 있을 때의 경우이다. 우리는 모두 도움을 원하기 전에 퍼즐이나 단서에 대한 답이 주어지는 불쾌한 경험을 한 적이 있다. 이러한 상황을 이해하는 한 가지 방법은 유념(留念, mindfulness)이라는 개념이다. 이것은 학습자가 '상황적인 신호와 연관된 과제와 관련이 있는 근본적인 의미들을 성찰하는 것으로 설명된다.'[28] 만약 내가 복잡하고 새로운 과제와 마주쳤으며 제한된 단서와 의미들을 가지고 있다면, 그 때 '지시하는(cuing)' 피드백은 도움이 될 것이다. 피드백이 너무 빨리 주어진다면, 이 과정은 깊게 탐구되지 않을 것이며 무념(無念, mindlessness)을 촉진시킬 것이다.

이것의 유익한 사례는 미국과 일본의 수학 수업에 대한 스티글러(Stigler)와 히버트(Hiebert)의 비교 연구이다. 일본 학생들은 문제를 해결하기 위해 집단으로 활동하며 때로는 해답을 찾기 위해 두

---

28 뎀프시와 세일즈(Dempsey & Sales, 1993).

가지 방식을 서로 연관시킨다. 학생들이 알고 있는 공식을 활용해서 학생들이 정답을 찾았을 때에만 교사는 피드백을 준다. 따라서 유념과 같은 더 많은 학습을 위한 동기 부여가 있었다. 반대로 미국 학생들에게는 개인적으로 공부하고 공부 내용을 문제에 적용해 보는 것이 기대되기도 전에, 특정한 공식을 알려줬다. 문제 풀이를 어려워했던 학생들에게는 교사들이 즉각적으로 도움을 주고 활용할 수 있는 공식을 알려줬는데, 이는 다른 문제를 해결할 때 전이 가능성이 거의 없는 무념에 관련된 요소였다.

이런 복잡성들은 학습자의 특성들로 인해 더욱 심각해진다. 초보 학습자나 낮은 성취 학습자들에게, 효과적인 피드백은 즉각적이고 분명한 피드백이 필요할지도 모른다. 복잡한 과제조차도 상대적으로 쉽게 이해할 수 있는 전문가와 높은 성취 학습자들에게 피드백이 늦게 제시되는 것이 가장 좋고, 예를 들어 힌트 또는 질문들과 같은 좀 더 도전적인 형식 안에 있어야 할지도 모른다.

피드백의 초점: 자아 수준보다는 과제 수준

많은 피드백이 학습에 도움을 주기보다 오히려 학습을 약화시키는 이유는 무엇인가? 클루거(Kluger)와 데니시(DeNisi)에게,[29] 그 해답은 지향점에 대한 것이다. 피드백이 주어진 수준이 우리가 주의를 기울여야 하는 수준이다. 이것은 다음의 네 가지 수준 중 하나일 것이다.

---

29 해티와 팀펄리(Hattie & Timperley, 2007)의 수준에 대한 설명은 클루거(Kluger)와 데니시(DeNisi)의 원래 취급보다 훨씬 더 접근 가능하다. 나는 주로 이것에 따른다.

1. **_과제(task) 수준:_** 흔히 이 수준은 공부 내용이 정확한지, 더 많
은 정보가 필요하지는 않은지에 대해 교정하는 피드백이다. 그리고
표층적 지식을 획득하는 것에 대해서도 교정하는 피드백이다. 복
잡하지 않고 간단한 과제들은 이 수준의 피드백으로부터 이득을
얻을 수 있다. 교사 질문의 약 90%정도가 이 수준을 겨냥하고 있
다.[30] 이 유형의 피드백은 정보의 부족이 아니라, 잘못된 해석에
관한 것일 때 더 의미 있다. 보충 수업이 더 효과적이다.

2. **_과정(process) 수준:_** 이것은 여러 과정들을 근본적인 과제 또
는 관련된 과제 그리고 확장된 과제로 다룬다. 이 수준에서의 피
드백은 좀 더 복잡한 과제에 대한 오류 검출(error detection)의
향상과 전략들에 대한 단서 주기에 관한 것일 수 있다. 이것은 4
장의 '심층적 학습'의 전략들과 관계를 맺고 있다. 기본적인 과정
또는 과제를 관련시키고 확장하는 과정을 언급한다. 이 수준에서
피드백은 좀 더 복잡한 과제의 전략을 위한 단서주기와 실수 방지
를 향상시키는 것과 관련될 수 있다. 이것은 4장의 '심층적 학습'
전략들과 연결된다.

3. **_조절(regulation) 수준:_** 해티(Hattie)와 팀펄리(Timperley)는
피드백의 효율성을 조절하는 수준에서 여섯 개의 주요한 요인들을
분명히 한다. 이것들은 '내적 피드백을 창출하고 자기를 평가하는
능력, 피드백 정보를 찾고 처리하는 것에 노력을 다하고자 하는
의지, 응답에 대한 교정에 있어서의 확실성 또는 자신감의 정도,
성공과 실패에 대한 귀인들, 그리고 도움 요청의 능숙도 수준(the
level of proficiency at seeking help) 등이다.'(2007, p. 94).

---

[30] 에이레시언(Airasian, 1997).

4. **자아(self) 수준:** 이것은 학습자에 대한 긍정적인(때로는 부정적인) 판단을 제공하는 개인적 피드백이다. 이것은 많은 교실에서 발견되며 앞의 세 가지 수준을 대신하여 사용되는 '착한 소녀', '훌륭한 학생'과 같은 표현이다. 문제는 효과가 거의 없다는 것이다.

해당 수준에 주목하기(Attending to the level)

피드백이 하나의 과제에 대한 수행(performance)을 향상시키기 위해 무엇이 필요한 것인지를 다룬다면, 우리는 이러한 수준에서 그것에 주목할 것이다. 피드백이 자기를 향해 있다면, 그 반응은 개인적 수준에 있게 될 것인데 그것은 학습에서 벗어날 수도 있다. 가장 효과적인 피드백은 자아 수준을 제외한 앞의 세 수준들의 상호작용을 포함한다. 그리고 그것은 고리로 시각화될 수 있다. 과제 수준에서 과정 수준으로 그리고 조절 수준으로 학습자가 이동하도록 의도된 피드백이 가장 강력하다. 따라서 과제가 바르게 되도록 도움을 받았기에, 다른 과제들과 관련짓고 일반화되도록 장려한다. 다음으로 이것은 과제(자기-평가)와 헌신과 노력(자기-관리)에 대한 나의 향상을 점검하도록 허용하는 자기-조절을 위한 전략을 발전시키도록 돕는다. 좀 더 인정받는 활기 있는 학습자들에 대해, 피드백은 당신이 연구 문제에 대해 완벽하게 대답할 수 있는지를 알기 위해 확인하는 자기-조절 수준에서 시작할 수도 있다. 그리고 이것은 그들을 과제와 과정 수준에서 움직이게 할 것이다(텍스트를 점검하고 좀 더 직접적으로 정답에 관련된 것을 재조직하기).

자아-관련 피드백은 더 발전된 움직임에 거의 기여하지 못하기 때문에 이 고리(loop)에서 벗어나게 된다. 과제나 과정 수준으로 이동하기 위한 과제 정보를 충분히 포함하고 있지 않으며 종종 자기-조절보다는 자기-이미지에 초점을 맞추기 때문이다. 존 해티

(John Hattie)는 이것을 '평판적 렌즈(reputational lens)'의 측면에서 다룬다. 내가 공부를 더 잘 할 수 있으리라 믿고 있는 선생님을 실망시켰다면, 나는 내 평판을 보호하기 위한 방법을 심각하게 고려해야만 한다. 내가 그것을 할 수 있는 능력을 갖고 있다고 스스로에 대한 기대감을 유지하면서 학업의 질을 노력 부족으로 돌릴 수도 있다(가장 선호되는 남자들의 전략?). 이 전략은 최대의 노력을 하지 않고 스스로를 불리하게 함으로써 도움을 받는다. 자기 불구화란 좋은 않은 결과의 이유를 위해 사전에 그 이유를 만들어 내는 것을 말한다. 예를 들어, 발표나 인터뷰 전에 늦게까지 바에 있는 것은 실패했을 때 변명할 준비를 한다는 것을 의미한다. 버글라스(Berglas)와 존스(Johns)는 행동의 이러한 유형이 가변적이며 혼란스러운 피드백의 역사에서 기인한다고 주장해 왔다. '그것들의 역사는 반복된 실패에 의해 만들어진 것이 아니다. 그것들은 충분히 보상을 받아 왔다. 하지만 그 보상이 무엇을 위한 것인지에 대해서는 그 방법과 원인의 측면에서 심각하게 불확실한 것으로 남아 있다'(1978, p. 407). (나는 학생들이 최선의 노력과 깊이 있는 생각을 하지 않았다는 것을 알고 있을 때, 이것이 '정말로 멋진 그림이구나.'와 같은 공허한 칭찬과 감사를 함의하고 있다고 주장하고 싶다.) 하지만 내가 최선을 다했고 그리고 여전히 교사와 청중들이 실망했다면, 이것은 지금 나를 어느 곳에 있게 하는가? 이러한 패턴이 규칙적으로 반복된다면, 나는 '학습된 무기력(learned helplessness)'의 상태가 되며, 그것은 바로 스스로 '나는 못해.'라고 하면서 회피하는 것을 말한다.

문제는 교실에서 일어나는 피드백의 대부분이 자아 수준에서 작동된다는 것이다. 캐롤라인 깁스(Caroline Gipps)와 동료들(2001)이 숙련된 초등학교 교사들의 수업을 관찰했을 때, 그들은 대부분의 피드백이 자아 수준에서 만들어진 칭찬이나 격려 또는 비평으로 표현된 판단과 관련이 있다는 것을 발견했다. 이와 마찬가지로, 본드(Bond)와 동료들이 65명의 오스트레일리아 교사들을 대상으로 진행한 세부적인 연구에서도 공통적인 피드백의 대부분은 칭찬이었다는 점을 발견하였다.

칭찬과 보상의 문제

교사들이 학생들을 칭찬하거나 그들에게 보상을 줄 때, 학습자들은 이것을 긍정적인 피드백으로 볼 가능성이 크다. 중요한 이슈는 '자기에 대한 칭찬이 자기에 대한 과제나 "평판적" 활동(예를 들어, 그들 자신의 이미지를 유지하는 좀 더 쉬운 과제와 같은, 다른 것으로의 전환)에 대한 과제로부터 주의를 돌리게 하는가?'라는 것이다. 또는 *그것이 학습자들의 과제에 대한 노력, 참여 효능감의 변화를 초래할 수 있는가*의 문제이다. 연구 증거들이 다른 방향을 가리키고 있다고 하더라도, 교사들이 칭찬의 사용을 정당화하는 것은 바로 동기를 부여하는 힘이다. 메타 분석들은 강화물 또는 보상으로서 교사의 칭찬이 학생들의 성취에 극히 제한적인 영향을 미쳤다는 것을 보여주었다. 심지어 과제 수준의 피드백이 수행될 때도 마찬가지였다. 클루거(Klugr)와 데니시(DeNisi)는 칭찬을 하지 않는 것이 이러한 조건 하에서 더 많은 긍정적인 영향을 준다는 것을 발견했다.

이때 희망은 칭찬이 자기 조절로 피드백될 수 있다는 점이다. 하지만, 칭찬이 학습자 자율성보다는 오히려 학습자 의존성을 초래할 가능성이 있기 때문에 이것 역시 문제가 된다. 알피 콘(Alfie Kohn)은 칭찬의 가능성에 대해 다음과 같이 주장한다.

칭찬은 다른 사람의 인정을 확보하는 과정에서 지속적으로 의존성을 심화시킬 가능성이 있다. 무조건적 지지의 제공보다는, 칭찬은 어른들이 바라는 것을 실행할 때 긍정적 반응을 조건화하도록 만든다. 과제에서 칭찬은 성인이 요구하는 것을 실행하는 데 있어 조건부적인 긍정적 반응을 하게 한다. 과제에 관한 관심의 고양보다는, 학습은 교사의 인정을 받기 위한 전제 조건으로 이해되기 때문에 그 범위 안에서 학습은 가치 절하된다(1994, p. 3).

우리가 알고 있듯이, 문제들이 더 복잡해지는 것은 대부분의 청소년들이 조용하게 그리고 사적으로 칭찬받는 것을 더 좋아한다는 것이다. 반면에 좀 더 어린 학생들은 훌륭한 능력을 가진 것에 대한 칭찬보다는 열심히 노력하는 것에 대한 칭찬을 더 좋아한다. 일부 학생들에게 공식적 칭찬은 일종의 벌인데 그것은 '나쁜' 학생으로서의 그들의 평판에 영향을 미치기 때문이다. 흥미롭게도, 칭찬은 그들의 능력에 대한 학습자들의 인식이라는 측면에서 역효과를 만들어 낼 수도 있다. 좀 더 나이 든 학생들에게, 성공 후의 칭찬과 실패 후의 중립적 피드백이 교사들이 그들의 능력을 낮게 인식하고 있다는 증거로 해석된다는 것을 보여 주었다. 좀 더 어린 학생들에게는 그것이 반대로 나타난다.[31]

유사한 주장은 웃음 스티커나 상점과 같은 보상에서도 사용될 수 있다. 그들이 너무 적은 정보를 제공받기 때문에, 그들이 무엇을 피드백이라고 생각하는지조차도 문제가 된다. 데시(Deci)와 동료들은 메타 분석을 통해, 외적인 보상과 과제수행 사이에 부적 상관관계가 있다는 것을 밝혀냈다. 그리고 이것은 흥미 있는 과제에서 훨씬 더 강해졌다. 데시(Deci)의 입장은 '그러한 보상이 사람들의

---

31 해티와 팀펄리(Hattie & Timperley, 2007, p. 97) 참조.

책임감과 동기 부여 그리고 스스로에 대한 조절의 기반을 약화시킨다는 것이다'(1999, p. 659). 재미없는 과제일 때에만, 보상은 긍정적인 영향을 미쳤다. 그것은 스티커와 상점을 사용하는 교실에서 교육과정과 과제에 대해 많은 것을 말해 줄 수 있을지도 모른다. 따라서 전혀 흥미가 없는 내용이 학습된다면, 우리는 보상에 주의를 기울여야 할 것이다. '보상은 학생들에게 동기를 부여하는가?'라는 질문에 대한 콘(Kohn)의 답은 '당연하다.'라는 것이다. 학생들은 보상을 얻기 위해 동기 부여된다(1994, p. 3).

칭찬이 자기-규제와 학습자 자율성을 약화시킬 수 있는 것과 같이, 학습자로서 우리의 정체성을 왜곡시키기 시작할 수도 있다. 이것은 이 책의 중요한 주제이다. 캐롤 드웩(Carol Dweck, 1999)은 어떻게 끊임없이 칭찬을 받는 사람들이 그들 성공의 원인을 노력보다는 능력이라고 생각하는지를 보여주었다. 이 연구의 결과는 '전 과목 1등급' 학생들은 그들의 평판을 보호하기 위해 그들이 할 수 있는 모든 것을 해야만 한다. 이것은 좀 더 쉬운 과정을 선택하고 (도입 부분의 루스를 기억하는가?) 어떤 실패의 위험도 회피하는 것을 포함할 수도 있다. 이때 중요한 것은 학습에 대한 것이 아니라 등급(성적, 평점, 점수)에 대한 것이며, 위험 부담과 실패(setback)를 피하는 것이다. 드웩(Dweck)은 또한 성공이 불투명한 대학에 도전할 때, 최상위 학생들 특히 여학생들에 대한 부정적 영향을 보여 주었다. 이것은 실제로 그들이 소유했다고 조건화해 왔던 능력을 가지고 있는가에 대한 자기-회의를 만들어 낸다. 학습을 점진적이며 노력에 근거한다고 접근했던 사람들은 이러한 환경에서 훨씬 더 탄력적인 것으로 드러났다.[32]

---

32 나는 그녀의 연구가 각 집단의 주변인들에 기반했기 때문에, 다양한 목표를 가지고 일하는 중간에 위치한 다수를 무시하는 이러한 구분이 지나치게 단순화

　문화권별로 칭찬에 대한 의미가 다른 방식으로 나타나기 때문에 '칭찬에 대한 이러한 논쟁은 '전인적인 학생(whole-child)'을 강조하는 영어권의 사회적 맥락에서 일어난다. 교사들이 자신의 업무를 학생들의 일반적인 웰빙보다는 학습을 돕는 것으로 생각하는 몇몇 다른 문화들, 특히 프랑스나 러시아, 중국과 같은 나라들에서 이런 논쟁은 생경하다.' 한 국가에 대한 지나치게 포괄적인 진술은 잠재적으로 현실을 왜곡할 수 있는데 그 이유는 많은 교사들이 이러한 교사의 제한된 역할을 넘어서기 때문이다. 하지만 덜 '개인적인' 교육적 문화의 범위 안에서 신뢰를 표현하는 상이한 방식들이 있을 수 있다는 것을 간단하게 보여주는 것이 의도이다. 예를 들면, 로빈 알렉산더(Robin Alexander)는 러시아에서는 칭찬 기술어가 극히 적은 반면에, '비난의 어휘는 풍부하고 다양하다.'라는 것에 주목했다(2000, p. 375). 하지만 연구는 어떻게 학생들이 어떤 것을 이해하지 못했을 때 칠판으로 기꺼이 와서 질문하는지를 보여준다. 따라서 교사들과 학생들은 그들이 해야 할 일을 이해하며 교정할 수 있었다.[33] 역설적으로, 이것은 흔히 우리의 '지원적' 교실에서는 흔하게 일어나지 않을 수 있다. 학생들이 학습에 도움을 받길 원한다고 교사들이 인식한다면, 이것은 결국 학습에 대한 건전한 접근을 촉진할 수 있다. 학생들의 과제는 그 과목을 완벽하게 이해하는 것이다. 즉, '착한 소년'이 되는 것이 아니라 '좋은 학생'이 되는 것이다. 그리고 그 과정에서의 어려움들은 이해를 위한 탐색 과정에서 인정되어야 하는 것이다.

　전문가들에게 이러한 논쟁은 다소 순진한 느낌을 갖게 할 수도

　되었다고 생각한다.
33 프랑스 교실의 역동성에 대한 통찰을 위해서는, 휴프턴과 엘리엇(Hufton & Elliot, 2001), 그리고 라보(Raveaud, 2004)를 보라.

있다. 우리는 무엇이 향상에 필요한지에 대해 주의를 기울일 수 있기 전에, 우리의 일(work)이 받아들일 수 있는 것인지(또는 더욱 좋거나, '좋은')에 대한 어떤 인식이 필요하다는 것을 실제 경험을 통해서 안다. 우리는 지속적으로 살아가기 위해 칭찬을 필요로 하는지도 모른다. 그래서 그것은 자기-조절적 기능을 제공한다. 실제로 '과제'에 초점을 둔 피드백과 '자기'에 초점을 둔 피드백을 쉽게 분리하는 것은 어려운 일이다. 과제기반 피드백이 칭찬이나 비판으로 인식될 가능성이 있기 때문이다. 마이클 에라우트(Michael Eraut)가 관찰한 것처럼, 피드백의 제공자가 그것이 피드백의 주제인 행위나 수행이라는 것을 강조할 때조차 많은 피드백의 대상자들은 그들 개인에 대한 언급으로 그것을 해석한다(이해한다). 따라서 안내를 위해 의도된 메시지는 '판단적인 것(judgemental)'으로 해석될 수 있다'(2007, p. 1). 현장에서 나온 증거에 따르면 학습자들은 중요하다고 생각하는 것을 향상시키기를 원할 때에도, 길게 보면 정보를 획득할 수 있다는 것과 당장에 감정이 상할 수 있다는 것 사이에서 피드백을 심사숙고한다. 만약 피드백이 중요하지 않다고 인식된다면, 그것은 감정 소모로 인해 무시될 수 있거나 강점에 관련한 피드백만이 주목받을 가능성이 있다.

따라서 도움을 주기 위해서, 칭찬은 자아가 아니라 과제로 주의를 돌려야 한다. 이것은 셔얼리 클락(Shirley Clarke)의 피드백에 대한 접근인 '두 개의 별과 한 개의 바람(two stars and a wish)'에 훌륭하게 담겨져 있다. 성적 채점(marking)에 대한 이러한 접근은 성공 준거(두 개의 별)와 학업을 향상시키기 위한 하나의 피드백(하나의 바람)을 선택하는 가장 잘 만족시키는 두 개의 사례에 대한 확인을 포함한다. 따라서 칭찬은 과제를 더 심화된 집중으로 도와줄 가능성의 형식 내에서만 존재한다. 이러한 접근을 강화하는 것은 단지 제한된 피드백을 제공하는 것에 대한 셔얼리(Shirley)의 주장이다. 아마도 우리 모두는 지나치게 광범위해서 과제를 그만두게 하는 원인이 되는 '킬러 피드백'을 경험한 적이 있다. 그녀는 또한 다음 학습 과제로 넘어가고 다루지 않은 상태로 남겨두는 것보다는 학습자가 피드백을 통해 중요한 것을 할 수 있는 시간을 줄 필요가 있다고 주장한다. 그러므로 그녀의 접근은 과제 수준과 과정 수준에서 결과와 피드백 모두를 제공하기 위한 또 다른 *이중적 의무*를 실현하기 위해 노력하고 있는 것이다.

점수와 등급의 문제

로버트 피어시그(Robert Pirsig)의 1974년 컬트 고전인 『선(禪)과 모터사이클 관리술*(Zen and the Art of Motorcycle Maintenance)*』에는, 학생들에게 등급 주기를 거부하고 오직 비평(comment)만을 제시하는 교사가 나온다. 몇 주 후에, '일부 A등급 학생은 불안해지기 시작했고 학업에 최선을 다하는 것으로 방향을 전환하기 시작했다'(p. 202). 반면에 B등급과 C등급 학생들은 그들의 보고서의 우수함에 대해 문제를 제기하기 시작했고, D등급과 미래의 F등급 학생들은 '다만 어떤 일이 벌어지고 있는지 알기 위해 교실에 나타나기 시작했다.' 분기의 마지막 주까지, 대부분의 학생들이 정상적으로 그들의 등급을 알고 '비몽사몽간에 돌아와 앉을 때까지', 학생들은 학급을 성공적인 집단인 것처럼 보이게 만드는 데 익숙한 무질서한 토론에 참여했었다. 피어시그(Pirsig)는 다음과 같이 결론 내린다.

성적은 정말로 가르치는 것에 대한 실패를 은폐한다. 나쁜 교사
(instructor)는 그의 학생들의 마음 속에 기억할만한 것을 전혀 남
겨 주지 않고도 한 학기를 지낼 수 있으며, 관련 없는 시험 점수를
정규분포 곡선으로 나타낼 수도 있고 일부는 학습했고 일부는 학
습하지 않은 느낌을 남겨놓을 수도 있다. 하지만 등급이 제거된다
면 수업은 그것이 진정한 학습인지에 대해 매일 매일 경탄하게 될
수밖에 없다. 문제는 배우는 것이 무엇이며 목표가 무엇인가이다.
강의와 과제는 어떻게 목표를 달성하는가? 불길하다. 등급의 제거
는 거대하고 무서운 진공(공백) 상태를 노출시킨다(p. 204).[34]

이 같은 주장들은 오랜 세월 동안 건재해 왔다. 그것은 단지 등
급의 영향에 대한 것이 아니라 그것의 사용이 줄어들 때의 '도덕적
공황'에 대한 것이다. 폴 블랙(Paul Black)과 딜런 윌리엄(Dylan
Wiliam)이 교실 평가에서 등급보다는 비평(comments)을 사용한 사
례를 담고 있는 『암흑상자 안에서(Inside the black box)』라는 저서
를 발간했을 때, 언론의 반응은 이러한 공황보다 더한 것이었다.
타임지는 심지어 사설에서 '세계가 다른 장소가 되기를 바라는 교
육 이론가들이 10명 중 2명'이라고 썼다. 그 내용의 일부는 다음과
같다.

어떤 부모든 아이들이 보상과 때때로 벌을 받으며 잘 생활하고 있
다는 것을 안다. … 유치원 때부터 계속, 아이들은 그들이 골드스
타나 선행 스티커를 받았을 때 매우 즐거운 상태로 집에 온다. …
폴 블랙(Paul Black)과 같은 교육 이론가들은 … 그것이 학생들

---

34 이것을 알아내고 제공해 준 마틴 포틀리(Martin Fautley)에게 감사한다.

을 현실로부터 보호하는 것이라고 결정짓는 것 같다. 그는 아이들
이 10등급의 성적이나 골드스타를 받아서는 안 된다고 말한다. 그
이유는 아이들이 학습에 대한 욕구보다는 단지 가장 좋은 성적을
얻기 위한 방법만을 찾기 때문이다. … 하지만 그들이 가장 좋은
성적을 얻을 수 있는 방식을 찾고자 하는 학습은 학교에서 얻을
수 있는 가장 유용한 삶의 기술 중 하나이다. 삶의 많은 부분은
시스템을 최대한의 이득을 얻도록 작동시키는 것에 관한 것이다.
시험 결과를 최대화할 수 있는 방법을 알고 있는 학생들은 직업의
세계를 위한 충분한 준비를 갖추게 될 것이다(The Times, 6
June 1998, p. 21).

나는 학교교육과 학업의 이러한 비전이 비록 —이제는 당신은
더 타임즈지의 논설위원이 되기 위해서 필요한 자질이 무엇인지 알
것이다— 희망적인 것과는 거리가 멀다고 생각하지만, 여기에는
학습을 위한 평가가 항상 설득력 있게 다루지 않은 감추어져 있는
정당한 염려들이 있다. 내가 학교 교육과 학업의 이러한 비전을 찾
기는 하지만, 비록 격려해주지는 못한다.(지금 당신은 더 타임즈의 논
설위원이 되기 위해서 필요한 자질이 무엇인지 안다.) 여기에 숨겨져 있
는 정당한 관심들이 있는데 그것은 학습을 위한 평가가 항상 설득
력 있게 다루어지지는 않았다는 것이다. 이러한 것들이 대부분의
교육 시스템에서 통용되는 철저한 문화적 표현이라는 점을 고려하
면, 점수와 등급의 역할이 그 중 하나이다. 점수와 등급이 학습의
진전에 대한 충분한 정보를 전달해 주지 않는 것과 같이, 그 논리
는 단순하지만 그 시사점은 단순하지 않다. 그렇다면 등급과 비평
을 받는 것은 어떨까? 동반되는 비평들이 대부분 무시된다는 증거
로 보아 중요한 것은 바로 등급이다.

그 가장 직접적인 증거는 루스 버틀러(Ruth Butler)의 실험적인 연구에서 유래했는데, 그는 학습에서 점수와 비평이 미치는 영향을 탐구하기 위해 피드백의 조건을 조작하였다. '점수와 피드백'으로 조합된 조건은 '단지 점수만'인 조건과의 비교에서 거의 비슷한 수준의 학습을 보여주었고, '단지 비평만'인 조건에서 의미있게 더 많은 학습을 성취할 수 있었다는 중요한 결과를 찾았다. 직관적으로 단지 비평만 하는 것보다 점수와 비평의 조합이 학습자가 얼마나 잘하고 있는지 그리고 학습의 향상을 위해 무엇을 해야 할지의 의미를 알려 줄 수 있기 때문에 좀 더 성과에 근접하리라 기대했을지도 모른다. 만약 우리가 점수를 본질적으로 자기-참조적인 것으로 다룬다면, 클루거(Kluger)와 데니시(DeNisi)의 접근은 결과에 대한 설명에 도움이 될 수 있다. 10명 중에 7명은 '어떻게 나 자신에 대해 나의 생각과 꼭 들어맞는가?' 그리고 그것은 '어떻게 내 친구나 경쟁자의 점수와 비교가 되는가?'와 같은 '평판적' 반응을 필요로 한다. 그래서 공부 내용보다는 자신에게 관심이 향하게 되고, 비평이 제안하는 것이 행해질 수 있는가에 대해서는 관심이 줄어들 수 있다.

교사의 측면에서 보면, 점수에는 '비어있는' 비평들이 수반되기 때문에(점수는 비평이 결여되어 있기 때문에), 점수와 등급의 사용은 일반적으로 피드백 문제를 확대시킨다. 점수는 주어지는 것이기 때문에, 종종 총합적인 것으로 다루어진다. 따라서 비평은 대체적으로 향상을 위한 전혀 직접적이지 않은 도움을 제공하는 일반적인 판단이나 관찰의 형식으로 존재한다. 영국에서는 11세 학생들을 대상으로 7개월 동안 12개 과목에 대해 교사들의 점수 비평을 고찰하는 연구를 진행하였다.[35] 한 학생에 대한 비평을 분석한 결과,

---

35 베이트와 믈러 볼러(Bates, R & Moller Boller, J., 2000) Feedback to a year 7 pupil, 미 발간된 보고서, Stockport Education Authority.

글로 작성된 114개의 비평 중 40% 이상은 피드백이 수반되지 않은 칭찬이었다. 더 나아가 25% 이상은 '지나치게 부담을 갖지 마라, 제발 철자를 조심해라, 아주 좋아―항상 펜으로 써라.'와 같은 발표와 관련된 비평이었다. 가장 일반화된 피드백의 성격은 대다수의 피드백과 관련된 과목을 결정하는 것조차 불가능하다는 것을 의미했다. 사례의 1/4 미만에서만, 구체적인 공부 수준과 절차 수준의 피드백이 있었다. 예를 들면, '왜 이것이지?' '너는 정말로 무엇을 배웠다고 생각하니?' 또는 '너는 왜 서로 다른 두 개의 시험을 본 것이니?' '그녀의 성격 중 네가 좋아하는 것은 무엇이니?'와 같은 것이다.

학습자의 피드백 활용

이러한 논의의 대부분은 피드백을 교사가 주는 '선물'로 다루어 왔다. 하지만 학습자는 그것을 가지고 무엇을 할 것인지에 대한 선택권을 가지고 있다. 데보라 버틀러(Deborah Butler)와 필립 윈(Phlip Winne)은 피드백을 받는 학습자의 선택권과 그것이 도달할 수 있는 다양한 형태에 대하여 다음과 같이 요약한다.

그 정보가 특정 분야의 지식, 메타 인지적 지식, 자기와 과제에 대한 믿음 또는 인지적 전술과 전략이든 아니든 간에, 피드백은 학습자가 확정하고, 추가하고, 겹쳐 기록하고, 조율하거나 정보를 재구성하는 것이다(1995, p. 275).

피드백은 진전된 학습으로 나아가는 데 도움을 주기 위해, 하나 또는 그 이상의 방법이 사용되고 수용되며 또한 절충될 수 있다.

하지만 그것을 실행하는 과정에서 정서적인 노력은 더욱 커질 수 있다. 특히 그에 대한 노력이 부족할 때는 더욱 그러하다. 그 때 학습자는 목표를 변경하거나 모호하게 할 수 있고, 혹은 아예 바꾸거나 피드백을 거부할 수도 있다. 대부분의 우리는 자신을 돋보이려는 생각을 가지고 과정을 선택할 것이다. 그리고 초기의 피드백(그리고 좌절)을 받은 다음, 모든 일의 목표를 우수한 성적을 거두기 위한 것에 둔다. 그런데 우리는 마음의 상처를 입고 포기했을 때, 과정이 조직적이지 못하고 잘 가르침을 받지 못해서 그랬다고 말하기 전에, 선택한 과정이 자신의 요구에 더 이상 적합하지 않았다고 은근슬쩍 말을 바꿀 것이다.

자기-평가와 자기-조절의 조합은 평가와 인내 모두를 촉진할 것이기 때문에, 이것은 *자기-조절* 능력을 발전시키는 것이 중요하다는 점을 강조한다. 이것이 학습 의도와 성공 준거가 학습을 위한 평가에서 중요한 이유이다. 왜냐하면 그것들은 학습자가 그들의 목표에 대한 수행과 관련짓고 필요한 것으로서 노력, 방향 그리고 전략에 적응하도록 하기 때문이다. 이것은 첫 번째 단계이지만 교실에서 종종 저평가되고 있는 학습목표들에 대한 노력(책임)을 가정한다. 이것은 우리가 학습목표들을 공표하기보다는 협상하도록 되돌려 놓는다. 이와 유사하게, 자기 평가와 동료평가에 대한 강조는 자기-규제 목록의 일부분인데 그 이유는 학습자가 자신의 오류 발견 기술을 개발하고 다른 사람들로부터 피드백을 탐색하고 수용할 때 좀 더 능숙하게 되도록 하기 때문이다.

결 론

학습을 위한 평가: 가능성과 위험

이 책은 평가가 본질적으로 학습자의 정체성과 학습의 종류를 구성하는 사회적 활동이라고 주장한다. 학습을 위한 평가는 상황적인 것의 강조와 학습에 대한 이해와 향상에 대한 집중, 이들 두 가지 모두를 향한 긍정적 수단을 제공한다. 학습을 위한 평가의 중심에는 적극적이며 자기-조절적인 학습자가 자리한다. 그러한 학습자는 그들이 무엇을 배우고 있는지와 그들의 학업을 평가하면서 점차적으로 능숙하게 되는 수단을 준 것은 누구인지를 이해하기 위해 노력하는 사람이다. 그것은 학습 의도와 성공 준거를 공유함으로써 학습의 협력적인 토대를 강조한다. 동료 평가와 자기 평가는 피드백과 같은 이러한 자기-조절에서 핵심적 역할을 한다.

실제로, 이것은 특히 교육과정이 지나치게 상세하고 엄격하며 평가가 고부담의 책무성에 의해 추진되는 곳에서는 달성하기 어려운 비전이다. 이것은 학습을 위한 평가에 쉽게 등급을 향상시키기 위한 일련의 테크닉을 추가할 수 있다. *그런데 그것은 생산적인 학습보다는 준거에 순응할 위험이 있다.* 동일한 방법으로, 자기 평가와 동료 평가는 교사가 정답을 제공하면서 '채점 업무'를 줄일 수 있다. 현재의 실천에서 핵심적인 제약 중 하나는 학습 진전의 핵심적 수단인 피드백에 대한 제한된 이해이다. 전문가들이 '우리는 이미 그것을 한다.'라고 주장하는 반면, 현재 대부분의 피드백 실천은 학습을 진전시키지 못하고 있다. 이것은 특히 칭찬과 점수(praise and marking)의 경우이다. 이 두 가지는 대부분의 영어권 교육에 있어서 일종의 '기축 통화(basic currency)'다.

이중 임무의 개념은 이러한 강력한 긴장들을 조정하는 데 있어 유용한 방식을 제공한다. 우리의 형성평가는 지금-여기에서 학습에 도움을 주고 미래의 학습을 위한 자기-조절적 기술을 발전시킬 수 있는가? 오직 하나의 의무만이 실행된다면, 그것은 충분하지 않다. 우리는 내일까지 지금-여기를 망각하게 될 것이다. 혹은 우리는 첫 번째 장소에서의 지식과 기술을 완벽하게 습득하지 못할 것이다. 피드백도 마찬가지라고 할 수 있다. 피드백은 현재 진행 중인 과제에 도움을 주고 우리가 미래 과제들을 좀 더 효과적으로 다룰 준비를 하는데 도움이 되는가? 학습을 위한 평가는 풍부한 가능성을 가지고 있다. 하지만 자체의 용어 안에서, 핵심 개념 중의 일부가 무엇과 관련되어 있는지를 좀 더 분명하게 해야 한다.

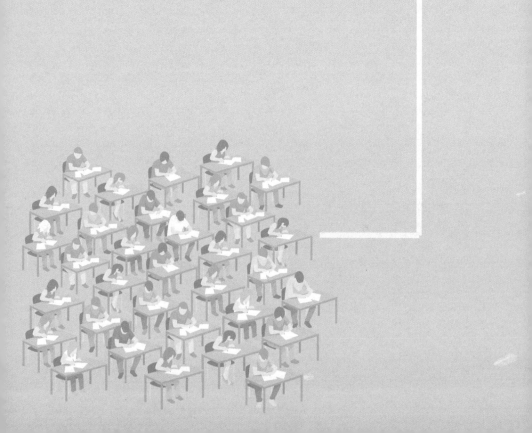

Testing Times

제8장

평가 제자리 찾기
:자신에 대해 책임지기

평가 제자리 찾기: 자신에 대해 책임지기[1]

우리는 잘 정의된 규범들, 공동체 지지, 집합적 목적으로부터 점점 멀어지는 세상에 살고 있다. 자신의 정체성을 분명히 하고, 각자의 학습과 직업 경로 관리를 돕는 방법을 발견해야 할 필요성이 더욱 커지고 있다.

패트리샤 브로드풋 & 폴 블랙(Patricia Broadfoot & Paul Black, 2004)

기업의 변화가 실제로 어려운 것은 새로운 아이디어를 개발하지 못해서가 아니라 낡은 아이디어에서 벗어나지 못했기 때문이다.

존 메이너드 케인즈(John Maynard Keynes)

때로 어떤 표현은 언어로부터 벗어나거나 소거되기도 한다. 그럼에도 그 표현은 계속 유통되어질 수 있다.

루드비히 비트겐슈타인(Ludwig Wittgenstein)

---

1 이 제목은 데이비드 올슨(David Olson)이 하워드 가드너(Howard Gardner)를 비판한 글의 제목에서 가져왔다. 비평문의 원래 제목은 'Becoming responsible for who we are: the trouble with traits'이다.

우리는 시험의 시대에 살고 있다. 이 책에서는 오늘날 행해지고 있는 많은 평가 활동을 비판했다. 평가가 필요 없다는 말이 아니다. 평가는 학습자를 판단하고 그들의 학습을 돕기 위해 필요하지만 평가의 가능성과 한계를 보다 분명히 하는 것 또한 중요하다. 이를테면 평가로부터 무엇을 기대할 수 있는가, 언제 평가가 잘못 사용될 가능성이 있는가 등을 아는 것이 중요하다. 이 장에서는 이러한 문제를 살펴볼 것이다. 구체적으로 평가의 힘을 제한하면서도, 학습의 질 개선에 도움을 주는 평가를 장려함으로써 평가가 제자리를 찾을 수 있도록 하고자 한다. 평가 제자리 찾기를 위해 평가의 일부 핵심 용어들을 정리하고자 한다. 능력이나 *지능*이 그러한 것들인데, 그것이 정말로 무엇인지를 알기 위해서는 특별히 좋은 평가 도구를 필요로 한다.

이 책은 '현대사회에서 개인은 시험에 의해 기술되기보다는 구성된다.'(p. 4)는 앨런 한슨(Allen Hanson)의 주장으로 시작했다. 이 책을 통해 우리가 자신을 인식하는 방식, 공부하는 이유와 방법에 영향을 미치는 평가의 힘을 계속해서 밝히고자 하였다. 이언 해킹(Ian Hacking)은 '만들어진 인간'에 대한 분석에서 발견의 최종 엔진으로 *정체성의 제자리 찾기(reclaiming our identity)*를 주장했다. 그런데 누군가를 측정하고 범주화하려는 그 순간 그것에 대한 저항이 시작된다. 제자리 찾기 과정은 *자신에 대해 책임지는 주체가 되는 것*이다. 이것은 우리를 특정하게 분류하고 부르려는 시도에 도전하는 것이다. 이러한 도전은 구성적 대화를 통해서 그리고 분류에 대한 저항을 통해 가능할 것이다.

앞에서는 다중지능이나 감성지능과 같은 지능검사와 학습유형 검사가 우리의 지적 및 감성적 재능, 학습 방법, 정체성 분류 등에 어떠한 영향을 미쳤는지를 살펴보았다. 이 장에서는 프레임이 잘못되었으며 모호한 스냅사진과도 같은 그런 방식이 우리 자신과 우리의 가능성을 영구적으로 재현할 수 있다는 생각을 추가적으로 비판할 것이다. 우리는 첫 테스트가 인생을 좌지우지하고 우리를 결정하도록 내버려두지 않을 것이다. 그러나 IQ와 능력 테스트(ability testing)는 그런 일을 계속한다. 다중지능과 감성지능도 마찬가지로 인간을 주조하는 일을 담당하지만, 다소 느슨한 편이다. 나는 IQ는 평균이지만 EQ는 높은 운동감각형 학습자이다. 이들 테스트와 자기 보고식 검사들로는 나를 검사했던 맥락을 거의 또는 전혀 설명하지 못한다. 다른 곳에서 나는 다른 사람일지도 모른다.

평가 제자리 찾기 프로그램

　제자리 찾기 프로그램이라는 제목은 공장 때문에 오염된 토양 살리기 이미지나 기름 유출로 엉망이 된 바닷가를 청소하는 이미지를 연상시킬 것이다. 나는 이런 이미지들 때문에 슬퍼하지 않는다. 이 책에서 다룬 많은 것들은 정당한 역할에서 지나치게 벗어난 평가에 관한 것이었다. 그러한 평가는 종종 개인 정체성이나 교수-학습에 유해한 결과를 낳는다. 제자리 찾기는 매혹적인 과정이 아니다. 제자리 찾기는 초원이나 맑은 하늘과 같이 전혀 오염되지 않은 것이 아니라 여러 손길이 거쳐 간 상태를 포함한다. 이것이 앞서 인용했던 '새로운 것을 개발하기 전에 낡은 아이디어를 제거하는 것이 더 어렵다.'라는 케인즈(Keynes)의 통찰이다.

　제자리 찾기는 구성적 과정이다. 평가가 그 정당한 목적을 회복하기 위해서는 그릇된 주장과 가정을 밝히는 것이 중요하다. 평가 제자리 찾기 프로그램은 다섯 가지 주요 내용으로 조직된다. 처음 두 가지는 평가의 보다 겸손한(modest) 역할과 평가결과에 대한 보다 신중한 해석과 관련된다. 세 번째는 다소 확장적인데, 평가가 행해지는 맥락에 더욱 관심을 기울이는 것이다. 이는 평가에서 발생한 기술적 그리고 사회적 상호작용에 대한 이해의 중요성과 관련된다. 마지막 요소는 *지속가능한 평가*를 어떻게 개발할 수 있느냐 하는 점이다. 지속가능한 평가는 불확실한 미래로 안내할 수 있는 평가기법을 학습자에게 제공할 것이다.

1단계: 평가의 야심을 제한하고 성취에 집중하기

평가의 제자리 찾기를 위한 첫 단계는 가능한 보다 현실적 목표를 세우는 것이다. 평가는 본질적으로 회고적이며 이미 배운 것을 판단한다. 평가는 사회적 활동이고, 사회의 가치와 개념에 민감하다. 우리는 사회로부터 벗어날 수 있으며 문화 중립적이고 객관적 판단을 할 수 있다는 그릇된 인식을 거부해야 한다. 평가는 그저 폭넓은 교육적－사회적 활동의 일부이고, 교육이나 사회와 동일한 가치 그리고 한계를 공유한다. 평가는 큰 사업의 파트너로도 받아들여진다. 이러한 사업이 지배적일 때, 지지할 수 없는 것을 요구할 때 문제가 생긴다.

평가가 회고적이라고 해서 예측하는 역할을 하지 못한다는 의미는 아니다. 다만, 미래의 성과를 예측하기 위해 평가 정보를 활용할 때 그 해석에 신중을 기해야 한다. 내가 여태까지 잘 학습했다면, 앞으로도 잘 할 것이다. 내가 열심히 노력했다면 계속해서 일정한 향상을 보일 것이다. 그러나 변화는 학습에의 헌신, 노력, 도움을 받은 공부방법이 바뀌었기 때문에도 일어날 수 있다.

평가가 소박한 야망을 갖는다는 것은 원칙적으로 평가의 역할이 학습이 행해지는 곳에 관한 자세한 정보를 제공한다는 의미이다. 이러한 정보는 위험 부담이 큰 선발을 목적으로 사용했을 때 결과에 영향을 미칠 것이다. 여기서 우리가 주목할 점은 한스의 '직조하는 과정(fabricating process)'이다. 이는 '누군가 무엇을 할 수 있을 것이라는 가능성이 그가 실제로 할 수 있는 것보다 시험에 의해 결정되었다.'(p. 288)라는 것이다. 바로 이 점이 고부담 시험의 목적 적합성을 고려해야 하는 이유이다.

지능과 능력의 재고

평가의 가장 파괴적인 이용 가운데 하나는 평가가 성취도 측정 이상의 것을 할 수 있으며, 성취에 영향을 미치는 잠재적 실력에 관한 측정치도 제공할 수 있다는 주장이다. 이러한 입장은 지능과 능력 테스트가 사회적 권력을 가지고 있으며, 알고 있는 것을 측정할 뿐만 아니라 앞으로 할 수 있는 것과 그럴 수 없는 것도 예측할 수 있다고 가정한다. 심지어 초기의 IQ 검사자들은 지능검사 점수를 바탕으로 개인의 도덕적 자질도 예측했는데, 이는 실력을 통해 도덕적 및 사회적 판단을 예상할 수 있다고 생각했기 때문이었다. 의지가 박약한 사람은 믿을 수 없지만, 지능이 우수한 사람은 신뢰할 수 있다는 것이다.

2장에서는 이러한 주장이 정당화될 수 없음을 분석하고자 했다. 능력 테스트는 원래 일반화된 성취도 검사로, 지식과 문제해결방법과 관련하여 이미 알고 있는 것을 예측하는 것이었다. 이것이 바로 비네(Binet)의 출발점이었으며, 그가 아동의 지능을 개선할 수 있다고 믿었던 이유였다. 이러한 믿음은 IQ를 학교교육이 거의 또는 전혀 영향을 미치지 못하는 선천적 능력으로 해석하였던 IQ 검사자들의 신념 때문에 그 의미를 상실했다. 지능검사는 과학적이고 통계상 객관적인 것으로 여겨졌기에, 평가는 그들의 이런 가정을 숨기는데 결정적 역할을 하였다. 통계학은 사람들의 지능을 분류하고 서열화하는 데 이용되었으며, 이러한 분류는 교육과 직업적 선발을 통해 수많은 사람들의 정체성을 형성하였다. 또한 제각기 다른 학습자들의 능력에 따라 학습 경험의 종류가 결정되었으며, 테스트가 예측했던 바로 그 차이를 만드는 데 일조했다.

IQ는 이미 철 지난 것이지만, 암묵적으로 'IQ'와 '지능'인 체하는 능력 테스트가 같다고는 할 수 없다. 그런데 많은 사람들은 능력 테스트를 IQ 검사라 여기고 있으며, 그러한 생각을 아무런 비판 없이 받아들인다. 우리는 능력을 측정한다. 그런데 측정 결과를 성취도 향상에 도움이 되는 것으로 인식하기보다는 성공과 실패의 원인이라 생각한다. 앞서 비트겐슈타인의 통찰이 여기에 들어맞는다. 능력이란 고정된 본질을 가지고 있으며 현재 그 원인을 추론할 수 있다는 주장은 많은 현대교육사상과 정책에 부정적 영향을 미쳤다. 나는 이러한 생각을 교육적 어휘로부터 확실히 제거하고 아울러 지능검사와 연계하여 인과적으로 설명하려는 것도 깨끗이 지우기를 원한다. 그러나 그것은 그리 쉽지 않다.

모두가 인과적 추론을 하지는 않았다. 비네를 비롯하여 지능을 고정된 것으로 간주하지 않고, 지능 형성에서 경험이 결정적 역할을 한다고 주장하는 역사적 흐름도 있다. 지능을 단일일반요인, g로 제한하는 협소한 관점을 거부하는 입장도 있다. 하워드 가드너(Howard Gardner)의 *다중지능*도 그 중 하나이다. 3장에서 다룬 것처럼 가드너 또한 지능을 선천적 능력들로 가정했다. 그는 지능이 여덟 가지 능력들로 이루어졌기 때문에 개인들이 서로 구별되는 패턴을 가질 수 있다고 생각했다. 비록 그의 관점이 IQ 검사자들의 '야만적 비관주의'에 비해 다소 긍정적이기는 하지만, 여전히 생물학적 결정주의를 따르고 있었다.

따라서 평가 제자리 찾기 프로그램의 1단계는 평가가 보다 겸손해야 한다는 것이다. 평가는 이미 지나간 것에 관한 것이고, 거대한 사업의 파트너이자, 사회적 가치의 산물이다. 따라서 평가가 이미 지나간 것과 관계없이 예측할 수 있고, 그러한 과정들로부터 벗어날 수 있다고 주장하는 것은 *교만(hubris)*이다.

2단계: 평가 결과를 보다 신중하게 해석하기

평가의 타당성 여부는 검사할 것을 얼마나 잘 측정하느냐 하는 것과 측정결과의 해석에 달려있다. 잘 구안된 테스트도 측정 결과를 오해하거나 잘못 해석할 경우 타당하지 않게 된다. 대부분의 평가 오용은 결과의 해석과 그 영향 때문에 발생한다. 우리는 평가의 야심을 더욱 제한하고, 그 결과를 더욱 신중하게 추론해야 한다.

이는 평가에 대한 세 가지 근본 물음을 되돌아보게 한다. 평가의 기본 목적은 무엇인가? 평가의 형태는 목적에 적합한가? 평가는 그 목적을 달성하는가? 우리가 평가를 보다 엄격하게 다루고자 한다면, 우리의 주장 또한 더욱 신중해야 할 것이다. 예를 들어, 읽기

시험이 목적이라면, 읽기가 의미하는 것을 결정해야 한다. 단어를 정확하게 발음하는 것인가 아니면 묵독이나 이해인가?[2] 읽기(또는 영어, 지능, 과학)가 의미하는 바가 분명하지 않다면, 측정하고자 하는 것이 모호해지기 때문에 평가의 타당성과 목적적합성이 떨어질 것이다. 따라서 평가 범위(scope)가 제한될 필요가 있으며, 평가의 목적이나 그 목적적합성 또한 훨씬 더 엄격해야 한다.

평가의 목적과 그 목적적합성을 거론하기는 했지만, 평가결과를 어떻게 해석할 것인가 하는 문제는 여전히 남아 있다. 이 책에서 살펴보았던 많은 평가의 오용은 평가결과를 잘못 해석했기 때문이었다. 결과를 과도하게 추론하거나, 신뢰할 수 없는 결과에 너무 많이 의존하거나, 결과를 단순하게 해석하는 것이 그렇다.

과잉해석

우리는 이미 테스트 결과의 추론이 데이터로부터 얼마나 관계 없이 이루어지는지 살펴보았다. IQ 검사는 생물학적 학습 능력을 추정하기 위해 단일 총점을 사용했다. 반면 다중지능 평가는 실생활에서의 자질과 더 가깝지만, 타고난 생물학적 성향을 측정하기 위해 여전히 사용된다. 여기에는 수용할 수 없는 논리적 비약이 존재한다. 우리가 지금 기능하는 것에 대해 설명하는 것을 넘어 더

---

2 샤넬단어등급테스트(The Schonell Graded Word Test)는 오랫동안 학교에서 사용되었다. 이 테스트는 난이도를 높여가면서(그리고 발음의 불규칙성) 일련의 개별 단어들을 정확하게 발음하는지를 검사한다. 읽기연령은 정확하게 발음한 단어 개수에 따라 결정된다. 오늘날 영국에서 읽기는 지문을 소리내서 읽지 않고, 이해력과 추론능력을 묻는 질문에 답하는 국가교육과정 읽기 시험으로 측정된다. 이 테스트는 읽기의 구성개념과 읽기를 가장 잘 측정할 수 있는 방법—목적적합성—을 둘러싼 타당도 문제가 있다. 세인즈버리 외(Sainsbury et al., 2006) 참조.

나아간 해석을 해서는 안 된다. 생물학과 운명은 적절치 못한 과잉 해석이다.

믿을 수 없는 해석

평가가 중요한 영향을 미친다고 해서 그것을 필연적으로 믿을 만하다고 할 수는 없다. 신뢰성의 부족은 구인 타당도가 낮기 때문이다. 이는 측정한다고 말한 것을 실제로 측정하지 않았을 경우를 말한다. 감정지능의 평가는 측정하는 것이 명확하지 않기 때문에 제한된 타당도를 갖는다고 할 수 있다. 평가 도구가 관련성이 낮은 개념들로 섞여있기 때문에 내적 신뢰도 문제가 발생한다.[3] 매튜 (Matthews)와 동료들은 감정지능 검사를 검토한 다음, '너무나 많은 해석이 가능해서 실제적으로 유용하게 사용되기 어렵다. 우리는 낮은 검사 점수를 기본 능력 부족으로 해석하는 것을 확신할 수 없다. 마찬가지로 검사 점수가 높아지는 것을 능력의 획득을 나타내는 것으로 가정할 수 없다.'(2002, p. 540)라는 결론을 내렸다. 그럼에도 검사에 근거하여 결론이 도출되고 명칭이 붙여질 것이다.

학습유형검사는 근거가 빈약한 자기보고식검사에 기초한 복잡한 해석 프레임을 가지고 있다. 던(Dunn) 부부의 *학습유형검사의*

---

3 어떤 테스트가 그다지 상관관계가 높지 않은 요인들로 구성되어 있다면, 신뢰도 문제가 제기될 것이다. 어떤 요인에서 좋은 점수를 얻으면 다른 요인에서는 영향이 상쇄되어 낮은 점수를 얻을 것이다. 그래서 전체 점수가 응시자의 성취를 효과적으로 종합하지 못하기 때문에 해석이 어렵다. 내가 어떤 요인의 점수는 좋고, 다른 요인에서는 그렇지 못했어도, 나는 어떤 요인에서는 평균에도 미치지 못했지만 전체 점수에서는 평균 점수를 얻을 수 있다. 테스트는 구성 요인들 간에 높은 상관관계를 갖는 내적 일치를 보여야 한다. 다시 말해서 어떤 요인에서 좋은 점수를 얻었다면, 다른 요인에서도 그럴 것이다. 이런 방식으로 전체 점수는 테스트 성취를 나타내야 한다.

경우, 자기보고식 검사는 22개 요인으로 분류되었으며, 신뢰도에 문제가 있었다. 더구나 검사 시기와 장소에 따라 자기보고의 내용이 달라졌다. 콜브(Kolb)의 학습사분원의 경우, 12개 문항에 대한 반응에 기초하여 학습유형을 두 영역에 따른 네 종류로 구분하였다. 이 구분에 따라 학습자를 수렴적 학습자(converger)와 확산적 학습자(diverger)로 결론내리기에는 근거가 취약하다. 그럼에도 아동과 성인은 자신들의 학습유형을 인지할 뿐만 아니라 그것에 따라 형성된다.

이러한 평가들이 가치가 없는 것은 아니지만, 기껏해야 학습방법에 관한 토론을 자극하는 정도에 불과하다. 엔트위슬(Entwistle)은 학습접근이 얼마나 손쉽게 성향으로 굳어질 수 있는가를 확인했다. 자신의 학습에 책임을 지는 주체가 된다는 것은 우리에게 붙여지는 감성지능이나 학습유형의 명칭을 따져 묻는 것을 말한다.

지나치게 단순한 해석

책무성 문화가 팽배한 영국이나 미국에서는 단순하고 협소한 지표가 목표로 이용되는 것을 발견할 수 있다. 시험 결과는 교육적으로 지나칠 정도로 중요하게 간주되었다. 그 이유는 시험 결과가 확실한 수량적 지표를 제공하고, 학교 성취도의 외부적인 측정으로 보이기 때문이다. 6장에서 우리는 이러한 협소한 측정이 어떻게 개선을 왜곡시키는지에 관한 일부 사례를 살펴보았다. 이는 성취도 향상이라는 목표 그 자체가 목적이 되었고, 그래서 모든 노력을 그 목표를 달성하는 데 쏟았다. 이는 학교가 성취도를 향상하는 데 동기를 부여하는 긍정적 효과를 미칠 것이다. 그러나 학습과는 그다지 관계가 없는 방식으로 학교를 움직이도록 할 것이다. 예를 들어,

교육적 가치는 고려하지 않고 시험 결과를 극대화하기 위해 응시자를 조작하고 과정을 선택할 것이다. 그 결과 고부담 시험의 점수가 놀라울 정도로 향상된 점수 인플레이션(score inflation)이 나타날 것이다. 그러나 이 결과는 중요성이 낮은 평가의 성취도 향상과 일치하지 않는다.

정책 입안자들은 책무성을 단순하게 확인하기를 원한다. 그래서 그들은 향상된 결과가 더 나은 시험 응시 기술(test-taking skills)의 영향 때문이기도 하다는 식의 복잡한 해석을 원하지 않는다. 그들에게 시험 점수는 표준이며, 향상된 결과는 더 높은 표준을 의미한다. 그들은 결과가 향상되지 않으면, 약 4년 뒤를 학습 침체기로 정의하고 정책적으로 과잉반응을 보일 것이다. 그들은 시험 성적을 더 높이기 위해 다양한 방법을 도입하도록 요구한다. 예를 들어 영국 정부는 최근에 읽기 점수를 높일 수 있는 다른 마법의 비법으로 통합 파닉스[4]를 의무적으로 가르치도록 했다.

우리가 내린 신중한 결론은 결과 그 자체로는 실제 표준 점수를 제대로 증명하지 못한다는 것이다. 고부담 시험을 왜곡하지 않을 대표성을 띤 학생 표집을 대상으로 한 국가적 수준의 성취도 조사와 같은 보다 정교한 척도를 사용하여 평가하는 것이 필요하다. 이러한 접근은 보다 다양하고 광범위한 평가 척도를 사용함으로써 6장에서 대안적 접근으로 소개한 *지적 책무성*에 기여할 것이다. 이처럼 평가 제자리 찾기란 협소한 평가척도와 목표 때문에 발생하는 왜곡을 줄이고 평가결과의 단순한 해석을 피하는 것을 의미한다.

---

4 [역주] 통합식 파닉스(synthetic phonics)는 사람들에게 특정한 단어를 이루는 글자들의 발음을 익힌 다음 그것들을 통합해서 단어를 읽도록 가르치는 방법을 의미한다.

3단계: 맥락 인식하기

우리는 평가가 일어나는 문화적 맥락에 상당한 강조점을 두었다. 평가가 제자리를 찾기 위해서는 바로 이점을 인식할 필요가 있다. 상황적 요인을 이해하지 못하면, 우리의 해석은 늘 편파적이 될 것이다.

표준화된 평가가 피할 수 없는 한계는 상황적 요인에 대해 결코 공정할 수 없다는 점이다. 이는 평가를 치르는 모든 학생에게 동일한 평가 — 실현하기 어려운 '공평한 경쟁의 장'을 당연히 제공해야 하기 때문이다. 물론 여기에도 어떤 학생은 다른 학생보다 시험 준비를 더 잘 했을 수 있고, 시험에 출제된 내용이 어떤 학생에게는 친숙하지만 다른 학생에게는 그렇지 않은 문화적 차이의 문제가 항상 존재한다. 따라서 평가되는 것이 어떤 학생에게 공정하지 않을 수도 있다는 것을 고민하지 않고, 평가를 모두에게 동일하게 '공정한' 것으로 그리고 표준화된 것으로 해석하는 것은 위험하다. 1장에서 살펴보았던 것처럼, 이것은 시험에 관한 빅토리아식 열정의 단점이었다. 공정성(fairness)이란 동일한 시험을 치를 수 있다는 것 그리고 결과에 따라 판단되어진다는 것을 의미했으며, 시험 내용과 요구조건이 누구에게 유리한가와 같은 물음은 전혀 제기되지 않았다. 그래서 특권층은 시험을 잘 보았으며 — 계속해서 잘 보고, 그것을 능력이라고 계속해서 주장했다. 토니(Tawney)의 올챙이들은 요란하게 떠들었다.

이것을 완화시킬 방법에 관한 논의는 5장에서 다루었다. 나는 능력 테스트로 대체할 것을 주장하는 로널드 도어(Ronald Dore)의 해결책에 반대했다. 일반화된 성취도 시험은 문화적 자본을 가진 이들에게 너무나 유리하기 때문에 같은 문제를 단지 위장할 뿐이다. 대신에 나는 시험 과정을 더욱 개방하는 방법을 주장했으며, 그 결과 이미 양질의 평가에서 일어난 편파성에 대처할 수 있었다. 상황적 요인에 주의를 기울인다는 것은 평가의 사회적 맥락에 더욱 민감하다는 것을 의미한다. 공정성이란 표준화된 평가에 접근할 기회이상의 훨씬 더 많은 것을 포함한다.

IQ의 사회적 근거

초창기 영어 사용권 IQ 검사자의 공적 중 하나는 IQ가 *문화적으로 중립적*(지금은 보다 겸손하게 '문화적 차이를 줄인')이라고 사람들을 설득한 것이었다. 그들은 IQ가 타고난 능력에 관한 것이라고 생각했기 때문에 사회적 맥락을 무시하였다. 가난한 사람, 특히 소수자들은 낮은 IQ를 물려받았으며, 그들이 가난한 것도 낮은 IQ 때문이라고 생각했다. 가난하게 사는 것은 테스트와 관련된 사회적, 교육적 경험에 접근하는 것이 제한되었기 때문이라는 대안적 설명은 당시 시대정신에 맞지 않았다. 특권층은 IQ가 능력의 산물이라고 주장함으로써, 자신들의 위치를 철저하게 능력주의로 방어하였다.

2장에서는 문화 중립적 관점의 문제를 검토하였다. 이 관점의 결정적 약점 중의 하나는 세대를 거치면서 IQ가 점점 높아진다는 *플린 효과(Flynn effect)*이다. IQ 점수가 변화하는 속도에 맞춰 유전적 변화가 일어나지 않기 때문에 아마도 상황적 이유가 있을 것이다. 플린(Flynn)은 지난 60년간 가장 급속하게 IQ 점수가 높아져, 플린 효과를 보인 검사는 레이븐 행렬추리력검사(Raven's Matrices)(<그림 2.1> 참조)와 같이 문화적으로 가장 중립적인 요소들로 구

성된 지능검사라는 것을 발견했다. 최근에는 이러한 IQ의 역설을
사회적 승수(social multiplier) 개념을 통해 해결한다. 사회적 승수는
대규모 사회변화가 '앞서 배운 방법이 없더라도 현장에서 문제를
해결할 수 있게'(2006, p. 8)하는 보다 추상적이고 과학적인 개념이
확산되고 그것에 사회적 가치를 부여하는 것을 말한다. 유사성 하
위 테스트에서 고차의 공통성을 발견하고 낯선 항목에 대해 신속하
게 추론하는 것은 IQ 점수가 높다는 것을 의미했다. 반면에, (더 낮
은 점수를 얻은) 조상들은 기능적 관련성을 보다 강조했으며, 규칙에
근거한 해결책을 발견하고자 했다. 당시는 이런 것들에 가치를 부
여했다.

여기에는 직관에 반대되는 부분도 있다. 그것은 우리가 조상들
보다 교육을 더 많이 받았음에도 불구하고, 어휘력이나 수리력 등
의 IQ 검사에서 아주 분명한 상황적 구성요소들이 그다지 개선되
지 않았다는 점이다. 플린의 주장에서 설득력 있는 부분은 우리에
게 중요한 지식들이 조상들에게도 중요했다는 것이다. 당시는 사회
적 승수 효과가 적었지만, 교육이 부족했던 앞 세대에서도 매우 광
범위하게 사회적 승수 효과를 발견할 수 있다. 이는 일부 소수 집
단의 IQ 점수가 보다 빠르게 증가한 이유를 부분적으로 설명한다.
교육접근이 좋아지면서 유동적 요소뿐만 아니라 '학습된' 요소들에
서도 향상이 일어났다.

나는 2장에서 설명한 플린 효과를 다시금 다루었는데, 그것은
평가 논의에서 사회적 맥락이 결코 배제될 수 없다는 점을 강력하
게 드러내기 때문이다. 우리는 평가가 문화적으로 중립적이어야 한
다는 주장을 의심해야 한다. 평가는 문화적 활동이다.

성향보다 상황

지능을 논의할 때, 상황적 요인이 경시되는 것은 지능이 사회적 상황과 무관한 개인적 특성을 반영한 결과로 유추된다는 생각 때문이다. 던과 던의 학습유형에서 그러한 예를 볼 수 있다. 그들의 학습유형은 교수방법을 결정해야 하고, 교사는 학습 성향에 맞게 자신의 일을 조정해야 한다. 이런 주장은 상황적 요인들을 경시하게 만든다. 학습주체는 각자 서로 다른 학습요구를 가지고 있으며, 상황에 적응할 수 있도록 학습해야 한다. 콜브와 엔트위슬과 같은 학습유형 이론가들은 이 점을 인식했으며, 직접적 학습선호와 접근이 학습성향으로 간주되지 않도록 투쟁했다. 운동감각 학습자, 수렴형 학습자, 심층적 학습자 등은 개인의 특성으로 굳어진 특정 상황에 대해 반응한 학습유형들이다.

이는 학습을 상황보다는 오히려 타고난 개인적 성향의 표현으로 간주하는 다중지능의 경우에도 해당된다. 데이비드 올슨(David Olson)은 다중지능이 학습을 성향이나 능력 탓으로 돌림으로써 개인이 자신의 학습에 대해 책임질 여지를 없앴다고 비판한다. 이러한 비판은 매우 널리 적용될 수 있다.

> 사람은 어떤 기준에 대해 책임감을 느낄수록 실력이 좋아진다. … 이는 단순히 성향 탓이라 할 수 없다. 성향은 행동의 원인이지 행동하는 이유가 아니다. 교육이론은 아동이 자신의 학습에 대한 책임감을 어떻게 갖는지와 교사든 학습자든 그들이 책임을 다했는가를 어떻게 판단할지를 명확하게 설명해야 한다. … 교사는 악명 높게도 아동의 성공과 관련하여 학습을 쉽게 또는 어렵게 하는 조건보다는 추정되는 능력과 학습유형으로 설명하는 경향이 있다(2006, p. 42).

평가의 제자리 찾기는 상황적 요인들을 보다 제대로 인식하는 것을 뜻한다. 학생이 공부를 할 것인지 그리고 어떻게 할 것인지는 대개 유전자가 아니라 상황 때문이다. 교사가 학습에 도움을 줄 맥락을 만들 책임을 져야 하는 것처럼, 자기조절 학습자가 된다는 것은 스스로 자신의 학습에 책임을 지는 것이다. 이것은 학교와 교실의 에토스에 관한 것이며, 교육과정과 평가를 디자인하는 것을 '거스르는' 일이다. 다양한 낙인은 그것들이 학습자로서의 우리의 정체성을 만들어내도록 함으로써 결국 우리들의 책임감을 축소시킨다. 평가의 제자리 찾기는 우리 스스로 학습에 대한 책임감을 더 많이 갖는 것을 말한다. '행위(agency), 의도성, 책임감은 특별히 교육적으로 적절한 심리학의 핵심 특징이 될 것이고, 능력, 특성, 성향은 자연과학에서 새로운 자리를 찾으려고 하거나 아니면 역사의 쓰레기통으로 버려질 것이다'(Olson, 2006, p. 43).

4단계: 상호작용의 중요성 인식하기

평가의 상황적 성격에는 상호작용의 중요성이 포함된다. 이 책에서는 상호작용의 중요성이란 용어를 두 가지 방식, 즉 기술적 그리고 교육적으로 사용하였다. 그러나 두 방식은 요소를 결합하는 방법을 따로 분리해서 인식해야 한다는 점에서 공통적이다. 우리는 요리를 재료들만을 따로 떼어내어 판단하지 않는다. 음식 재료들을 함께 사용하는 방법이 중요하다. 기술적으로 상호작용은 유전과 환경의 고정된 조합인 지능에 단순히 추가되는 첨가물로 간주될 수 없다. 유전가능성 회귀계수는 불안정한데, 그 까닭은 유전적 성향

이 환경 변화와 상호작용하면서 회귀계수가 달라지기 때문이다. 유
전적 성향은 극단적 환경에서 그 중요성이 훨씬 줄어든다. 예를 들
어, 먹을 것이 풍족할 경우에 유전적으로 살찌는 성향이 있는 사람은
음식 공급이 부족할 경우 실제로 평균인보다 훨씬 더 마를 것이다.

상호작용의 교육적 활용은 효과적인 형성평가에 미치는 사회적
상호작용의 핵심 역할과 관련된다. 단순히 교실에서 교사와 학생이
상호작용한다는 것이 아니라 어떻게 상호작용하는지가 중요하다.
예를 들어, 피드백은 복잡한 상호작용의 상황과 관련된다. 동일한
피드백을 다른 두 학생에게 주었을 경우, 상반된 효과를 보일 것이
다. 추론과 심화 적용 단계의 학습자에게는 능숙한 전문가가 답이
틀렸다고 말하는 것만으로도 과정 수준의 변화를 이끌어내기에 충
분할 것이다. 그러나 같은 피드백도 적극적으로 참여하지 않는 초
심자에게는 감정적 소모를 줄이기 위해 과제를 수정하거나 기피하
도록 할 것이다.

평가의 제자리 찾기는 이와 같이 상호작용에 상당한 주의를 기
울인다. 이것은 지극히 당연한 이야기지만, 정신측정자와 교사는
상호작용의 힘을 최소화하고자 한다. 정신측정자들은 보다 안정적
인 방정식을 원한다.[5] 교사들은 상호작용과 관계없이 자신들의 기
여가 판단되기를 선호한다. 따라서 교사들은 자신들이 한 일이 (학
습자가−역주) 상호작용을 어떻게 받아들이느냐에 달려있다는 주장
에 불편해할 것이다. 다음에서는 상호작용의 힘에 관한 두 가지 사
례를 기술적 그리고 교육적 측면에서 살펴본다.

---

5 정신측정자들은 종종 상호작용효과를 줄이는 것을 목적으로 한다. 그들은 상호
　작용이 방정식에서 '오차' 항에 속한다고 본다. 오차항이란 통제할 수 있는 무작
　위 요소의 일부이기 때문에 고정된 요인의 영향을 축소한다.

사회적 – 개인적 승수[6]

앞에서 우리는 IQ 검사의 구성요소와 사회변화의 상호작용이
어떻게 세대가 지남에 따라 IQ 점수의 점진적 증가를 가져왔는지
를 살펴보았다. 사회변화는 새로운 기술과 지식을 급속히 전파한
'승수'로 다루어졌다. 이는 가르칠 수 없는 것으로 간주되었던 추상
적 추론 테스트에서 특히 더 좋은 점수를 보였다.

제임스 플린은 누가 특정 기술에서 다른 이보다 어떻게 더 많
은 진전을 보였는가를 분석했다. 그는 그 원인을 개인적 승수라고
생각했다. 개인적 승수란 사소한 장점이 이로운 점들을 배가시켜
일련의 상호작용이 만들어지는 것을 말한다. 그 예는 스포츠 성공
사례에서 찾을 수 있다. 약간 키가 더 큰 아동은 농구부에 입단하
게 된다. 왜냐하면 키 때문에 농구를 더 잘 할 수 있기 때문이다.
그는 농구부에서 운동을 주도하고, 정기적으로 지도를 받음으로써
실력이 더 좋아진다. 이것이 그를 조만간 '천부적' 재능을 지닌 농
구선수로 만든다. 그보다 약간 키가 작아 승수를 놓친 아동은 이제
동네에서 가끔 농구를 한다.

이러한 설명은 단순해 보이지만 논리적이다. 이것은 마이클 호우
(Michael Howe)의 '재능 설명'과 일치한다. 호는 하워드 가드너의
'특수아' 주장에 반대했다. 그는 특히 우수한 개인은 '그들의 능력이
특출한 것으로 주목받기 전부터 매우 상당한 정도의 도움과 격려를
거의 항상 받았다.'(p. 132)라고 주장한다. 스포츠의 사례를 계속해
서 살펴보자. 타이거 우즈(Tiger Woods)는 3살 때 TV에 나와서 골
프실력을 보여주었다. 그런데 거기에는 앞서 영향을 미친 여러 일

---

6 스테판 세시(Ceci)와 로버트 스턴버그(Sternberg)는 언어가 달랐음에도 불구하
고 지능 발달에 있어서 사회적 상호작용의 중요성을 모두 인식했다.

들이 분명히 있었다. TV에서는 우즈에게 아동용 골프클럽이 필요
했고, 그래서 갖게 된 것으로 방영되었지만, 앞서 누군가 우즈에게
딱 맞는 특수한 아동용 골프클럽을 제공하지 않았다면, 그는 성장
할 수 없었을 것이다. 승수는 초기에 일어나고, 상호작용은 긍정적
이며, 동기와 태도를 북돋아 놀라운 결과를 불러왔다.[7] 스포츠처럼
다른 분야에서도 강한 감정 반응이 일어날 것이다. 예를 들면, 아
버지가 음악가였던 음악의 신동 모차르트나 아버지가 예술학교 교
장이었던 미술의 천재 피카소도 같은 논리이다.

이 논리의 가장 중요한 영향은 그것이 매우 일상적이라는 점이
다. 만약 아동들이 가정환경으로 인해 엄청나게 다른 어휘를 가지
고 학교에 온다면, 그리고 만약 학교에서 사용하는 어휘가 중간계
급의 어휘와 비슷하다면, 어떤 아동들에게는 첫날부터 승수가 작용
할 것이고 그 아동들은 '성공할 것'이다. 나는 IQ 점수 때문에 특목
고에 떨어지고 당신은 합격했다면, 그 순간부터 강력한 개인적 승
수가 작동한다. '너는 확실히 공부를 잘하지만, 나는 그렇지 못하다.'

물론 어떤 아이들은 골프클럽, 테니스 라켓과 풍부한 어휘가 주
어졌지만 여전히 스타가 아니다. 이 경우에도 비슷한 설명이 가능
하다. 이는 아동에게 영향을 미치는 것들 때문이다. 예를 들어, 신
체적 반응이 느리면 테니스에서 문제가 될 것이고, 상호작용의 질

---

7 이와 비슷한 예는 2007년 F1 대회의 자동차 레이서의 귀재(鬼才) 루이스 해밀턴
  (Lewis Hamilton)이다. 그는 5살 때 TV에 출현하여 뛰어난 무선자동차 운전 실
  력을 보였었다. 영국 테니스의 희망인 앤디 머레이(Andy Murray)도 마찬가지이
  다. ≪가디언≫의 보도에 따르면('꿈을 달리는 소년'), '머레이는 2살 때 테니스
  라켓을 처음 잡았다. 세 살 무렵에는 형 제이미(Jamie)와 함께 담장 너머로 공을
  날려 보냈다. 창문과 벽에는 지워지지 않을 스폰지 공 자국을 남겼다. 머레이의
  가족은 스포츠광이었다. 현재 테니스 코치인 그의 어머니는 아들들이 당연히 스
  포츠를 생업으로 삼게 될 것이라고 생각했다'(Guardian, 2007. 6. 7.). 둘 다 그
  렇게 되었다.

도 영향을 미칠 것이며, 부모가 닦달한다고 늘 긍정적 승수를 주는 것은 아닐 것이다.

평가의 제자리 찾기에서 상호작용의 힘은 보다 충분하게 인식되어야 한다. '영재와 우수아'로 평가된 아동은 신중하게 해석되어야 한다. 비록 영재를 하늘이 내린 선물과 같이 선천적 능력으로 해석하는 경향이 있지만, 이는 개발된 능력에 관한 것이다. 만약 어떤 사람이 계급 때문에 더 나은 승수를 제공받았다면, 재능이나 능력이 부족한 사람들에게 영향을 미치는 것은 무엇인가? 기본 수준(default level)에 해당되는 90%의 사람들에게 승수란 무엇인가? 라는 표현은 정리되고 취소될 필요가 있으며, 대신에 '승수는 어디에 있는가?'라는 물음이 낯설기는 하지만 유용할 것이다.

교실 상호작용

학습에서 피드백의 중요성은 7장에서 논의되었다. 효과적인 피드백은 본질적으로 효과적인 상호작용에 관한 것이다. 효과적인 상호작용은 방해하는 것들이 매우 많아 성취하기 어려우며, 교실 상호작용은 단지 한 형태이다. 아울러 나는 무엇을 배워야 하는가와 무엇을 성공적인 성취로 볼 것인가를 둘러싼 협상의 중요성도 제기했다. 상호작용에서 교실 풍토와 학습에서 위험 부담을 격려하는 방법 또한 풍부한 질문과 대화처럼 중요하다. 허버트 긴즈버그(Herbert Ginsburg)에게서 찾은 다음 예는 표준화된 상호작용 이상의 방법과 상호작용을 격려하는 것의 중요성을 보여준다. 여섯 살짜리 베키(Becky)에게 '7 빼기 4는 몇이야?'라고 물었다. 그녀는 2라고 대답했다. 상호작용은 이 지점에서 멈추게 되고, 그녀가 숫자 정보를 잘못 기억하고 있다고 판단한다. 다시 '어떻게 2가 나왔지?'

라고 묻자 그녀는 '4 더하기 2가 7이기 때문에 7에서 4를 빼면 2라는 것을 알았어요. 그리고 4 더하기 2가 7이면, 7 빼기 2도 4가 되겠죠.' 이것은 해석하는데 더욱 혼란스러울 수도 있다. 이 사례에서 긴즈버그는 숫자 정보에서 잘못이 있다고 하더라도 '인지적 요리(stew)의 두 번째 재료가 … 틀린 기억보다 훨씬 더 흥미롭다고 지적한다. 베키는 만약 4+2=7이라면, 7-4=2인 것이 참이어야 했다 … 이것이 고전적 삼단논법이다.'(1997, pp. 14-15). 이것이 우리가 상호작용을 더욱 풍부하게 해야 하는 이유이다. 베키는 우리가 생각하는 것보다 더 많은 것을 알고 있다.

5단계: 지속가능한 평가 만들기

7장에서 소개된 데이비드 보우드(David Boud)의 *지속가능한 평가* 개념은 평가 제자리 찾기 이미지와 잘 어울린다. 정리 작업을 하면서, 지속가능한 성장을 이끌도록 토대를 구축해야 한다. 우리는 '어떤 평가 활동은 눈앞의 과제를 넘어 어떤 식으로든 학습에 기여해야 한다. … 평가는 현재 요구에 응하면서도 동시에 학생들이 그들의 미래 요구를 달성할 수 있도록 준비해야 한다.'(2000, pp. 8-9)라고 생각한다. 이처럼 평가는 이중 의무를 가지고 있다. 평가는 지금 당장 학생들이 다음 과제를 더 잘 준비할 수 있도록 해야 한다.

이는 평가가 오직 한 가지 기능만을 갖고 있지 않다는 의미이다. 평가는 특정 과정의 학습 결과를 판단하는 활동이라고 할 수 있지만, 단순히 그러한 것만 하지 않는다. 평가는 교과에서 중요하다고 생각하는 것을 전달하거나, 학생들의 학습에 영향을 미치는 평가자들에게 메시지를 보내기도 한다. 이것이 내가 테스트 질의 중요성을 강조했던 까닭이다. 테스트 질이란 측정한다고 주장했던 것을 실제로 측정하는가, 그리고 무엇이 평가자에게 영향을 미치는 가를 말한다. 내가 현재 실시되고 있는 총괄평가를 비판하는 요점 은 그것이 후속학습에 별로 또는 전혀 도움을 주지 못하는, 확실하 고 뻔한 시험에서 점수를 올리는 것에 관심을 두는 '마이크로티칭' 을 야기한다는 것이다. 이것은 평가가 두 가지 의무를 실패한 것이 다. 바로 지금 평가가 필요한 이유는 보다 심층적이고 원리를 중시 하는 학습에 대한 요구가 있으며, 이들 중 일부는 다음 학습으로 연결되기 때문이다. 구체적 단서를 찾거나 정답을 기억해내는 데 유용한 시험 잘 보는 훈련은 앞으로 마주할 낯선 문제들에는 별다 른 도움이 되지 못할 것이다.

다음의 예는 테리 크룩스(Terry Crooks)가 뉴질랜드에서 수행한 계산 능력에 관한 연구에서 찾았는데, 표준화된 계산법을 반복적으 로 훈련한 아동이 보다 효율적인 전략을 채택하는 데 어려움이 있 다는 것을 발견했다.

> 97에 52를 더하라는 질문에, 이들 어린이들은 52에서 3을 빼서 97로 옮기고 100에 49를 더하는 것보다는 표준 방식으로 덧셈 문 제를 푸는 것에 더 익숙했다. 대안적 방법을 반복해서 설명하고 연습했음에도 불구하고, 그들은 그 새로운 방법이 떠오르지 않았 을 때, 본래 표준 방법으로 되돌아갔다. 아주 저학년 때 새 방법 을 배운 학생은 수를 더욱 깊이 이해하며, 더욱 유연한 방법을 사 용할 것이다(2002, p. 10).

뉴질랜드의 수학수업 관찰을 통해 내가 얻은 경험은 아동들이 문제를 풀기 위해 어떤 방법을 사용할 것인지를 계산하기 전에 논의하고 결정할 수 있어야 한다는 점이었다. 아동들은 자주 이 두 가지를 요구했는데, 이것이 바로 지속가능한 평가이다.

효과적인 학습에 도움을 주는 테스트

평가가 보다 풍성하고 지속가능한 학습에 도움을 줄 수 있는 방법에 대해서는 5장에서 7장까지 다루었다. 평가, 특히 고부담 평가는 학습 내용과 방법을 결정하는 힘을 가지고 있다. 나는 성취도 검사의 질을 개선할 수 있는 방법을 찾고자 하였다. 이는 어쩔 수 없이 시험 대비를 해야 하는 교수-학습에도 도움이 될 것이다.

그 핵심은 유연한 이해와 기술을 중시하는 원리 학습(principled learning)의 강조이다. 이것은 다소 예측하기 어려운 테스트와 시험 문제를 강조할 것이고, 그 결과 시험 준비를 '여러분이 시험을 볼 때~'와 같은 훈련으로 보기보다는 '만약에~'처럼 가르치는 것으로 생각하게 될 것이다. 이런 맥락에서 목적적합성이란 평가가 그 내용보다는 코스의 목적을 효과적으로 나타내고 있는가를 의미한다. 코스의 목적이 교과 '~에 관한 호기심을 키우거나', '~에 대한 개인의 관점을 개발하는' 것이라면, 평가의 형태는 이러한 목적을 어떻게 조장하는가? 이는 현재 제도에서 많이 사용하는 것들보다 더욱 상상력 넘치는 평가가 필요하다는 것을 의미한다.

새로운 접근은 교실 평가에서 보다 손쉽게 활용할 수 있다. 오늘날 교사는 보다 창의적이고 참된 평가를 사용할 기회를 가지고 있다. 딜레마는 '학교와 교사가 확신을 가지고 새로운 평가를 시도할 것인지 혹은 외부 테스트, 과거-지필시험(the past-paper approach)을 편안하게 모방할지'이다.

평가의 제자리 찾기는 평가의 의미를 편협한 시험으로 축소하려는 압력과 학생에게 끊임없이 시험 테크닉을 연습시키는 것에 저항하는 것이다. 평가의 제자리 찾기란 더 좋은 테스트는 보다 심층적 학습에 도움을 주는 것이며, 교사들이 더욱 창의적 평가를 모색하도록 격려하는 것이자 평가가 형성적 목적을 위해 더 잘 사용될 수 있도록 하는 것이다. 이렇게 함으로써 평가는 그 힘을 학습을 위해 보다 건설적으로 사용할 것이다.

자기조절 학습자(self-regulating learners)

평가의 중요한 *이중 의무*란 즉각적인 과제에 초점을 맞추는 것과 불확실한 미래에 학생을 준비시키는 것이다. 7장에서는 협소하고 즉각적인 요구를 중시하는 고부담 시험이나, 학습할 내용에는 충분한 관심을 기울이지 않는 '학습하는 법 학습'과 같은 학습 과정 중에서 어느 쪽이든 지나치게 많이 강조할 경우 발생하게 될 위험성을 살펴보았다. 학습은 *습득*과 *참여*라는 두 가지 메타포가 필요하며 어느 하나에만 의존해서는 안 된다고 안나 스파드(Anna Sfard, 1998)는 주장한다. 불확실한 미래를 위한 학습의 과정은 지금 당장 더 나은 결과를 추구하는 작금의 책무성 풍토에서는 무시될 가능성이 크다.

테리 크룩스(Terry Crooks)는 자기조절학습을 자신의 학습을 스스로 통제하고 관리하는 것으로 정의했다. 여기에는 '학습의 진전을 모니터링하여 학습의 질을 유지하고 높이는 데 필요한 교정이나 예방 활동이 필요한 때를 알고, 업무에서 높은 성취수준을 계속할 수 있도록 의지력을 발휘하는 것'(2000, p. 4) 또한 포함된다. 이것이 바로 전문가 정신의 핵심인 일종의 자기조절이다. 즉, 자기조절

은 일터에서 높은 성취수준을 방해하는 것들을 모니터링하고, 그것
을 개선할 책임을 지는 것을 의미한다.

그러므로 평가의 제자리 찾기는 현재의 지식과 기술에 대한 총
괄평가와 학습자에게 계속해서 학습하도록 자극하는 지속가능한
평가가 좋은 균형을 갖는 것을 의미한다. 이때 관건은 교사 역할의
변화이다. 고부담 시험은 교육과정을 해석하고 시험에서 필요한 것
들을 알기 위해 교사에게 의존하도록 조장한다. 가르쳐야 할 것들
이 세세하게 구체화되어 있기 때문에 교사들 또한 스스로 학생들의
학습에 책임이 있다고 생각한다. 이는 평가와 같을 수 있다. 교사
는 '명시적' 수준과 등급을 규정하는 일을 담당하는데, 학생들은 그
것에 대체로 말이 없다.[8] 이러한 학습자의 교사에 대한 의존은 학
습자가 자신의 학습을 평가하고 조절하는 것을 본질로 하는 지속가
능성을 저해한다. 보다 자율적인 학습자를 만들기 위해, 학교와 교
사는 자신이 '체득한 지식(guild knowledge)'을 학생들과 공유함으로
써 평가 권력의 일부를 넘겨주어야 할 것이다. 블랙과 동료들(Black
et al., 2003)이 현장연구에서 밝힌 것처럼, 이것은 교사들에게 가장
어려운 것 중의 하나였다. 왜냐하면 교사주도 평가가 가져다주었던
교실통제와 권위의 일부를 포기하는 것을 뜻하기 때문이다.

학습을 위한 평가는 균형을 새롭게 잡을 기회를 제공한다. 특별
히 학습의 의도와 성공기준을 협상하기 위한 학습을 통해서 그리고
자기평가와 동료평가의 기술을 개발함으로써 균형을 다시 잡고자
한다. 7장에서는, 교사와 학습자 사이에 진실한 협상이 없다면, '공

---

8 교사보다 학생들이 필요한 것을 더 잘 알 것이다. 이것은 '개인적 자율성'이라기
보다는 '절차적 자율성'이라고 생각하는 것이 최선이다. 캐서린 에클레스톤
(Kathryn Ecclestone)은 두 개의 자율성을 구분하고 있으며, 그것이 필요하다고
주장한다. 그러나 절차적 자율성이 '자기감시의 테크놀로지'에 불과한 것이 되지
않으려면, 개인적 자율성과 비판적 자율성에 진보가 있어야 한다(2002, p. 36).

유하는 학습목표들'이 단지 기준에 순응하는 것(criteria compliance)으로 바뀔 위험이 있음을 지적했다. 지속 가능한 평가는 학습자로 하여금 학습 의도는 물론이고 무엇을 충족해야 학습이 성공했다고 할 수 있느냐와 같은 성공기준을 마련하는 일에 적극적으로 관여하도록 요구한다. 학습자는 학습목적을 얼마나 달성했는가를 스스로 감독할 수 있는 전략을 개발하는 것이 중요하다. 그것들을 인식하는 것만으로 충분하지 않다. 전략은 중간 목적을 설정하고 정례적으로 학습의 향상을 확인하는 것이 포함될 것이다. 이렇게 함으로써 새로운 요구와 기준에 마주할 때, 학습자는 그것을 철저히 검토하고, 필요한 것을 찾아내고, 달성할 수 있는 전략을 개발하기 위한 수단을 갖게 될 것이라 추정된다. 이것이 바로 지속가능한 평가이다.

우리는 또한 7장에서 지속가능한 평가에서 자기평가와 동료평가가 중요한 역할을 한다는 것을 살펴보았다. 내가 하고자 하는 것, 그리고 성공이 무엇인가를 내가 이해할 때에만, 나와 동료들이 어떻게 하고 있는가를 판단할 수 있을 것이다. 학습이 복잡하면 할수록, 혼자 고립되어서는 목적을 달성하기가 쉽지 않을 것이다. 지속가능한 평가는 교사에 의존하지 말고, 주위 것들에서 정보를 구하고, 아이디어에 대한 반응을 살피며, 다른 관점을 제공하도록 자극한다. 우리는 교사가 주위에 없을 때에도 학습에서 성장할 수 있다. 어떤 학습자들은 변함없이 그렇게 할 것이다. 우리는 교사의 도움을 활용할 방법을 알 필요가 있다. 학습자가 복잡한 과제를 맡게 되면, 독자적으로 과제를 수행하기 어려울 것이다. 효과적인 학습자가 되고자 한다면, 우리는 다른 사람의 지원, 전문지식, 그리고 피드백을 필요로 한다.

동 기

7장의 피드백 논의에서는 *자기평가*와 *자기관리*로 구성되는 자기조절 아이디어를 소개했다. 과제를 완수하기 위해 계속 노력하려는 의지는 자기관리 기술에 달려있다. 자기관리 기술이란 피드백을 받고 활용하는 방법과 우리가 성공을 위해 얼마나 많은 노력을 기울이고, 어느 정도 성공을 확신하며, 성공과 실패가 우리에게 얼마나 귀인되는지와 같은 성공을 위한 헌신을 말한다.

학습의 주요 장애물은 인지적인 것이 아니다. 학생이 배울 수 없다는 것이 아니라 그들이 배우기를 원하지 않는 것이 장애이다. 만일 교사가 정보를 전달하는데 쓴 에너지의 일부를 배움의 즐거움을 자극하고자 학생들에게 투자했다면, 훨씬 더 좋은 결과를 얻었을 것이다(Csikszentmihalyi, 1990, p. 118).

평가는 자기평가와 자기관리의 핵심적 역할을 한다. 데이비드 보우드는 '평가활동은 학생들이 다음 도전을 할 수 있도록 잘 준비시키는 것이어야 한다. 또는 최소한 지금보다 더 나빠지지 않도록 해야 한다. ··· 성공할 가능성을 가지고 임할 수 있기에 충분한 자신감을 가질 수 있도록 해야 한다.'(2000, p. 8)라고 주장한다. 그는 사람을 재단(裁斷)하고 가치가 개입된 어휘를 사용하여 후속 학습에 대한 의욕을 꺾는 많은 평가에 대해 비판적이다. '평가는 마음을 상하게 하고 불편하게 한다. 그리고 우리 대부분은 평가에 깊이 영향을 받았다.'(2000, p. 2).

결 론

프랭크 바움(L. Frank Baum)의 오즈의 마법사에 나오는 도로시(Dorothy)와 친구들은 노란 벽돌 길을 따라가다 존경스럽고 강력한 오즈 왕국의 왕을 만난다. 도로시는 마법사가 열기구를 타고 오즈에 온 평범한 미국 사람 오스카 딕스(Oscar Diggs)라는 것을 알아내기 위해 숱한 두려움을 숨겨야 했다. 마법사는 '대단하고 강하게' 보이기 위해 다양하고 정교한 속임수와 도구를 사용했으며, 그 결과 추앙받았다.

이 책에서는 평가가 어떻게 그릇된 인상을 만들며, 어떻게 '대단하고 강하게' 만들어지는지를 살펴보았다. 나는 평가의 정당한 그리고 소박한 역할을 정의하고, 그것이 학습에 기여할 수 있는 방법을 찾고자 하였다. 그 핵심은 사람들이 자신에게 붙여지기를 원하는 명칭에 의문을 제기하고, 학습자로서 자신의 정체성에 책임을 지는 것이다. 우리는 시험의 시대를 살지만, 그렇다고 시험에 좌우될 필요는 없다.

우리는 늘 무엇인가를 평가하고 판단하는 행위를 한다. 예를 들어, '좋다―나쁘다', '예쁘다―밉다', '착하다―악하다', '똑똑하다―멍청하다', '우등생―열등생', '정상―비정상' 등이 그것이다. 우리는 무엇을 평가하는 주체이지만, 동시에 누군가의 평가 대상이 되기도 한다. 평가가 사회적 상호작용의 중요한 구성요소라는 점에서 인간의 삶은 한시도 유무형의 평가와 분리되어 존재할 수 없는 '평가의 일상화'를 특징으로 한다고 할 수 있다. 문제는 우리의 삶이 평가 결과에 따라 좌우될 수도 있다는 점이다.

이러한 평가행위는 오랫동안 개인의 주관적 판단으로 간주되었다. 사람들은 자신의 경험이나 신념 그리고 상식에 따라 동일한 것을 다르게 평가해 왔다. 물론 집합적으로 특정한 평가를 공유하기도 하지만 그것이 어떤 절대적 기준에 따른 것은 아니었다. 어떤 학생을 똑같이 '착하다'라고 말한다고 해서 그 의미가 일치하는 것은 아니었다. 그러나 과학과 측정 기술의 발달은 평가행위를 주관적인 발화가 아니라 숫자로 표현되는 중립적이고 객관적인 일로 변

화시켰다. '똑똑하다', '착하다', '달다'와 같은 주관적 언어를 '지능지
수(IQ)', '사회성 점수', '브릭스(Brix) 당도'와 같은 숫자로 표현하게
되었다.

인간의 삶의 거의 모든 것들은 과학적 측정의 대상이 되었으며,
그 결과는 숫자로 표현되게 되었다. 객관적이고 중립적이라는 이유
로 실시되고 있는 각종 시험(examination), 측정(measurement), 검사
(test) 등은 모두 평가(evaluation)행위의 일종들이다. 시험은 인지적
능력을 재는 것에서 벗어나 인간 삶의 모든 것을 측정하는 것으로
그 영역을 확장하고 있다. 지능 검사, 인성과 적성 검사, 직업흥미
검사, 학습유형검사, 수행평가, 비만측정, 역량평가 등은 우리의 일
상적 삶에서 시험이 활용되고 있는 모습들이다. 시험의 대상이 되
지 않는 것은 더 이상 존재하지 않는다. 시험은 일상적 실천이 된 것
이다. 바야흐로 우리는 모든 것이 평가대상이 되어 시험이나 측정
이 범람하는 '시험의 시대(Testing times)'에 살고 있다.

시험이 지배하는 사회에서 시험은 하나의 신화(myth)와 같다.
사람들은 시험을 객관적으로 자신의 상태를 확인하고 그 결과를 점
수로 나타내는 것이라고 생각한다. 시험은 능력을 효과적으로 측정
하는 믿을만한 장치라는 인식이 팽배하다. 시험의 내용이나 방법
그리고 평가준거 등은 당연한 것으로 간주되는 경향이 있다. 대학
수학능력시험에 응시한 수험생들은 '다섯 개' 보기 문항 중에서 하
나를 반드시 선택해야 한다. 그런데 '왜' 보기가 다섯 개이며, 과목
에 따라 문항 수와 배점, 시간이 다른지 그리고 영어 과목은 오후
에 배정된 것인지에 대하여 크게 주목하지 않는다. 수험생들은 시
험을 자신의 상태를 객관적으로 확인하는 것으로 당연하게 받아들
이고, 오직 답을 찾는 일에만 관심을 기울인다. 이러한 생각은 수

능뿐만 아니라 지능검사를 비롯한 각종 검사와 측정 그리고 학업성
취도검사에서도 마찬가지이다.

이 책은 영국 런던대학교의 교육학과 명예교수 고든 스토바르트
(Gordon Stobart)가 지은 『*Testing times: The uses and abuses of
assessment*』(London: Routledge, 2008)를 번역한 것이다. 저자는 지금
을 '시험의 시대'라 정의하고, 다양한 평가행위를 중심으로 우리 삶
을 지배하고 있는 평가의 의미를 꼼꼼히 검토한다. 지능, 다중지능,
감성지능, 학습유형검사, 학업성취도평가, 학교에서의 각종 시험 등
은 겉모습은 다르지만 실상은 동일한 가정에 근거하고 있으며, 따
라서 동일한 기능을 담당하고 있다고 주장한다.

스토바르트는 평가란 가치중립적일 수 없으며, 중요한 사회적
실천이라고 주장한다. 이는 평가가 본래적으로 존재하는 학생의 객
관적 수준과 상태를 일러주는 도구에 불과한 것이 아니라 사회적으
로 사람을 특별한 개인으로 재편하고 구성하는 이데올로기라는 것
을 의미한다. 평가는 인간을 특정한 주체로 형성하는 놀라운 기능
을 가지고 있다. 수능에서 학생들은 점수에 따라 1등급에서 9등급
으로 분류되고 명명된다. 언어, 수학, 외국어 1등급은 단지 점수가
높다는 것에 그치지 않고, 응시자가 자신과 타인을 규정하고 대하
는 방식에 영향을 미치기도 한다. 학생들은 수능 등급에 따라 고정
된 능력을 지닌 구체적 인간으로 변모한다. 지능검사도 마찬가지인
데, 초등학교 때 측정된 지능검사는 일생동안 변함없이 자신의 인
지 수준을 규정하기도 한다.

이 책에서 저자는 크게 두 가지 주장을 한다. 그 하나는 평가란
인간의 변함없는 본질을 측정하는 객관적이고 중립적인 것이 아니
라 독특한 주체를 생산하고 구성하는 사회적 실천이라는 것이고,

다른 하나는 평가가 시험에서의 성공을 위한 도구적 기능에서 탈피하여 학습 그 자체를 위한 것으로 제 자리를 찾아야 한다는 것이다. 이를 위해 먼저 지능검사, 감성지능, 다중지능, 학습유형검사, 표준화된 학업성취도검사를 중심으로 이들이 중립적인 것이 아니라 다양한 집단의 이해와 믿음이 반영된 사회적 구성물임을 밝힌다. 그리고 평가라는 이름으로 행해지는 각종 시험이나 검사들이 인간의 성장이나 학습보다는 다름과 차이를 생산함으로써 특정한 사람을 구별하고 배제하는 사회적 기제로서의 역할에 충실하다고 비판한다. 지능검사는 특정 인종을 억압하는 수단으로, 학업성취도 검사는 책무성을 판단하는 도구로, 학교시험은 졸업장을 얻기 위한 방편으로 사용되고 있다는 것이다. 저자는 평가의 사회적 의미를 성찰함이 없이 시험이 맹목적으로 '남용(濫用)'되고 있으며, 심지어 '오용(誤用)'되고 있음을 지적한다.

저자는 평가가 오용과 남용으로부터 벗어나기 위해서는 '평가의 제 자리 찾기'가 필수적이라고 주장한다. 저자는 평가는 학습자의 학습을 돕기 위해 절대적으로 필요하다고 여기지만, 교육현장에서 실제로 행해지고 있는 평가가 그릇된 가정과 목적에 근거하고 있다는 점을 비판한다. 그러면서 무엇보다도 평가가 제 자리를 찾기 위해서는 평가의 목적이 졸업이나 취업 등과 같이 다른 어떤 것을 위한 수단이 아니라 학습 그 자체를 위한 것이 되어야 한다고 주장한다. 이와 더불어 그는 '학습을 위한 평가(assessment for learning)'는 평가가 성향보다는 상황의 영향을 더 많이 받는 것, 본질적이기보다는 구성되는 것, 문화적으로 중립적이기보다는 문화와 맥락 의존적이라는 것에 주목한다.

'학습을 위한 평가'는 시험이 오직 높은 점수를 얻기 위한 도구적 성격에 머무르거나 시험 결과가 공부의 궁극적 목표로 간주되는 것에서 벗어나 학생들의 학습을 돕는 것을 목적으로 한다. 책무성을 판단하거나 학생들을 선발하기 위해 도구적으로 활용되는 것은 평가가 지닌 본래의 의미를 상실했다고 보는 것이다. 학습을 위한 평가는 결과보다는 과정중심, 총괄평가보다는 수행평가, 일회성 시험보다는 포트폴리오와 같은 활동중심 평가, 시험성적보다는 학습자와 성숙과 성장에 주목하는 평가를 주장한다. 학습을 위한 평가를 통해 시험에 지배되고 저당 잡힌 학생들의 삶이 자유로워질 수 있다고 말한다.

그러나 저자의 주장이 평가에 대한 불편하고 불안한 마음을 달래줄 정도로 명확한 것은 아니다. 한국에서는 수행평가나 활동중심의 과정평가가 대학입시에 활용되면서 도구적으로 남용되는 경우를 자주 발견하게 된다. 지필시험이 아니라 자기소개서를 통해 자신의 학습경험과 성장을 드러내고, 학생들에 대한 교사들의 관찰을 기록한 추천서가 쉽게 선발을 위해 도구화되고 상품화되는 것을 발견하게 된다. 입시문화가 지배하는 한국에서 '제자리를 찾은 평가'는 도대체 어떤 모습일까? 이 책은 평가를 둘러싼 문제를 해소해주기보다는 더 많은 새로운 고민거리를 던져주고 있다. 교육평가는 그 중요성에도 불구하고 교육사회학에서 크게 주목받지 못하고 있는 주제 중의 하나이다. 이 책을 통해 교육평가에 대한 다양한 교육사회학의 논의가 전개되기를 기대한다.

이 책의 옮긴이들은 한국교원대학교에서 교육사회학을 공부하고 있는 사람들이다. 이 책은 평소 교육평가에 관심을 가지고 있던 김범석 선생에 의해 다락방 공부모임에 소개되었다. 함께 책을 읽어 나가면서, 교사들이 학교에서 행해지는 수많은 평가가 전적으로 중립적이고 객관적이지 않으며 사회적 구성물이라는 점을 이해하는데 이 책이 도움이 될 것이라는 생각을 하게 되었다. 학생들을 가르치는 바쁜 와중에도 틈틈이 시간을 내어 번역하고 윤독하는 일을 몇 차례 반복하였다. 번역 과정에는 옮긴이들뿐만 아니라 많은 학문의 벗들이 초역과 검토 그리고 참고문헌 작업에 함께 참여했다. 그들의 헌신적인 참여가 없었다면 번역은 마무리 되지 못했을 것이다. 눈으로 읽고 이해한 것을 글로 바꾸는 번역은 참 어려운 일이다. 두려움과 아쉬움 그리고 기대감으로 감히 번역서를 출판하게 되었다. 무엇보다 이 작은 결실의 기쁨을 다락방의 모든 벗들과 나누고 싶다. 출판계의 어려운 여건에도 불구하고 이 책의 출판을 허락하신 박영스토리의 안상준 상무님과 궂은일을 도맡아 주신 이선경 과장님과 배근하 선생님께 감사드린다.

2016년 11월
손 준 종

찾아보기

【 인명색인 】

【 내용색인 】

참고문헌

본 QR코드를 스캔하시면, '시험의 시대'의 참고문헌을 참고하실 수 있습니다.

저자 소개

고든 스토바르트(Gordon Stobart)
런던대학교 교육학과 명예교수. 국제적인 학술잡지인 '*교육에서의 평가 (Assessment in Education)'*의 편집자이며 평가 개혁 그룹(Assessment Reform Group)의 회원이기도 하다. 주요 저서로 『The Expert Learner: Challenging the Myth of Ability』(2014), 『High-Stakes Testing in Education: Value, Fairness and Consequences』(2014) 등이 있다.

역자 소개

손준종: 한국교원대학교 교육학과 교수
김범석: 인천 미추홀외국어고등학교 교사
김희정: 평택 이충고등학교 교사
이성민: 전주기전대학 유아교육과 교수

시험의 시대

초판인쇄	2016년 11월 28일
초판발행	2016년 12월 7일
지은이	Gordon Stobart
옮긴이	손준종·김범석·김희정·이성민
펴낸이	안상준
편 집	배근하
기획/마케팅	이선경
표지디자인	조아라
제 작	우인도·고철민
펴낸곳	㈜ 피와이메이트
	서울특별시 마포구 월드컵북로 400, 5층 2호(상암동, 문화콘텐츠센터)
	등록 2014. 2. 12. 제2015-000165호
전 화	02)733-6771
f a x	02)736-4818
e-mail	pys@pybook.co.kr
homepage	www.pybook.co.kr
ISBN	979-11-87010-81-4 93370

* 잘못된 책은 바꿔드립니다. 본서의 무단복제행위를 금합니다.
* 역자와 협의하여 인지첩부를 생략합니다.

정 가   20,000원

박영스토리는 박영사와 함께하는 브랜드입니다.